* 이 책은 방일영문화재단의 지원을 받아 저술·출판되었습니다.

100년 역사의 고교야구로 본
일본의 빛과 그림자

한성윤
지음

청춘,
여름,
꿈의 무대
고시엔

싱긋

한국 최초의 고시엔 관련
서적이 탄생하기까지

필자가 초등학교 5학년이었던 1981년, 선린상고와 경북고의 봉황대기 결승전은 KBS와 MBC가 동시에 중계방송했을 정도로 고교야구를 넘어선 국가적인 축제의 한마당과도 같았다. 당시 고교야구 최고 스타인 선린상고의 박노준은 홈으로 들어오다 쓰러지면서 비극의 주인공이 되었다. 당시 서울 지역 동네 친구들은 대부분 선린상고를 응원했는데, 공교롭게도 봉황대기 결승전이 열리던 날은 우리 동네 상당수의 가정에 전화가 처음 개통된 날이기도 했다. 그날 태어나서 처음으로 친구에게 전화를 받았다. 전화의 첫마디는 "박노준이 쓰러졌고, 선린도 졌다. 너무 슬프다"였고 우리 둘은 아쉬움의 눈물을 흘렸다.

오랜 세월이 흘러 스포츠 담당 기자가 된 뒤 어린 시절 친구들을 만났을 때 누군가가 이렇게 물었다. "야, 그런데 우리 어릴 때 선린상고 경기 기억나니? 그땐 고교야구 인기가 좋았잖아? 넌 기자니까 왜 그런지 좀 알려줘봐." 나는 원론적인 답변을 할 수밖에 없었다. "1982년에 프로야구가 출범한 뒤 고교야구의 인기가 점점 줄어들기 시작한데다, 사회가 다원화되면서 스포츠의 입지가 좁아지면서 고교야구가 위기를 맞게 된 것이라고 생각해"라고.

그런데 옆 나라 일본은 프로야구와 고교야구가 여전히 공존하고 있다는 사실을 깨닫게 되었다. 일본 역시 21세기에 들어서면서 사회구조가 복잡해지고 즐길 거리가 늘어났지만 여전히 '고시엔'이라는 이름은 일본 사회에서 큰 영향력을 유지하고 있다. 고교야구와 프로야구가 변함없는 인기를 유지하고 있는 비결은 무엇일까라는 화두를 놓고 고민을 계속했다.

일본 야구와 일본 사회에 대한 공부를 하는 가운데, 여러 차례의 일본 취재 경험을 통해 일본 야구의 인기 비결을 찾으려고 노력했다. 고교와 대학 시절 일본어를 배운 적은 없었지만 독학을 통해 일본어 능력시험 1급을 따고, 일본 영화 및 드라마 등을 보며 일본어 회화 능력을 끌어올리면서, 일본 서적이나 일본 인터넷 등을 접하며 일본 야구를 연구하던 중, 2013년 드디어 고시엔 야구를 직접 취재하는 기회를 맞게 되었다.

당시 일본고교야구연맹 회장에게 "고시엔에 매년 이른바 괴물 투수들이 등장하는 비결은 무엇이라 생각하십니까?"라고 묻자 "한국 야구는 모든 선수가 괴물 아닌가요?"라는 전혀 예상하지 못한 충격적인 답변이 돌아왔다. '학생야구'라는 단어에서 '학생'을 중시하는 일본과 달리, 학생보다 '야구'에 방점이 찍힌 한국 야구에 대한 비하의 의미가 담긴 말이었다.

일본고교야구연맹 회장의 말이 틀린 것은 아니지만, 한국 사람으로서 분명 자존심이 상했고, 한국 야구에 대한 야박한 평가에 억울한 마음이 들기도 했다. 한국 언론과 인터뷰할 때 일본 관계자들은 공부와 운동을 병행하는 '문무양도'라는 말을 유독 강조하는데, 좀더 깊이 취재하다보니 '문무양도'는 일본 고교야구의 현실과는 거리가 먼 이상향에 불과하다는 것을 알게 되었다. 그리고 고시엔에도 우리에게 잘 알려지지 않은 어두운 면이 있다는 사실을 확인할 수 있었다.

그런데 곧이어 나는 국내에서 일본 고시엔을 소비하는 방식 역시 저마다의 필요에 따라 왜곡되어 있다는 것을 알게 되었다. 엘리트 야구인들은 고교야구팀이 80개에 불과한 한국 야구가 고교야구팀이 4,000개에 가까운 일본 야구와 대등한 실력을 보여준다며, 한국 엘리트 야구가 얼마나 뛰어난지를 역설한다. 반면 생활체육을 강조하는 사람들은 일본 고교야구에서 합숙이라는 건 존재하지 않으며, 모든 선수들이 수업 결손이라고는 전혀 없이 공부와 야구를 병행하는 모범적인 모습을 보이고 있는 것에 비해, 야구에만 전념하는 한국 고교야구는 반성할 부분이 많다고 말한다. 심지어 야구감독의 대부분을 영어 선생님과 수학 선생님이 맡고 있다는 아예 사실과 다른 주장까지 나올 정도이다.

이런 양측의 극단적인 견해는 모두 일본 고교야구의 한 단면만을 본 것이다. 일본 고교야구는 실내·외 전용 훈련장을 갖춘 가운데, 한국 고교야구보다 더 많이 훈련하는 야구 명문학교와 제대로 된 운동장도 없는 학교, 심지어 야구부원이 9명이 채 되지 않아 여러 학교가 연합해서 팀을 구성하는 학교까지 다양한 모습의 학교들이 공존한다. 고시엔을 두고 양극단의 주장이 나오는 이유는 간단하다. 생각보다 '고시엔'에 대한 정보가 부족하기 때문이다. 국내 인터넷에 떠도는 고시엔 관련 이야기는 전체적인 흐름을 보여주는 것이 아닌 단편적인 정보가 대부분인데다, 각자의 필요에 맞게 왜곡되어 있는 경우가 많다. 또한 우리나라에 고시엔을 주제로 한 책이 없다는 점도 잘못된 정보가 양산되는 데 한몫했다고 생각한다.

2024년 8월 한국계 학교인 교토국제고가 여름 고시엔 대회에서 우승하면서, 우리나라에서 고시엔에 대한 관심이 더욱 높아졌다. 그동안 고시엔은 일부 야구팬과 일본 문화 마니아 사이에서만 알려진 대회였다면, 이번 교토국제고의 우승으로 야구를 잘 모르던 국내의 평범한 사람들 사이에서도 '고시엔'은 자연스럽게 언급될 정도로 바뀌었다. 교토국제고의 우승을 놓고 저마다의 이해관계에 따라 일본 고교야구를 자의적으로 해석하는 경향은 더욱 심해졌다. 이런 상황에서 어느 한쪽의 견해가 아닌, 고시엔에 대한 정확한 정보와 일본 야구의 이면에 존재하는 문화에 대한 심층적인 해석은 더욱 중요할 수밖에 없다.

이 책은 한국 최초의 고시엔 관련 서적이라는 자부심을 갖고, 사실에 충실해야 하는 기자라는 직업에 걸맞게 최대한 객관적인 사실을 담으려고 노력했다. 책을 준비하는 과정에서 고시엔은 단순한 야구 대회를 넘어 일본 사회를 비추는 거울이라는 걸 깨닫게 되었으며 고시엔에 비친 일본 사회의 빛과 그림자는 우리 사회와 우리 야구계가 반면교사로 삼아야 할 것이라는 점도 깨닫게 되었다.

이 책이 완성되기까지 KBS라는 든든한 울타리가 있었기에 다양한 경험을 하고 다양한 사람들을 만날 수 있었다. 특히 언제나 많은 조언을 아끼지 않는 존경받는 야구 원로 허구연님과 고교야구 최고 스타로 지금은 안양대학교 총장으로 멋진 인생을 살고 있는 박노준님, 축구 전문가의 시각으로 고시엔 야구를 평가해준 한준희님과, 입사 동기이지만 존경하는 언론인 정세진 아나운서에게 깊은 감사를 드린다. 또한 스포츠 키즈로 커가는 데 도움을 준 어린 시절 친구들, 인생의 방향을 정립하도록 이끌어준 대학 시절 친구들이 없었다면 이 책은 나오지 못했을 것이다. 마지막으로 사랑하는 어머니 신옥자님, 부족한 남편을 세심하게 돌봐주는 삶의 동반자 신경애님, 그 무엇과도 바꿀 수 없는 세상에서 가장 소중한 딸 채린에게 이 책을 바친다.

2024년 8월*

한성윤

* 초판 1쇄에는 2022년 2월이었으나, 2024년 8월 교토국제고의 우승 이후 인쇄한 3쇄부터는 일부 문장을 추가, 수정하였다.

차례

|1| 청춘에의 동경, 영원히 꾸는 꿈 고시엔

고시엔이 청춘만화의 주요 소재로 다루어지면서 한국에서도 '고시엔＝청춘'이라는 인식이 꽤 많이 퍼져 있다. 사이렌 소리와 함께 시작되는 고시엔은 미숙하지만 최선을 다하는 청춘의 모습을 보는 것이 최고의 매력이다. 인생에서 단 한 번뿐인 청춘이기에 어른들은 고시엔을 보며 지나가버린 자신의 청춘을 회상하며, 울어서는 안 되는 사회 분위기 속에서 야구 소년들의 뜨거운 눈물을 통해 위로받으며 대리만족을 느낀다. 신해철의 노래를 듣는 어른은 소년이고 신해철의 노래를 듣는 소년은 어른이듯이, 고시엔을 보는 소년은 어른이고, 여전히 고시엔을 사랑하는 어른은 소년이다.

글러브를 태우는 청춘의 끝
―고시엔과 청춘 이야기

×

중학교 시절 천재 투수로 주목받았지만 팔꿈치 부상으로 찾아간 병원에서 더이상 야구를 하면 안 된다는 진단을 받은 주인공 히로. 일부러 야구부가 없는 학교에 진학한 히로는 집 마당에서 글러브를 태우기 시작한다. 매캐한 연기 때문에 기침을 하던 어머니가 "히로, 뭘 태우고 있는 거니?"라고 묻자 히로가 대답한다. "내 청춘."

국내에서도 큰 인기를 모은 일본 만화가 아다치 미츠루의 작품 『H2』의 첫 장면이다. 『H2』는 친구이자 라이벌인 히로와 히데오 두 명의 H로 시작되는 야구 소년들과, 그들과 운명적으로 얽혀 있는 히카리와 하루카라는, 역시 두 명의 H가 만들어가는 야구와 연애 이야기를 담고 있다. 이 만화를 모티브로 델리스파이스의 〈고백)이라는 노래가 만들어졌을 정도로 단순한 야구 만화를 넘어 청춘만화를 대표하는 작품으로 평가되고 있다.

만화 『H2』의 1화 제목은 '청춘=야구입니까?'이다. 일본에서는 『H2』보다 아다치 미츠루의 전작인 『터치』가 더 많은 인기를 누렸지만, 우리나라에서는 『H2』의 인기가 『터치』를 압도한다. 『H2』의 성공을 통해 국내에서도 고시엔에 관심을 갖는 사람들이 늘어났을 뿐 아니라, '고시엔=청춘'이라고 하는 등식도 성립하게 되었다.

오래전부터 일본에서 고시엔은 청춘의 상징으로 여겨졌다. 아닌 게 아니라 1968년 만들어진 제50회 일본고교야구선수권대회 기념 영화의 제목도 〈청춘〉이었다. 이 영화는 꿈을 향해 달려가는 야구 소년들의 모습을 그린 다큐멘터리이다. 이 영화가 만들어진 지 50년을 훌쩍 넘겼지만 고교야구를 보는 시각은 전혀 달라지지 않았다. 고교야구는 청춘의 드라마라는 것이다.

그런데 청춘은 과연 무엇인가? 청춘이라는 단어는 중국의 음양오행에서 비롯되었다. 음양오행 사상의 다섯 개 요소에는 저마다 상징하는 색깔이 정해져 있는데, 목木은 청靑이다. 그리고 계절도 다섯 개로 구분되는데, 목木에 해당하는 계절은 봄春이다. 그렇게 탄생한 단어가 바로 청춘이다.

예부터 사람의 나이를 계절에 빗대어 표현하곤 했는데, 봄은 15세~29세, 여름은 30세~44세, 가을은 45세~64세, 겨울은 65세 이상을 나타낼 때 사용했다. 청춘이라는 표현은 어린 나이를 나타내는 용어였지만, 일본에서는 1900년대 초반 여러 작가들이 미

파이팅하는 야구선수 고시엔 무대에 도전한 실제 청춘들의 모습. 니혼분리고 학생들

숙하지만 순수한 청년들을 지칭하는 단어로 청춘을 사용하면서 주로 십대 후반을 지칭하는 용어로 굳어지게 되었다. 특히 일본의 대문호 나쓰메 소세키가 『산시로』라는 작품을 통해 방황하는 젊은이들을 청춘으로 묘사한 것이 큰 영향을 미치면서, 일본에서 '청춘'이라는 단어가 각광받게 되었다.

일본에는 청춘소설이라는 장르가 존재할 정도로 청춘을 다룬 문학 작품이 유난히 많은 편이다. 뿐만 아니라 음악에도 사춘기 청춘의 이야기를 다룬 '청춘 펑크록'이라는 우리에게는 다소 낯선 분야가 있다. 영화와 텔레비전은 물론이고, 『H2』 같은 청춘만화도 변함없는 인기를 누리고 있다. 우리나라 배우 배두나가 출연했던 문화제를 준비하는 여학생들의 모습을 표현한 작품 〈린다 린다 린다〉나, 남자 고등학생들이 싱크로나이즈드 스위밍에 도전하는 〈워

터보이즈〉 같은 영화는 청춘을 다룬 대표적인 작품으로 꼽힌다.

만화 『은하철도 999』를 창작한 마쓰모토 레이지는 『은하철도 999』를 "청춘에 대한 송가"라고 정의한 바 있다. 메텔은 청춘을 상징하는 인물이고, 철이가 보는 환상이 바로 메텔이라는 것이다. TV 애니메이션 〈은하철도 999〉의 극장판 마지막 장면에서 메텔은 '나는 너의 추억 속에만 있는 여자, 소년 시절 마음에만 있는 청춘의 환영'이라는 말을 남기고 철이로부터 멀어진다.

'은하철도 999'의 여행이 아닌 실제 기차 여행을 할 때 사용하는 기차 자유여행 패스 중에도 '청춘 18 패스'라는 것이 있다. 유럽 여행의 필수품이라 불리는 '유레일 패스' 중 유스 패스는 27세 미만만 사용할 수 있지만 '청춘 18 패스'는 이름과는 달리 나이 제한이 없다. 중년 신사가 '청춘 18 패스'를 이용해 기차 여행을 할 때는 대부분 다시는 돌아올 수 없는 자신의 청춘 시절을 떠올리지 않을까?

사실 '청춘'이라는 단어는 청춘이 이미 지난 사람들이 젊음을 대상화할 때 쓰는 경향이 있다. 나쓰메 소세키가 『산시로』를 썼을 때는 이미 마흔 살을 넘긴 뒤였고, 이처럼 대부분의 청춘물들은 실제 청춘들의 이야기가 아닌 어른들이 십대 후반의 청춘을 바라보는 시선으로 쓰인다. 아무리 자신이 경험한 청춘의 이야기라 해도 이야기하는 그가 지금 청춘일 수는 없다. 청춘의 상징으로 불리는 고시엔 역시 마찬가지이다.

고시엔 하면 떠오르는 단어는 청춘의 땀과 눈물, 그리고 감동의 드라마이다. 그런데 이는 고시엔을 주최하는 아사히신문사와 마이니치신문사를 비롯해서 NHK 등 많은 TV 방송사들이 만들어낸 가공의 이미지일 수도 있다. 어린 학생들이 겨루는 승부의 세계에서 나오는 다양한 이야기들은 고교야구만이 아니라 고교핸드볼이나 고교하키에서도 나타나지만, TV 등 미디어에서 집중적으로 다루는 것은 고시엔이 유일하기 때문이다.

실제 게이오기숙고등학교 야구부의 모리바야시 감독은 일본판 〈허프포스트〉와의 인터뷰에서 어른들이 마음대로 청춘 스토리를 만들고 있다고 비판했다. 어른들의 시선을 통해 고교야구는 이래야 한다라는 이미지를 만들고 있는데 빡빡머리를 한 채 무조건 전력 질주를 하는 모습에 과도하게 의미를 부여하면서, 이겨도 눈물, 져도 눈물이라는 청춘의 이야기를 만들어왔다는 것이다.

청춘은 기간 한정판과도 같다. 그 시기를 지나면 다시는 돌아갈 수 없기 때문이다. 한순간에 폈다 지는 벚꽃처럼, 또 다도 문화에서 유래한 '이치고 이치에' 사상에 나타나듯 지금이라는 시간은 다시는 돌아올 수 없는 너무나 소중한 한때이다. 일본인들에게 청춘은 기간 한정판과 이치고 이치에 사상을 합친 의미를 갖는다.

청춘의 시기를 넘겨버린 어른들은 고시엔을 통해 자신의 청춘을 다시 느낄 수 있다. 분명 아웃될 수밖에 없는 타구에도 전력 질주하는 모습에선 어른이 되어가면서 잃어버린 순수성을 떠올리게 된다. 경기에서 패한 뒤 눈물 흘리는 장면에서는 자신의 실패 경험을 떠올리면서 같이 울어줄 것이다. 그러므로 고시엔은 청춘으로 가는 시간여행이다.

어른들은 고시엔을 통해서 대리만족을 경험한다. 야구 소년들은 고시엔을 통해 꿈을 꿀 수 있다. 이처럼 모두가 만족해하지만 일부에선 야구 소년들이 고시엔을 통해 과연 행복하기만 한 것일까라는 의문을 제기하는 시선도 있다. 고시엔이 감동의 드라마로 포장되면서 에이스 투수의 혹사부터 지나친 위계질서, 야구부 매니저의 일방적인 희생 같은 바람직하지 않은 부분까지도 미화되고 있기 때문이다.

게이오기숙고등학교 야구부는 두발을 자유롭게 선택할 수 있다. 감독의 일방적인 지시에 따라서가 아니라 선수들 스스로 생각하며 하는 야구를 추구한다. 모리바야시 감독은 앞서의 인터뷰에서 인조이 베이스볼을 지향하는 게이오기숙고등학교가 고시엔 우승을 차지한다면 일본 고교야구도 변할 것이라는 생각을 밝히기도 했지만, 최근의 성적을 보면 쉽지 않을 것 같다.

글러브를 태우면서 청춘을 태우고 있다고 말한 만화 『H2』의 주인공 히로는 팔꿈치 부상을 진단했던 의사가 돌팔이 의사로 드러나면서 다시 운동장으로 돌아온다. 야구부가 없는 학교로 진학했지만 동호회로 시작해서 실력을 인정받은 뒤 정식 야구부까지 만들어 결국 꿈의 무대 고시엔 땅을 밟는다. 고시엔 대회에선 친구이자 라이벌인 히데오와 운명적인 승부를 벌인 끝에 결승까지 오르게 된다. 히로의 청춘은 야구와 함께 다시 태어나게 된 것이다.

청춘들의 꿈의 무대, 인생의 헹가래
―야구의 헹가래

×

여름 고시엔 대회에 출전하는 49개 학교의 공통점은 무엇일까? 사실 출전 자격이 주어지는 지역 대회의 경쟁률은 각 현마다 큰 차이가 있다. 272개의 학교가 있는 도쿄와 211개 학교로 구성된 홋카이도에서만 두 팀씩 출전할 뿐, 나머지 현은 한 팀만이 고시엔에 나갈 수 있다.

가나가와현처럼 191대 1의 경쟁을 거쳐야 하는 학교가 있는 반면, 돗토리현은 24팀 중에 1위를 차지하면 된다. 강팀들이 몰려 있는 지역이 있는 반면, 어떤 팀이 나가도 매번 1회전 탈락에 그치는 팀도 있다. 이처럼 경쟁률뿐 아니라 야구 실력까지 천차만별인 49개 학교의 공통점을 찾는다면 모두 우승 헹가래를 경험했다는 것이다.

현 대회는 여름 고시엔 대회의 예선전 성격을 갖고 있지만, 실제로는 각 현의 우승팀을 가리는 대회이기도 하다. 월드컵 축구는 전 대회 우승 국가에 자동 출전 자격이 주어지지만 여름 고시엔 대회는 지난 대회 우승 학교라도 지역예선을 통과하지 못하면 출전할 수 없다.

치열한 경쟁을 뚫고 현 대회에서 우승하게 되면 자연스럽게 감독을 헹가래치면서 기쁨을 나눈다. 한번 헹가래를 경험하고 나면 여름 고시엔 본선 무대에서도 헹가래를 할 수 있는 자격을 얻는 것이다.

2020년에는 코로나바이러스의 영향으로 봄-여름 고시엔 대회가 모두 취소되어 헹가래 장면을 볼 수 없었다. 그런데 프로야구에서는 달랐다. 2020년 정규 시즌에서 요미우리가 우승했을 때 선수들이 비닐장갑을 낀 채 하라 감독을 헹가래쳤던 것이다.

헹가래치는 선수의 인원도 과거와 비교하면 대폭 줄어들었다. 1년의 공백을 딛고 2021년 재개된 고시엔 대회에서는 비닐장갑 없이 예전과 비슷한 모습으로 우승 헹가래를 하게 돼, 2020년 프로야구와는 다른 모습을 보였다.

고시엔 우승을 하면 보통 감독을 헹가래치지만 일본 고교야구 선수가 헹가래의 주인공이 되는 경우도 있는데, 드래프트 회의를 통해서 프로구단의 지명을 받았을 때다. 지명된 선수는 같은 학교 동료 선수들로부터 헹가래를 받는 것이 전통으로 되어 있다.

그런데 이런 모습은 대학에 합격한 일본 학생들이 헹가래를 받는 모습과 매우 닮아 있다. 실제 일본은 대학에 합격하거나 결혼식을 할 때, 정치인의 경우 선거에서 당선되었을 때 헹가래받는 장면을 뉴스에서 쉽게 볼 수 있다. 헹가래 문화가 가장 활성화된 곳은 아마도 일본일 것이다.

일본에서 헹가래의 인기가 높다보니 '열혈 고교 헹가래부'라는 모바일 게임까지 등장했다. 버튼을 누르면 헹가래를 시작하는데 누르면 누를수록 헹가래 높이가 올라가면서 수십 미터를 훌쩍 뛰어넘는다. 헹가래친 사람을 받는 데 실패하면 게임이 종료되는데, 단순하지만 중독성이 강한 게임이다.

일본 프로야구에는 '헹가래 투수'라는 문화가 있다. 리그 우승이나 일본 시리즈 우승이 결정되는 순간에 던지는 투수를 헹가래 투수라고 지칭한다. 세이브 상황이 아니어도 팀의 마무리 투수가 등판하거나, 선발 투수가 마무리로 등판해 마지막 아웃카운트를 잡은 뒤 포수와 끌어안고 환호하는 역할을 하는 것이다. 주로 각 팀의 주축 선수들에게만 헹가래 투수 자격이 주어지는데, 선동열도 주니치 시절 헹가래 투수를 경험한 적이 있다.

또한 선수가 은퇴할 때 헹가래를 치는 경우가 일반적이며, 도쿄 올림픽 일본 야구 대표 감독을 맡은 이나바는 선수생활 은퇴를 할 때 소속팀뿐 아니라 상대팀 선수들에게도 헹가래를 받는 영광을 누리기도 했다. 우리나라 축구 대표인 황의조의 경우 일본 J리그에서 프랑스 리그로 이적할 때 일본 구단 선수들이 새로운 도전을 축하하며 헹가래를 해주는 모습이 화제를 모으기도 했다.

이렇게 헹가래 문화가 활성화되어 있는 만큼 일본에서는 헹가래가 나가노 지역이나 니가타 지역에서 시작된 일본 고유의 문화라는 주장까지 나오기도 하는데, 일본 스포츠에서 헹가래가 등장한 것은 생각보다 오래되지는 않았다. 일본 위키피디아에 따르면 일본의 스포츠 분야에서 헹가래를 처음 시작한 것은 지난 1950년이라고 한다.

당시 프로야구 센트럴리그 소속이던 쇼치쿠로빈스 구단이 우승한 뒤에 선수들이 고니시 감독을 헹가래친 것이 사상 처음이었고, 이것을 계기로 우승하면 헹가래치는 것이 일본 스포츠의 관례로 굳어졌다는 것이다.

쇼치쿠로빈스 구단의 헹가래 이후 일본 스포츠에서 헹가래가 유행처럼 번지자 일부 서구 언론에서는 헹가래를 일본에서 유래한 것으로 잘못 소개한 적도 있다. 실제 2006년 제1회 월드베이스볼클래식에서 일본이 우승한 뒤 선수들이 왕정치 감독을 헹가래치자 〈뉴욕 타임스〉는 이를 일본의 전통이라고 소개했는데 사실과는 다르다.

1994년 월드컵 축구 결승전에서 브라질은 승부차기 끝에 이탈리아를 물리치고 우승을 차지했다. 이탈리아의 마지막 키커인 바지오의 슛이 공중으로 향하는 순간 브라질은 환호했고, 페레이라 감독을 헹가래치면서 우승의 기쁨을 만끽했다.

페레이라 감독의 헹가래로 마무리된 1994년 월드컵 결승전은 미국 패서디나에서 열렸다. 〈뉴욕 타임스〉 기자는 축구 월드컵에 관심이 없었을지 모르지만, 왕정치 감독의 헹가래가 나오기 12년 전에 이미 페레이라 감독은 바로 미국 땅에서 헹가래를 받고 있었다.

넷플릭스 영화 〈오징어 게임〉을 통해서 널리 알려진 '무궁화 꽃이 피었습니다'를 두고 일본에서 유래한 놀이가 아니냐는 의견을 놓고 논란이 있었지만, 세계 네티즌들이 자국의 '무궁화 꽃이 피었습니다' 사진을 잇달아 올리면서 논란은 생각보다 빨리 종결되었다. 사실 이런 종류의 게임은 세계 각지에 퍼져 있는 것으로 어느 특정 지역의 문화라고 말하기는 어렵다.

헹가래 문화는 우리나라에도 널리 퍼져 있다. 땅을 평평하게 만들기 위해 가래질을 할 때 서로 손발이 잘 맞는지를 미리 맞춰보는 것을 헹가래친다고 하는 말에서 유래된 것으로, 우리나라에서도 스포츠 경기에서 우승한 뒤에 빠지지 않는 장면이 바로 헹가래이다. 예전에 비해 줄기는 했지만 대학교 합격을 비롯해서 축하할 일이 있을 때 헹가래를 치는 모습을 볼 수 있다.

그런데 헹가래는 잘못하면 다칠 수 있기 때문에 위험하다. 일본에서는 스모 선수가 승급했을 때 헹가래를 하려고 했는데, 체중이 너무 무거워서 헹가래에 실패했다는 이야기도 회자된다. 지난 2009년 한일여자골프대항전에서 우승한 우리나라 선수들은 주장 이지희를 헹가래치다가 그만 떨어뜨리고 말았고, 이지희 선수는 철제 모서리에 부딪히면서 병원으로 긴급 후송된 적도 있었다.

지역 대회 우승을 통해 헹가래를 경험한 학교만 출전하는 여름 고시엔과 달리 봄 고시엔 대회는 선발위원회의 발표에 따라 출전 팀이 결정되기 때문에 기쁨을 나타내는 방식이 조금 다르다. 출전 소식을 들은 뒤 감독을 헹가래치는 경우도 있지만, 감독 대신 주장이 헹가래를 받는 모습도 꽤 많이 보도되는 편이다.

또한 헹가래 대신 다 함께 모자를 던지며 환호하거나, 일제히 점프하며 기쁨을 나타내기도 한다. 야구부 전원이 카드섹션처럼 문자를 만드는 경우도 있다. 이런 경우 대부분 헹가래는 봄 고시엔 우승 이후에 하겠다는 설명이 이어지는 경우가 많다. 고교야구 선수들에게 헹가래는 꿈을 이루는 것과 같은 말이다. 이처럼 헹가래는 땀과 눈물에 대한 보상이라고 할 수 있다.

물론 1950년 쇼치쿠로빈스 구단이 헹가래를 처음 선보이기 전까지는 고시엔 우승을 했더라도 헹가래를 치는 모습을 볼 수 없었다. 결국 고시엔 우승으로 헹가래를 할 수 있다는 건 실력뿐 아니라 시대를 타고난 것도 있는 셈이다.

청춘의 특권 눈물, 어른들의 대리만족

×

제100회 여름 고시엔 대회는 가나아시농고의 돌풍이 최대 화제였다. 이른바 '잡초 군단'으로 불리는 가나아시농고는 21세기 최고의 고교야구팀인 오사카토인고大阪桐蔭高를 상대로 우승에 도전했지만, 역부족으로 패하면서 우승의 꿈을 이루지 못했다. 경기가 끝난 뒤 가나아시농고의 에이스 요시다가 눈물을 흘리자, 오사카토인고 선수들이 요시다를 포옹하며 위로한 모습은 고시엔을 상징하는 장면이다.

눈물로 대표되는 패배의 미학과 포옹으로 나타나는 위로의 스킨십을 통해 일본인들은 대리만족을 경험하게 된다. 일본인들은 자기감정을 드러내지 않는 것을 미덕으로 삼고 있다. 심지어 장례식장에서조차 큰 소리로 우는 모습을 보기 어렵다. 일본은 스킨십 결핍증에 걸려 있다는 표현이 나올 정도로, 일본인들은 일상생활에서 타인과의 스킨십을 꺼리고 있다. 이런 현실과는 달리 눈물 흘리는 것을 주저하지 않으며, 거리낌없이 스킨십을 나누는 고교야구 선수들의 모습은 평소에 할 수 없었던 것을 간접체험하게 해주는 대리만족의 장을 마련해준다.

고시엔에서는 야구 소년들이 눈물 흘리는 모습을 쉽게 찾아볼 수 있다. 꼭 경기에 패한 뒤에 흘리는 눈물만이 아니라, 지역예선 대회 출전을 앞둔 순간부터 눈물의 향연이 시작된다. 일본 고시엔 지역예선은 출전 선수가 20명으로 제한된다. 대부분의 야구 명문고는 40명 이상의 야구부원이 존재한다. 특대생으로 입학하지 않은 이른바 일반 학생까지 야구부에 들어올 수 있는 학교의 경우는 100명을 훌쩍 넘기기도 한다. 이런 상황에서 경기에 나설 수 있는 선수의 수가 정해져 있다보니 부득이하게 탈락자가 발생하게 된다.

고시엔 지역예선을 앞두고, 선수단에 포함되면 1번부터 20번까지로 이루어진 등번호를 받게 된다. 고교야구 감독이 1번부터 한 명 한 명 이름을 부르면 마치 상장을 받는 것처럼 네모 모양의 등번호를 받게 된다. 20명 안에 들지 못한 선수들은 대회에 출전할 수 없다. 1, 2학년의 경우는 내년을 기약하면 되지만, 3학년이 지역예선을 앞두고 20명 명단에서 제외된다는 건 고교야구 선수생활이 끝났다는 걸 의미한다. 더이상 기회가 없기 때문이다.

등번호를 받지 못한 3학년 학생들은 다양한 방식으로 마지막 은퇴 무대를 갖게 된다. 이 가운데 가장 유명한 것은 이른바 '최후

의 노크最後のノック'라고 불리는 행사이다. 주로 리틀야구나 유소년 야구에서 하는 방식인데, 상당수 고등학교에서도 감독의 노크를 받으며 선수생활을 공식적으로 마감하는 경우가 많다. 최후의 노크란 고교 시절 마지막으로 하는 수비훈련이다. 감독이 땅볼을 쳐주면 공을 잡아 1루에 던진 뒤 감독 및 선수들에게 지난 고교 시절의 소감을 마지막으로 밝히는 것을 말한다.

유튜브에는 오타니 쇼헤이를 배출한 하나마키히가시고花巻東高의 '최후의 노크' 행사를 소개한 동영상이 많은 조회수를 기록하며 야구팬들에게 감동을 주고 있다. 지역 대회 직전 마지막 연습 시합이 20명에 들지 못한 3학년 선수 28명에게는 은퇴시합이 되는 것이다. 이들은 후배들의 열띤 박수를 받으며 마지막 시합을 하고, 이어 최후의 노크를 준비한다.

투수 마운드에 등장한 선수는 눈물을 흘리며 절규한다. "감독님, 저는 하나마키히가시고등학교에서 감독님의 밑에서 살아가는 방식을 배웠기 때문에 행복한 사람입니다. 최후의 노크 부탁드립니다." 이렇게 외치면 감독은 땅볼 타구를 쳐주고, 선수는 공을 잡아 포수에게 던진 뒤 감독과 마지막으로 악수한다.

다른 선수는 "감독님, 한 번도 등번호를 달아보지 못했지만 등번호를 단 것 이상으로 중요한 것을 발견한 기분이 듭니다. 최후의 노크, 부탁드립니다"라고 말하고, 감독은 울먹이는 표정으로 마지막 노크 타구를 쳐준다. 마지막으로 등장한 선수는 더욱 솔직하게 말한다. "주위에는 후회가 없다고 말했지만 여기에 서니 조금 후회가 남습니다." 이렇게 말하면서 흐느끼기 시작하자, 동료 선수들도 하나씩 눈물을 흘린다.

잠시 숨을 고르던 선수는 "그래서 주전 선수들은 주위에 전력을 다해 도와주는 분들이 있다는 것을 잊지 않았으면 좋겠습니다. 감독님과는 마지막이 되겠지만 저는 하나마키히가시고에 들어와 좋았습니다. 지금 이 자리에 오기까지 지원해주신 부모님께 감사드립니다. 정말로 감사합니다. 감독님, 최후의 노크 부탁드립니다" 라고 외치며 마지막 노크를 받는다. 이를 지켜보던 아버지의 눈가에도 눈물이 맺힌다.

'최후의 노크'의 대상이 되지 않은 3학년 선수들에게는 지역예선이나 고시엔 본선에서 패하는 순간이 곧 은퇴시합이다. 경기에서 지면 감독과 선수들은 마지막 미팅을 갖게 되는데, 이 마지막 미팅은 대부분 눈물바다가 된다. 지난 3년간의 경험을 통해 배운 것을 이야기하고, 이 경험을 통해 앞으로 더 좋은 사람이 되겠다는 취지의 말들이 이어진다. 감독은 선수들을 위로하며 같이 눈물을 흘리곤 한다.

이런 최후의 노크나 마지막 미팅은 결국 눈물과 포옹으로 끝나게 된다. 이런 내용은 고시엔 기간 내내 아사히방송 계열의 〈열투 고시엔〉을 비롯한 각종 매체에서 감동적으로 다루어지게 된다. 평소에 눈물을 억제하고, 좀처럼 타인과의 신체 접촉을 하지 않는 평범한 일본 사람들은 이런 고시엔 관련 방송을 통해서 카타르시스를 경험하게 된다. 시청자들의 반응이 워낙 좋다보니 이런 형식

하나마키히가시고교 최후의 노크 (출처: 유튜브 CH感動シーン)

의 방송 기획이 더욱 늘어나게 되고, 다양한 방송을 통해 또다른 대리만족을 얻게 되는 것이다.

웬만하면 감정 표현을 하지 않는 일본인들은 유독 야구를 할 때 많은 눈물을 흘린다. 다른 종목에서도 눈물 흘리는 장면이 나오기는 하지만 야구가 눈물에 관한 한 단연 독보적이다. 고시엔 대회에서 흘리는 눈물은 이제 익숙한 편이다. 성인들의 무대인 프로야구에서도 일본의 우에하라는 경기 도중 상대 타자를 고의 사구로 내보내라는 지시를 받고 눈물을 흘리기도 했다.

경기뿐 아니라 프로야구 자유계약 선수 선언을 하면서 눈물을 흘리는 경우도 꽤 있다. 베이징올림픽 일본 대표팀의 4번 타자였던 아라이는 히로시마에서 FA 자격을 얻은 뒤 자유계약 선수 선언을 하면서, 히로시마와의 인연을 회상하며 뜨거운 눈물을 흘렸다. 아라이는 얼마 후 함박웃음을 지으며 한신과 거액의 계약을 맺었다. 한국이나 미국에서는 FA 선언을 할 때 눈물 흘리는 모습을 보기는 어렵다.

영화 〈러브레터〉의 첫 장면은 묘지 참배로 시작하는데, 아무도 울지 않는다. 실제로 일본인은 장례식에서 눈물을 참은 뒤, 문상객이 모두 돌아갔을 때에야 고인을 떠올리며 뜨거운 눈물을 흘린다고 한다. 반면 고시엔에서 눈물은 패배의 미학을 상징하는데, 아무도 울음을 참지 않고 감정을 발산한다. 이를 지켜보는 시청자들은 같이 눈물을 흘리며 공감한다.

프로야구에서는 한 경기에 졌다고 해서 눈물 흘리는 경우가 없다. 고시엔은 토너먼트 승부로 내일이 없는 야구이자, 아직 성장하고 있는 고등학생들이기에 마음껏 눈물을 흘릴 수 있다. 사람들 앞에서 울었다고 해서 이들을 비난하는 사람은 없다. 고시엔에서의 눈물은 감동의 드라마를 완성하는 데 꼭 필요한, 결코 빼놓을 수 없는 중요한 부분이다.

청춘 대결의
시작을 알리는 소리 '사이렌'

×

'주의보'라는 단어를 들으면 자연스럽게 '태풍주의보'나 '대설주의보' 등의 자연재해에 대비하라는 의미를 떠올리게 된다. 그런데 최근 인터넷 기사 제목을 보면 '예쁨주의보'나 '청순주의보' 같은 단어들이 사용되는 걸 볼 수 있다. 단어의 사용 방법에 대한 옳고 그름을 떠나서 '주의보'라는 단어가 예쁨이나 청순과 결합했을 때 전혀 다른 느낌으로 다가온다는 것을 느낄 수 있었다.

야구 소년들이 꿈을 향해 달리는 무대인 고시엔을 상징하는 단어는 '청춘' '눈물' '땀' '감동' 등 여러 가지가 있다. 그런데 일부에서는 고시엔의 상징으로 '사이렌'을 이야기하기도 한다. 사이렌 소리가 들리면 '아, 여름이 왔구나'라고 느끼는 사람들이 생각보다 많다. 고시엔 야구 경기는 사이렌으로 시작되어 사이렌으로 끝나기 때문이다.

사실 고시엔 경기의 사이렌은 한 경기당 네 차례씩 울리게 된다. 경기장 방송실의 장내 아나운서가 버튼을 누르면 사이렌 소리가 경기장에 울려퍼지게 되는데, 경기가 시작되기 전 수비 연습 시작을 알릴 때와 수비 연습이 끝날 때 사이렌이 울린다. 첫 타자가 들어서면 경기 시작을 울리는 사이렌이 길게 흐르게 되고, 경기가 끝났을 때 역시 사이렌 소리를 통해 경기 종료를 다시 확인할 수 있다.

고시엔 대회가 지금 같은 전국 대회의 위상을 갖춘 것은 1924년 대회부터이다. 당시만 하더라도 통신 수단이 발달하지 않았던 시기여서, 경기 시작과 종료를 알릴 방법을 마땅히 찾을 수 없었다. 경기장을 찾는 관중이 대거 늘어나면서, 경기장 안에서 각종 물건을 파는 사람이나, 경기장 진행요원의 숫자도 증가할 수밖에 없었다. 이런 상황에서 경기가 시작되거나 끝날 때는 여러 가지 준비를 해야 하는데, 경기 시작과 종료를 알리는 방법으로 사이렌을 선택한 것이다.

그런데 여러 소리 가운데 왜 하필이면 사이렌이었을까? 당시의 시대 상황을 고려하면 선택지가 아마도 사이렌밖에 없었을 것이다. 지진이 많이 발생하는 일본의 특성에다 1800년대 후반부터 각종 전쟁을 통해 세력을 확장해온 일본이었기에, 공습경보 등 전쟁 대비 연습에도 사이렌이 사용되곤 했다.

일본에선 지금도 사이렌 소리를 쉽게 들을 수 있다. 재난 경보

뿐 아니라 소방차나 경찰차, 구급차가 지나갈 때도 사이렌 소리가 크고 길게 울려퍼진다. 일본에서 며칠만 보내도 사이렌 소리에 익숙해질 정도로 사이렌은 일상생활에서 쉽게 들을 수 있는 소리이다.

그런데 이런 사이렌 소리를 싫어하는 사람들도 꽤 있는 편이다. 실제 일본에서 5년째 거주하고 있는 필자의 친구는 여전히 사이렌과 까마귀 소리에는 적응이 잘 되지 않는다는 이야기를 한 적이 있다. 사이렌 소리 자체가 재난이나 공습경보를 연상시키기 때문에 사이렌 트라우마에 빠졌다는 사람도 있다. 고교야구에 별 관심이 없는 사람들은 순수한 학생야구인 고교야구에서 왜 공습경보 같은 사이렌을 울리는지 이해되지 않는다는 말을 하기도 한다.

반면 고교야구 선수 가운데는 사이렌 소리를 좋아하는 사람들이 꽤 있는 편이다. 일본 고시엔 대회는 가위바위보를 통해 선공과 후공을 가르는데, 이긴 경우 대부분 유리한 후공을 선택하지만 가위바위보에 참가하는 주장 선수가 1번 타자일 경우는 종종 다른 선택을 하기도 한다. 1번 타자는 1회초 타석에 들어서면 타석에서 사이렌 소리를 들을 수 있다.

보통 사이렌은 초구와 2구 정도까지 울리게 되는데, 타석에서 사이렌 소리를 듣는 기분은 덕아웃이나 수비할 때 듣는 것과는 느낌이 전혀 다르다고 한다. 마치 자신이 야구장 전체의 주인공이 된 느낌마저 든다는 것이다.

사이렌 소리를 들으며 타석에 서는 것은 프로야구 선수들이 자신의 응원가를 들으며 타석에 들어서는 것과 비슷하다. 대부분의 선수들이 기본적으로 자기 응원가를 좋아하게 마련인데다 흥겨운 리듬의 음악을 관중들이 함께 부를 때 저절로 힘이 난다고 한다. 다소 극단적인 경우이지만 응원가를 듣기 위해 초구를 절대 치지 않는다는 선수도 있다.

한국 프로야구에서 가장 인기 높은 응원가는 아마도 두산 정수빈의 노래였을 것이다. 비치 보이스의 노래 〈Surfing USA〉를 "날려라 날려 안-타 두산의 정수-빈"으로 개사해 남녀가 같이 부르는 정수빈의 등장 음악은 두산 팬들에겐 안타를 향한 간절한 주문과도 같았고, 정수빈 역시 이 노래를 아주 좋아했다.

실제로 정수빈은 응원가를 더 듣고 싶어서 상대 투수의 실투가 아니라면 초구를 치지 않는다는 말을 한 적이 있다. 2017년 이후 저작권 파동이 터지면서 더이상 이 노래는 사용되지 않는다. 그런데 기분 탓일까? 정수빈이 초구를 때리는 비율은 예전 응원가가 울려퍼지던 때에 비해 분명 높아졌다.

우리나라 고교야구에서도 경기가 시작할 때와 끝날 때 사이렌을 울렸던 때가 있었다. 필자가 야구를 처음 보기 시작한 1970년대 후반에는 고교야구 시작을 알리는 소리는 사이렌이었다. 당시 대부분의 경기는 라디오 중계방송으로 진행되었는데, 라디오 중계 아나운서가 "이제 곧 경기가 시작됩니다"라는 멘트를 하면 곧바로 '위이잉' 하는 사이렌 소리가 길게 울려퍼지던 기억이 여전히 생생하다.

그런데 아주 가끔 사이렌 소리가 아직 끝나지 않았는데 아나운서가 다급하게 멘트를 하는 경우가 있었다. 바로 초구를 쳤는데 홈런이 나오는 경우이다. 지금도 선두 타자 초구 홈런은 종종 나오지만 홈런이 드물었던 시절, 선두 타자의 초구 홈런은 큰 화제로 떠올랐다. 방송이나 신문에서는 "시작 사이렌이 끝나기도 전에 터진 홈런"이라는 말을 자주 사용했다. 또한 경기 종료 사이렌이 울리기 전까지는 결과를 알 수 없다는 말도 해설자들의 단골 멘트였다.

한국 고교야구의 '사이렌'은 1980년대 초반 '딩동댕동 딩동댕동' 하는 음으로 구성된 '차임벨'로 변경되었다. 아마도 왜색 문화 타파 때문이었을 것이다. 사실 '사이렌'은 통신 수단이 거의 없었던 시절에 만들어진 것이다. 어쩌면 훨씬 이전에 사용했던 봉화烽火와 비슷한 방법이라고 할 수 있다. 우리의 1980년대는 일본의 1920년대와 비교할 수 없을 정도로 통신 수단이 발달했을 때이다. '사이렌'을 없앤 것은 나쁘지 않지만 뭔가 더 한국적인 것을 사용했다면 더 좋았을 것이다. 다소 아쉬움이 남는 게 사실이다.

우여곡절 끝에 열린 2020 도쿄올림픽이 끝나고 개막한 2021년 고시엔 야구대회에서도 사이렌은 변함없이 울려퍼졌다. 인터넷이 발달하고 누구나 스마트폰으로 SNS를 통해 소통하는 요즘 시대에 고시엔 야구의 사이렌은 어떤 의미를 가지고 있을까? 예전처럼 무언가를 알리기 위해 사이렌을 사용할 필요는 없다. 경기 진행요원들 역시 굳이 사이렌이 아니더라도 다양한 방법을 통해 경기 시작과 종료를 알 수 있다. 그런데도 여전히 사이렌이 존재하는 유일한 이유는 아마도 전통을 계승한다는 의미에서일 것이다. 공습경보나 재난 상황을 떠올리게 한다며 사이렌을 싫어하는 사람도 많지만 그만큼 오랜 시간 고시엔의 역사와 함께해왔기 때문이다.

그런데 고시엔 대회에서 사이렌이 사라졌던 적이 딱 한 번 있었다. 바로 1937년 제23회 대회였는데, 중국과 일본의 갈등이 표면화된 루거우차오 사건 직후에 열렸다. 루거우차오 사건을 시작으로 결국은 중일전쟁까지 발발하게 되고, 일본은 본격적으로 제국주의에 대한 야욕을 드러내게 된다. 이런 상황에서 열린 고시엔 대회에선 사이렌 대신에 '진군나팔'을 사용했다. 경기 시작과 종료 상황을 '진군나팔'을 통해 알린 것이다.

그로써 순수한 학생 축제라는 고시엔 대회는 '진군나팔'과 함께 군국주의의 선전 무대로 바뀌고 말았다. '진군나팔'과 학생 축제는 공존할 수 없다. '사이렌' 소리가 군사 문화를 떠올리게 하기 때문에 싫어하는 사람들도 있지만, 사이렌과 진군나팔은 비교 대상조차 되지 못한다. 야구는 진군나팔로 인해 완전히 오염되었다.

호머의 『오디세이』에 사이렌에 대한 유명한 일화가 나온다. 트로이전쟁에서 승리한 오디세이는 고향으로 향하던 중 사이렌의 매혹적인 노래를 들었고, 바다에 뛰어들고 싶은 유혹을 참을 수 없었다. 결국 오디세이는 부하들에게 귀마개를 하게 하고, 자신은 꽁꽁 묶게 해서 사이렌의 유혹에 빠지지 않고 항해를 계속할 수 있었다는 얘기이다.

고시엔 본선 무대 사이렌 소리를 들을 수 있다는 것은 사이렌의 유혹을 이겨낸 오디세이처럼, 2년 반 동안 땀과 눈물을 흘리며 여러 유혹을 이겨낸 야구 소년들만이 누릴 수 있는 특권이기도 하다. 야구 소년들이 사이렌 대신 '진군나팔' 소리를 듣게 하는 일은 절대 발생해서는 안 된다.

고시엔으로 통하는 세대 구분,
영원한 추억의 이름

×

'요즘 젊은이들은 버릇이 없다. 우리 때는 그러지 않았는데.'

고대 이집트의 피라미드에 이런 말이 쓰여 있을 정도로, 세대 간의 갈등은 오랜 역사를 가지고 있고, 어쩌면 영원히 극복하기 어려운 숙제일지도 모른다. 비슷한 또래 간의 사회, 문화적인 경험을 통해 형성된 공감대는 청년 시절이 지난 뒤에도 일평생 공유하는 가치인지도 모른다. 일부에선 세대 간 구분이 지나치게 인위적이라며 '세대'라는 것은 허상이라고 주장하기도 하지만, 21세기 미디어와 마케팅을 논할 때 빼놓을 수 없는 것이 '세대'이기도 하다.

서구에서는 잃어버린 세대Lost generation와 Y세대 같은 용어가 적극적으로 사용되었지만 우리나라에서는 미디어에서만 주로 다룰 뿐 일상생활에서 세대 구분은 많이 이루어지지 않았다. 그나마 많이 통용된 것이 386세대나 X세대 정도일 것이다. 이전 6.3세대는 정치인을 논할 때만 사용되는 용어가 되었지만, 386세대는 당시 유행하던 386 컴퓨터와 비슷한 시기에 탄생하면서 더욱 친숙해진 덕분에 오늘날까지도 명맥을 유지하고 있다.

일본에서는 세대 구분이 우리나라보다 좀더 활발하게 이루어지는 편이다. 예전에는 연호를 기준으로 세대를 나눴지만, 세대를 구분하는 명칭이 생기면서 한 시대의 흐름을 이해할 수 있는 핵심 단어로 사용되었다. 제2차세계대전 중 일본이 침략 전쟁을 벌이던 시기에 유년기를 보낸 '불탄흔적세대焼け跡世代'를 시작으로 우리나라에도 잘 알려진 '단괴세대団塊の世代'는 일본의 베이비붐 시대를 상징하는 표현이 되었다.

1950년에서 1964년 사이에 태어난 세대에는 '빛바랜세대しらけ世代'라는 이름이 붙었는데, 일본을 강타했던 전공투의 영향을 받은 뒤, 정치적으로 무관심해진 세대로 불린다. 1960년대 중반부터 1971년 출생으로 일본의 경제 호황기를 경험한 '버블세대バブル世代'는 일본 사회의 중심으로 성장해왔고, 유토리 교육의 영향을 받은 이삼십대를 가리키는 '깨달은세대さとり世代'는 일본을 이끌어갈 미래의 주역들이다. 벌써부터 나오는 '코로나세대コロナ世代'라는 호칭은 지금의 십대를 의미하는데, 어쩌면 가장 안타까운 세대명일지 모른다.

이런 일본의 일반적인 세대 구분과 함께 일본 야구계에선 고시엔에서 최고의 활약을 펼친 선수들을 통해 세대 구분을 한다. 같은 해에 태어난 선수들 가운데 가장 뛰어난 선수만이 누릴 수 있는 영광이기도 하다. 동년배 선수 가운데 가장 훌륭한 선수로 평가되는 한 명에게만 ○○세대라는 명칭이 주어진다.

일본 고시엔 야구의 영원한 스타로 평가되는 구와타-기요하라의 KK세대부터 시작해, 이치로세대와 마쓰이세대, 마쓰자카세대와 항카치세대, 오타니세대 등이 일본 야구에서 대표적인 야구세대로 통한다. 위의 세대명에 사용된 선수들은 대부분 일본에서 최고 자리에 오른 뒤, 메이저리그에도 진출한 그야말로 최고의 선수들이다. 반면 항카치세대의 주인공인 사이토는 고시엔에서의 전설적인 활약으로 동년배의 대표 주자로 떠오른 경우이다.

항카치ハンカチ는 손수건을 뜻하는 말로, 2006년 고시엔 대회에서 와세다실업고의 우승을 이끌며 '손수건 왕자'라는 별명을 얻은 사이토 유키를 비롯한 1988년생 선수들을 항카치세대라고 부른다. 그런데 이 항카치세대에는 유독 뛰어난 선수들이 많다. 고시엔 대회 결승전에서 이틀 연속 사이토와 맞대결을 벌였으며, 사이토에게 마지막 삼진을 당해 준우승을 기록했던 다나카 마사히로는 일본 프로야구에서 최고투수로 성장한 뒤, 메이저리그 뉴욕양키스에 진출해 팀의 에이스로 활약했다. 같은 세대인 마에다 겐타역시 LA다저스에서 류현진과 같은 시기에 활약했을 정도로 메이저리그에서도 통하는 뛰어난 선수였다. 이 밖에 이승엽과 요미우리에서 한솥밥을 먹었던 사카모토, 이대호와 소프트뱅크 막강 타선을 구성했던 야나기타 역시 이른바 항카치세대의 멤버들이다.

2021년 10월 삿포로 돔에서는 손수건 왕자이자 항카치세대의 주역인 사이토의 은퇴경기가 코로나 관객 상한선인 1만 명이 들어찬 가운데 열렸다. 사이토는 7회 등판해 한 타자를 상대로 공 일곱 개를 던지며 볼넷을 내준 뒤 관중들의 기립박수를 받으며 마운드를 내려왔다. 사이토는 동년배의 선수들이 프로로 진출했을 때 이른바 '문무양도'의 길을 걷겠다며 와세다대학에 진학했고, 대학 졸업 후 니혼햄에 입단했지만 명성만큼의 활약을 보이지는 못했다.

사이토는 프로생활 11년 동안 15승 26패라는 기록을 남겼는데, 사실 은퇴경기를 갖기에는 많이 부족한 성적이다. 사이토가 박수 속에 은퇴할 수 있었던 건 2006년 고시엔에서의 활약을 기억하는 팬들이 있기 때문이었다. 뉴욕양키스의 에이스, LA다저스의 중심 투수로 성장한 동년배가 존재하지만, 고시엔에서 손수건으로 땀을 닦으며 인상적인 활약을 펼친 사이토는 영원한 고시엔의 스타이자, 항카치세대의 주인공이다.

최고선수 이치로는 고등학교 3학년 때 타율이 7할을 넘길 정도로 뛰어난 선수였지만 소속팀이 간신히 본선에 진출한 뒤 곧바로 탈락하는 바람에 고시엔에서는 좋은 성적을 남기지 못했다. 이처럼 고시엔과 프로 무대에서 모두 최고스타에 오르는 것은 본인의 실력뿐 아니라 팀 성적이 뒷받침되어야 가능하다.

그런 면에서 마쓰자카는 고시엔과 프로야구를 모두 제패한 슈퍼스타라고 할 수 있다. 요코하마고등학교 시절 봄-여름 고시엔을 모두 우승한 뒤 일본 프로야구 신인 시절 천하의 이치로를 네 번이나 삼진으로 잡은 마쓰자카의 모습은 일본 야구팬들을 열광 시켰다. 이후 메이저리그에도 진출했던 마쓰자카는 일본 복귀 후 별다른 활약을 보이지 못한 채 2021년 선수생활을 마감하였다. 그러나 고교 시절의 활약과 일본 프로야구에서의 성과, 메이저리그 진출 등으로 지금도 여전히 최고선수로 인정받고 있다.

그런데 특정 선수로 대표되는 세대 명칭에 거부감을 나타내는 경우도 있다. 일본 프로야구를 대표하는 요미우리 같은 구단은 세이부 소속이던 마쓰자카세대라는 명칭에 반발해 우리 팀 선수들은 그냥 '80년생들'이라고 불러달라고 주문하기도 했다. 아라가키 같은 선수는 언젠가 아라가키세대라는 명칭이 나오도록 하겠다는 말을 한 적도 있다. 반면 야나기타처럼 사이토보다 훨씬 뛰어난 선수로 인정받은 후에도 우리들 세대를 통합해서 표현하는 명칭은 앞으로도 항카치세대일 것이라며 긍정적인 반응을 보인 경우도 많다.

이처럼 한 세대를 대표했던 사이토와 마쓰자카는 둘 다 공교롭게도 2021년에 선수생활을 마쳤다. 마쓰자카가 마흔 살을 넘어서까지 활약한 반면, 사이토는 33세라는 젊은 나이에 프로에서 별다른 족적을 남기지 못하고 마운드를 떠나 마쓰자카와 대조를 이루게 되었다. 고교 시절 나란히 고시엔 우승을 이끌며 최고스타로 각광받았지만 고등학교 이후의 모습은 전혀 다른 방향으로 전개된 것이다.

사이토 이후 오타니 같은 뛰어난 선수가 등장했고, 기요미야라는 고시엔 스타가 등장하긴 했지만 고교 시절 사이토를 뛰어넘는 선수는 아직 나오지 않았다. 최근 고시엔에서는 과거에 비해 특급 스타가 나오지 않는 경향이 많다. 한 대회에서 반짝 활약하는 선수는 있지만 고교 시절 내내 괄목할 만한 성과를 내보이며 야구팬을 사로잡는 선수가 줄어들었다는 뜻이다. 1999년생인 기요미야 이후 고시엔 스타로 ○○세대라는 이름을 가진 선수의 모습은 더 이상 찾아볼 수 없다.

구와타와 기요하라의 KK세대는 1967년생으로 버블세대로 통한다. 사이토를 비롯한 1988년생들은 항카치세대이면서 사토리세대이기도 하다. 대부분의 일본 야구팬들은 1988년생을 말할 때 사토리라는 단어보다 항카치를 먼저 떠올릴 것이고, 1967년생을 기억할 때 버블세대라는 명칭뿐 아니라 전설의 구와타-기요하라를 회상할 것이다. 2006년의 활약으로 영원한 손수건 왕자이자 세대를 대표하는 주인공으로 통하는 사이토처럼, '그해 여름 고시엔'이란 단어는 영원히 기억될 추억의 무대이다.

| 2 | 아날로그 문화와 함께해온 고시엔의 역사

일본은 세계에서 신문의 영향력이 가장 큰 나라로 신문사가 일본 야구계의 발전을 이끌어왔다고 해도 과언이 아니다. 또한 도장과 팩스, 수기 문화로 대표되는 일본 사회의 3종 신기는 여전히 일본 사회에서 없어서는 안 될 필수품으로 여겨지는데, 이런 영향 속에 고시엔은 여전히 추첨과 가위바위보를 활용하고 있다. 과거 일본의 영광을 이끌며 야구 부흥과 함께했던 아날로그 문화는 21세기 디지털 시대와 충돌하고 있다. 아날로그 일본은 디지털 일본으로 성공적인 변신을 할 수 있을 것인가?

신문의 나라가 만들어낸
야구왕국 고시엔

×

한국을 대표하는 밴드로 성장한 자우림의 노래 〈일탈〉에는 '신도림역 안에서 스트립쇼를'이라는 가사가 등장한다. 노래가 발표된 90년대까지만 해도 신도림역은 국내에서 가장 사람이 붐비는 대표적인 장소였다. 지하철 9호선 개통 이후에는 9호선이 일명 '지옥철'로 불리며 모든 노선을 통틀어 가장 혼잡한 지하철이 되었고, 최근에는 도시철도 김포 골드라인의 혼잡률이 285퍼센트로 말 그대로 숨도 쉬기 힘든 상태로 운행되고 있어 개선이 필요하다는 뉴스가 연일 쏟아지고 있다.

김포 골드라인을 설명하는 혼잡률은 일본 국토교통성에서도 사용하는 개념인데, 혼잡률 정도를 일러스트로 표현하면서 신문 읽기를 예로 든 것이 이채롭다. 일러스트에 따르면 혼잡률 100퍼센트에서는 여유 있게 신문을 읽는 모습을 볼 수 있다. 150퍼센트에는 신문을 펼쳐서 편하게 볼 수 있는 정도라는 설명이 붙어 있고, 180퍼센트에서는 잘 접어서 주의를 기울이면 신문을 볼 수 있다는 문구가 눈에 띈다. 200퍼센트의 경우는 압박감은 있지만 주간지 정도라면 어떻게든 읽을 수 있다고 되어 있는데, 250퍼센트의 그림을 보면 신문 읽기가 아예 불가능하다는 걸 알 수 있다.

과거에 비해 줄긴 했지만 일본에선 여전히 전철에서 종이 신문을 읽는 사람들의 모습을 쉽게 찾아볼 수 있다. 특히 다른 사람에게 피해를 주지 않기 위해 신문을 네 번이나 접어 읽는 모습은 외국인들에게 문화 충격으로 다가올 정도이다. 실제로 일본은 세계에서 가장 신문을 많이 읽는 나라이며, 신문사의 영향력이 이처럼 커진 것은 야구와의 밀접한 관계에서 찾을 수 있다.

세계신문협회가 발표한 2018년 기준 발행부수 1위는 910만 부를 발행한 〈요미우리신문〉이다. 2위는 660만 부를 발행하는 〈아사히신문〉이고, 〈마이니치신문〉은 316만 부를 기록해 6위에 자리했다. 10위에 오른 〈일본경제신문〉까지 발행부수 세계 10위 가운데 일본 신문이 4개를 차지한 것이다. 사실 이런 수치는 10년 전에 비해 대폭 줄어든 것이다. 2008년에는 위에 언급한 신문들이 1위부터 4위를 기록했고, 5위는 일본의 지역지인 〈주니치신문〉이었다. 미국이나 유럽은 지역 위주의 신문 문화를 갖고 있어 전국지가 대부분인 일본과는 다른 신문 환경을 갖고 있는 점도 있지만, 발행부수에서 나타나듯 일본에서 신문은 여전히 큰 영향력을 갖고 있다.

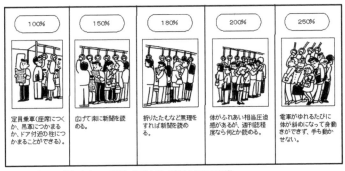

혼잡률 정도를 신문 읽기로 표현한 자료(출처: 일본 국토교통성)

　명실상부한 1위인 〈요미우리신문讀賣新聞〉은 1874년 에도시대 가판대에서 읽어주면서 판매하면서 '요미우리讀賣'라는 이름으로 불리게 되었다. 평범한 신문 중 하나였던 〈요미우리〉는 1934년 프로야구 요미우리자이언츠의 전신인 일본도쿄야구구락부를 창단하면서 부수 확장을 꾀하게 된다. 프로야구 요미우리 구단의 인기와 더불어 〈요미우리신문〉의 사세는 계속 확장되었고, 요미우리자이언츠가 9년 연속 우승을 차지한 1960년대에는 일본 경제 부흥과 함께, 신문 업계 1위로 올라서게 되었다.

　무라카미 하루키의 단편집 『1인칭 단수』에는 요미우리자이언츠의 팬이 압도적인 가운데 산케이아톰스를 응원했던 자신의 경험담이 나오는데, 요미우리 야구단과 신문사가 어떻게 상생할 수 있었는지를 알 수 있는 대목이 있다. 「1인칭 단수」에는 "고라쿠엔 구장은 언제나, 언제나 초만원이었다. 〈요미우리신문〉은 고라쿠엔 구장 초대권을 주무기 삼아 열심히 신문을 팔아댔다"라는 문장이 나온다.

2020 도쿄올림픽에서 성화 주자로 등장하기도 했던 왕정치와 나가시마가 이끈 당시 요미우리 경기는 입장권을 구하기 힘들 정도로 인기가 있었는데, 신문을 구독하면 초대권을 주니 요미우리 자이언츠 팬들은 자연스럽게 〈요미우리신문〉을 읽을 수밖에 없었을 것이다. 〈요미우리신문〉은 요미우리자이언츠 소식을 집중 보도해 더 많은 야구 스타를 만들었고, 국민영웅 반열에 올라선 선수들을 보기 위해 신문을 구독하는, 야구와 신문이 함께 성장하는 선순환 구조가 만들어진 것이다.

야구는 체력 부담이 큰 축구 같은 스포츠와는 달리 매일 경기를 할 수 있다. 매일 발행하는 신문 입장에서는 매일 보도할 수 있는 장점이 있다. 또한 경기를 직접 보지 못하더라도 신문에 나오는 야구 기록표만 보면 9이닝의 야구 경기가 어떻게 펼쳐졌는지 알 수 있다. 각종 뒷이야기를 쓰는 데에도 야구가 제일 유리하다. 이런 야구와 신문의 관계를 알아보고 가장 먼저 야구에 손을 댄 것은 아사히신문사였다. 아사히신문사는 1915년 제1회 여름 고시엔 대회, '전국고등학교야구선수권대회'의 전신인 중등학교우승야구대회를 개최한다. 1회 대회 시구는 아사히신문사 사장이 했다.

1879년 창간한 〈아사히신문〉은 초창기에는 오사카 지역의 작은 언론사에 불과했지만 학생야구의 인기와 함께 사세를 확장하게 된다. 〈아사히신문〉보다 7년 일찍 탄생한 선발 주자 〈마이니치신문〉은 〈아사히신문〉의 상승세를 그대로 보고 있을 수는 없었을 것이다. 〈마이니치신문〉은 1924년 학생야구 전국 대회를 만들어 〈아사히신문〉을 견제하려 했다. 그렇게 탄생한 것이 봄 고시엔으로 불리는 '선발고등학교야구대회'이다.

1982년 한국 프로야구가 탄생했을 때 현재 LG트윈스의 전신인 MBC청룡은 당시 서울을 연고지로 한 유일한 팀으로, 개막전에서 이종도가 드라마 같은 끝내기 만루홈런을 터트리면서 많은 야구 팬들을 확보했다. MBC는 프로야구를 집중적으로 중계방송하면서 MBC청룡을 집중적으로 홍보했다. 그런데 MBC와 라이벌 관계였던 KBS에선 분명 프로야구 중계를 하는데도 MBC라는 말을 들을 수 없었다. KBS는 해태타이거즈, 롯데자이언츠라는 구단 이름을 사용할 때 모기업 이름을 모두 생략했다. MBC에서는 해태와 롯데의 대결이었지만, KBS에서 중계방송을 할 때는 타이거즈 대 자이언츠의 승부일 뿐이었다. 이런 해프닝은 KBS에서 MBC라는 이름을 사용하기 싫었기 때문에 발생한 것이었다.

나란히 고등학교 야구를 주최하게 된 아사히신문사와 마이니치신문사 역시 80년대 프로야구를 놓고 신경전을 벌인 KBS와 MBC의 관계와 크게 다르지 않았을 것이다. 봄 대회와 여름 대회 모두 초창기에는 다른 장소에서 펼쳐지다가 고시엔 야구장이 완성된 1925년부터는 같은 고시엔 야구장에서 열리게 된다. 그런데 마이니치신문사의 '선발고등학교야구대회'와 아사히신문사 주최 '전국고등학교야구선수권대회'는 봄과 여름에 열린다는 사실을 제외하고도 여러 가지 부분에서 차이를 보이고 있다. 대부분은 상대방

대회를 의식해 나온 결과이다.

여름 대회는 47개 도도부현을 대표하는 팀이 출전하는데, 학교 수가 많은 도쿄와 홋카이도 지역은 2팀이 출전해 49개 팀이 고시엔 본선에 나선다. 고시엔 본선에 오르기 위해서는 각 도도부현 토너먼트 대회에서 단 한 차례도 패해서는 안 된다. 각 지역 우승 팀만이 여름 고시엔 무대를 밟을 수 있기 때문이다.

반면 봄 대회는 '선발고등학교야구대회'라는 이름에서 나타나 듯 각 지역 1위팀이 출전하는 것이 아니라 '선발위원회'에서 선발 된 팀들이 출전 자격을 갖게 된다. 가을철 지구대회에서 1위를 차지한 팀들은 대부분 선발될 가능성이 높지만 지구대회 1위가 꼭 출전을 보장하는 것은 아닐 수도 있다. 여기에 '21세기 전형'이라는 봄 고시엔 대회만의 특별한 규정도 존재한다. '21세기 전형'을 통해 야구 실력과 관계없이 지역 사회에 공헌을 하거나, 미담 사례의 주인공이거나, 또는 학교 운동장이 없는 야구부 같은 학교를 선발해 고시엔 무대를 밟을 기회를 주는 것이다.

대진표 추첨 방식에도 차이가 있다. 봄 고시엔은 특별대회를 제외하면 32개 학교가 출전하기 때문에 16강, 8강, 4강, 결승전으로 자연스럽게 대진표가 이어져 1회전부터 결승전까지의 대진 상대를 모두 알 수 있다. 대부분의 토너먼트 대회는 봄 고시엔 같은 방식으로 펼쳐지게 된다. 반면 여름 고시엔 대회는 일반적인 대회에 49개 팀이 출전한다. 출전팀 숫자가 홀수인 관계로 부전승을 거두는 팀과 한 경기를 더하는 팀의 차이가 발생하게 된다. 이 때문에

고시엔 호외 여름 고시엔 출전 49개 학교 확정 소식을 전하는 〈아사히신문〉 호외 인터넷판

여름 고시엔 대회는 8강 이후 경기는 매번 추첨으로 결정하게 된다. 이렇게 여름 고시엔 대회는 다음 상대가 어느 팀인지 미리 알 수 없는 특이한 방식을 사용하고 있다.

봄 대회와 여름 대회의 우승 깃발이 다른 것은 당연하지만 봄 대회는 여름 대회에는 없는 준우승 깃발도 존재한다. 또한 여름 대회는 우승 깃발과 우승 방패가 수여되지만, 봄 대회 우승팀은 우승컵을 가질 수 있다는 차이점을 보이고 있다. 개막식 풍경도 조금 다르다. 상대적으로 진보적인 아사히신문사 주최인 관계로 여름 고시엔 개막식에서는 일본 국가가 울려퍼지지 않는다.

반면 마이니치신문사 주최인 봄 고시엔 대회에서는 전일본학생 음악콩쿠르 성악 부문 고교생 우승자가 일본 국가를 부른다. 전일본학생음악콩쿠르는 마이니치신문사가 주최하는 행사이기도 하다. 여름 대회에서는 개막식에 입장할 때 학교 이름이 적힌 나무 간판을 드는 이른바 '플래카드 걸'이 있어 인근 니시노미야 지역 여고생이 담당하지만, 봄 대회는 전담 '플래카드 걸' 없이 소속 학교 학생이 간판을 들고 입장한다.

이런 차이점은 여름 고시엔이 먼저 시작된 대회인데다, 고3 학생들의 마지막 대회로서 봄에 비해 훨씬 인기가 높다보니 봄 고시엔 대회가 여름 고시엔을 의식한 결과라고 할 수 있다. 반대인 경우도 있는데 대표적인 것이 바로 '교가 제창'이다. 교가 제창은 1929년 봄 고시엔 대회부터 시작되었는데, 마이니치신문사 직원으로 1928년 올림픽에 출전했던 히토미 키누에의 제안으로 생겨난 것이다. 올림픽에 나오는 국가처럼 교가를 부르자는 제안은 큰 호응을 얻었는데, 여름 고시엔 대회는 봄 고시엔 대회의 전유물처럼 여겨졌던 교가 제창을 1957년에 도입하게 되었다.

또한 고시엔 대회에 등번호 제도가 도입된 것도 1931년 봄 대회가 처음이었다. 같은 해 열린 미일야구대회의 영향으로 등번호를 사용했고, 첫 등번호 사용을 기념해 우승 촬영을 할 때 뒤로 돌아 등번호를 보이게 찍은 사진이 큰 인기를 끌기도 했다. 하지만 다음해부터 등번호는 사라졌고, 1952년이 되어서야 봄 고시엔 대회에 다시 등장했다. 여름 고시엔 대회는 이보다 훨씬 늦게 등번호를 사용하게 되었다.

사실 마이니치신문은 봄 고시엔 대회를 만든 지 3년 뒤인 1927년 도시대항 야구대회를 창설했고, 1950년에는 현재 지바롯데마린스의 전신인 마이니치오리온스 구단을 창단해 학생야구와 사회인야구, 프로야구까지 모든 형태의 야구를 주최하기도 했다. 후발 주자인데다 선발 대회라는 한계로 봄 고시엔은 여름 고시엔에 밀려 있으며, 프로야구단 마이니치오리온스는 요미우리자이언츠의 견제 속에 1960년대 역사 속으로 사라졌다. 요미우리는 1960년대 야구의 인기를 등에 업고 1위 신문으로 올라섰다.

무라카미 하루키가 처음 응원했던 산케이아톰스도 산케이신문사를 모기업으로 하는 구단이었다. 산케이아톰스 역시 도쿄의 비인기 구단에 머물렀고, 산케이신문사는 야구단 운영을 접었다. 나고야 지역에서 인기 높은 주니치신문사는 프로야구단 주니치드래곤스를 운영하고 있다. 이처럼 일본의 주요 신문은 모두 '야구'를 매개체로 성장해왔다.

그런 일본 신문과 일본 야구의 역사는 디지털 시대와 야구 인기 하락이라는 시대적인 변화에 직면하고 있다. 여전히 일본 전철에서 신문 읽는 사람을 볼 수 있지만 과거에 비해서 신문 대신 휴대전화를 보는 사람이 급격하게 늘었다. '야구 바나레'라는 신조어가 탄생할 정도로 요즘 젊은 세대는 과거처럼 야구를 즐겨 보지 않는다. 인터넷과 휴대전화 SNS에 익숙한 세대에게 세 시간이 넘는 야구는 지루한 스포츠라는 인식을 갖게 된 것이다. 이처럼 급변하는 시대의 변화 속에서 일본 신문과 야구 모두 중요한 갈림길에 서 있는 것은 분명하다.

동전 대신 가위바위보,
야구장에서 하는 가위바위보

×

조선 초기 두 차례 왕자의 난을 거쳐 왕위에 오른 태종은 수도 이전을 놓고 깊은 고민에 빠진다. 태조 이성계가 이미 한양을 수도로 정했지만 건국 초기 혼란이 계속되면서 수도를 놓고 송도와 무악, 한양으로 의견이 나뉘었기 때문이다. 수도 논쟁 속에서 태종은 엽전을 던져 수도를 결정하기로 했고, 그 결과 조선의 수도는 한양으로 확정되었다. 국가 대사를 엽전으로 결정했다는 것이 이상하게 들릴 수도 있지만, 아마도 동전으로 길흉을 판단한 것에 가깝다고 여겨진다.

한 나라의 수도를 결정하는 데까지 사용된 동전 던지기는 현대사회 최고 인기 스포츠인 축구를 시작할 때 반드시 필요한 도구이기도 하다. 경기 시작 전 양 팀 주장이 모인 가운데 심판이 동전을 던져 먼저 공을 소유할지, 진영을 선택할지 결정한다. 승부를 가리지 못해 연장전에 들어갈 때에도 역시 같은 방법이 사용되고, 연장전에서도 결정이 나지 않아 승부차기를 하는 경우에도 동전을 통해 누가 먼저 찰 것인지를 결정한다.

여기까지는 동전이 승부에 큰 변수가 되지 못하지만, 동전 던지기를 통해 승패가 결정되는 경우가 실제로 존재한다. 지난 2000년 우리나라는 북중미골드컵에 초청팀 자격으로 출전했는데, 예선에서 2무를 기록해 캐나다와 승패뿐 아니라 골득실까지 완전히 똑같게 되면서 동전 던지기를 통해 8강 진출을 가리게 되었다.

동전 던지기 결과 우리나라가 지면서 한국 축구는 탈락한 반면 동전 던지기를 통해 8강에 오른 캐나다는 강팀들을 연이어 물리치고 우승까지 차지했다. 예선 성적이 동일했던 두 나라가 동전 던지기를 통해 운명이 갈리면서, 우승과 예선 탈락이라는 전혀 다른 결과로 이어진 것이다.

한국 프로야구에서는 중요한 결정을 할 때 동전 던지기 대신 주사위를 사용한 적이 있다. 같은 서울을 연고지로 하는 OB와 MBC는 1985년부터 주사위 던지기를 통해 1차 지명 선수를 가리는 방법을 선택했다. 주사위를 두 번씩 던져 나온 숫자를 합치는 방식으로 1세트 2세트를 진행해 특정 구단이 두 번 모두 이기면 승리, 1대 1 무승부가 되었을 때는 3세트를 치러 이긴 팀이 1차 지명 선택권을 갖는 방식이었다.

우리나라의 대표적 지식인인 이어령 선생은 저서 『가위바위보

문명론』을 통해 한중일 세 나라의 특성을 분석했다. 그는 대륙과 반도, 섬이라는 지리학적인 특성을 감안해 중국은 보, 일본은 바위, 한국은 가위라는 가위바위보의 코드를 소개했는데, 실제로 가위바위보는 중국에서 기원해 일본을 거쳐 세계로 퍼져나갔다는 설이 설득력을 얻고 있다.

특히 일본에는 가위바위보가 어떤 일을 결정할 때 중요한 의사결정 수단으로 사용되어왔는데 일본 고교야구 역시 예외는 아니다. 고시엔 대회에선 어떤 팀이 먼저 공격할 것인지를 심판이 보는 가운데 양 팀 주장들이 가위바위보를 해 결정한다. 주장들의 가위바위보를 지켜본 고시엔 관계자들에 따르면 이긴 팀은 대부분 말 공격을 선택한다고 한다.

야구의 특성상 말 공격을 할 때는 끝내기를 비롯해서 경기 후반으로 갈수록 유리한 측면이 분명 있기 때문이다. 반면 일부 학교의 경우는 고시엔은 초반 기세 싸움이 중요하기 때문에 초 공격을 선택하는 경우도 가끔 나온다고 한다. 일본에서도 대학야구나 사회인야구를 할 때는 선공과 후공을 나눌 때 주장 대신 주무들이 참가하는 것이 다르긴 하지만 가위바위보를 통해 결정하는 것은 똑같다.

그러면 한국 고교야구에서는 어떤 방법을 통해 선공과 후공을 결정할까? 동전을 던지거나 주사위를 사용하거나 가위바위보도 아니고 대한야구협회가 결정한다. 대회의 대진표가 발표될 때 대진표에 처음부터 1루와 3루 표시가 되어 있는 방식이다.

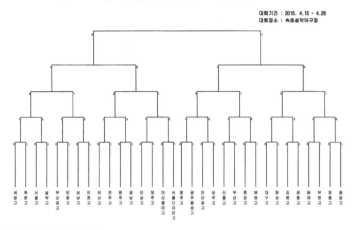

제43회 봉황대기 전국고교야구대회

대회기간 : 2015. 4.15 ~ 4.28
대회장소 : 속초설악야구장

봉황대기 고교야구 대진표

위의 대진표를 자세히 살펴보면 1회전에서는 대진표 왼쪽 팀이
3루, 오른쪽 팀이 1루로 표시되어 있는 것을 알 수 있다. 라운드마
다 1루와 3루의 방향이 대진표상 왼쪽 오른쪽으로 바뀌면서 결승
전까지 이어지는 것이다.

선공과 후공만을 결정하는 고시엔 대회와는 달리 지방 중소규
모 대회에서는 무승부가 되었을 때 가위바위보를 통해 승부를 결
정하는 사례도 드물지만 발생하기도 한다. 지난 2014년 11월 사
이타마현 카스카베 시내고등학교 야구선수권대회에서는 카스카
베동고등학교와 카스카베고등학교가 대결했는데 결국 승부를 가
리지 못해 가위바위보 대결을 하게 되었다는 내용이 일본 인터넷
에서 화제를 모은 적이 있다. 가위바위보는 주장들만이 대결하는

고시엔 대회와는 달리 9명의 출전 선수가 모두 참가했다고 한다. 이것마저도 4대 4 동점이 된 상황에서 마지막 아홉번째는 공교롭게도 두 팀 에이스들의 대결이 성사되었고, 결국 5대 4로 승부가 결정되었다는 것이다. 이런 내용을 접한 네티즌들은 "대회 규정이라고는 해도 가위바위보로 승부를 가리다니 괴롭겠네" "카스카베 시의 야구 소년들은 가위바위보 연습도 해야 될지 몰라"라는 반응을 나타내기도 했다.

스포츠에서 어떤 결정을 할 때 사용하는 동전 던지기와 주사위 던지기, 가위바위보의 세 가지를 놓고 어떤 것이 좋다 나쁘다 우열을 가릴 수는 없다. 다만 이중에서 미리 도구를 준비하지 않고도 할 수 있는 것은 가위바위보가 유일하다. 공교롭게도 경비 부담을 최소한으로 줄여야 한다는 일본의 학생스포츠 정신과도 일맥상통하는 부분이기도 하다.

우리나라의 경우 고교야구에서는 가위바위보로 선공과 후공을 결정하지 않지만, 프로야구에서는 의외의 장면에서 가위바위보를 하는 모습을 볼 수 있다. 과거 히어로즈 구단의 박병호가 홈런을 친 뒤 3루를 돌기 전에 3루 코치와 가위바위보를 하는 장면을 연출한 적이 있다. LG에서 두산으로 이적한 양석환은 이런 가위바위보를 양석환만의 홈런 세리머니로 정착시켰다. 실제 홈런 세리머니에서 코치와 5만 원을 걸고 가위바위보를 하는데 야구팬들에게 새로운 볼거리를 선사하고 있다.

가위바위보 문화가 가장 활성화된 것으로 평가되는 일본에서는 양석환처럼 홈런을 친 뒤 3루 베이스 코치와 가위바위보를 하는 장면을 볼 수 없다. 그런데 일본 고교야구에서 과도한 세리머니를 자제하라는 매뉴얼은 있지만, 가위바위보를 해서는 안 된다는 규정은 존재하지 않는다. 고시엔 대회에서 홈런 타자가 3루 베이스 코치석에 나가 있는 동료와 가위바위보를 하면 어떻게 될까?

절묘한 동작이라는 평가를 받을지, 또다른 규제의 대상이 될지 궁금하다. 명분이 없어 금지하지는 못하겠지만 가위바위보를 통해 내기를 해서는 안 된다는 조항이 첨부되지 않을까?

광클 대신 추첨 선택,
제비뽑기에 엇갈리는 운명

×

뒤늦게 BTS의 매력에 빠져버린 이른바 중년 아미들이 주위에 조금 있다. 이들 가운데 좀더 열성적인 아미들은 일본 팬클럽까지 가입했다며, 이 나이에 무슨 짓을 하는 건지 자신도 모르겠지만 뿌듯하다는 말을 털어놓기도 한다. 그 말을 들었을 때 왜 일본 팬클럽에 가입했을지 궁금했는데, 일본 콘서트 예매 때문이라고 한다.

지금은 코로나로 인해 어려워졌지만 2019년 연말까지만 해도 일본에서 열리는 콘서트는 국내 팬들에게 매력적인 요소가 많았을 것이다. 그런데 왜 일본이었을까? 국내 콘서트 예매는 선착순으로 진행되는 관계로 중년 아미들의 경우 빠른 속도로 마우스를 클릭해야 하는 이른바 '광클' 능력이 젊은 세대에 비해서 떨어질 확률이 높다. 반면 일본은 팬클럽을 대상으로 1차 추첨을 하고, 일반 추첨에 이어 선착순 예매를 진행하기에 콘서트에 갈 수 있는 확률이 한국보다 높은 것이다.

한국은 선착순을 선호하고, 일본은 추첨을 좋아한다. 문화의 차이가 느껴지는 대목인데 우리나라의 경우 선착순이, 일본은 추첨이 보다 공평하다고 생각하는 것이다. 선착순으로 배정하는 광클의 경우 콘서트뿐 아니라, 입시학원의 인기 강좌나 대학교의 수강신청까지 이어진다.

지금은 없어졌지만 예전에 포털사이트 검색어 순위를 보면 특정 대학교가 1위에 오르는 경우가 많았는데 대부분 수강신청 때문이었다. 인기 과목을 듣기 위해 좀더 빠른 컴퓨터를 이용하는 것을 비롯해 다양한 방법을 동원하기도 했다. 일부에서는 광클 경험이 풍부한 아이돌 팬클럽 출신들이 대학 수강신청에도 유리하다며, 수강신청 경쟁에서 승리한 것은 모두 아이돌 덕분이라는 농담 섞인 말을 하는 사람도 있다고 한다.

반면 일본에서는 대학 수강신청 광클 경쟁은 상상하기 어렵다. 아직도 성적표를 우편으로만 발송하는 학교도 있는데, 수강신청은 최근 대부분 컴퓨터를 이용해 진행한다. 수강신청은 일주일에서 열흘 정도 기간을 두고 이루어지는데, 먼저 했다고 해서 유리한 것은 없다. 소규모 강의나 인기가 높은 강의의 경우 추첨으로 결정한다. 일본은 추첨이 가장 공평하다고 판단하는 것이다.

일본의 추첨 문화는 코로나 시국에도 그대로 유지되었다. 코로나가 처음 유행하기 시작한 2020년 3월 대한민국은 마스크 구입

대란이 발생했다. 마스크 생산량은 한정돼 있는데 단기간에 폭발적인 수요가 몰리다보니 어쩔 수 없는 현상이었다. 초창기에는 새벽부터 줄을 서서 마스크를 구입하기도 했고, 두 시간 이상 기다리는 것은 기본이었다. 이렇게 열성적으로 준비한 사람만이 누릴 수 있는 특권이 바로 '마스크'였다.

일본 역시 마스크 구하기가 '하늘의 별따기'였는데 그 상황에서 선택한 방식이 '추첨'이었다. 실제 샤프전자가 마련한 마스크 4만 상자를 구매하는 데에 470만 건이 접수되어 120대 1의 경쟁률을 기록하기도 했다. 마스크뿐 아니라 코로나 백신 접종을 할 때도 일본은 추첨 방식을 진행했을 정도로 추첨을 신뢰하는 경향이 짙다.

일본의 주요 관광지에서는 제비뽑기의 일종인 오미쿠지おみくじ를 쉽게 찾아볼 수 있다. 제비뽑기를 통해 길흉을 점치는 방식인데, 이런 제비뽑기 문화는 일상생활에서도 자주 접할 수 있다. 실제로 학부모회의 임원을 정할 때 제비뽑기가 가장 많이 사용된다. 제비뽑기에서 '당첨'이라고 쓰인 종이를 뽑는 사람이 학부모회 임원이 되는 방식이다. 재밌는 것은 제비뽑기 순서를 뽑기 위해 먼저 제비뽑기를 하는 경우도 있다고 하니, 일본이 얼마나 제비뽑기를 선호하는지 알 수 있다.

이런 방식은 여름 고시엔 대회 대진 추첨에도 그대로 적용된다. 여름 고시엔 대회 대진 추첨은 대회에 출전하는 49개 학교 주장들이 모여 진행하는데, 누가 먼저 뽑을 것인지를 놓고 제비뽑기를 한 뒤에 순서대로 제비를 뽑아 대진표를 완성하게 된다. 이런 방식은 국제축구연맹 조 추첨에서도 동일하게 진행된다. 일반적인 스포츠 행사와 다른 여름 고시엔의 특징은 이런 제비뽑기를 세 번이나 진행한다는 것이다.

첫번째 추첨을 통해서 1회전부터 3회전까지의 상대를 가린 뒤에 8강은 3회전 이후에, 준결승은 8강전 이후에 추첨을 통해 상대를 결정하게 된다. 이렇게 세 번이나 추첨하는 것은 추첨이라는 오랜 전통에다 추첨 제도를 통한 시행착오를 경험한 뒤에 정착된 것이다. 초창기 고시엔 대회에는 참가팀이 적었기 때문에 굳이 추첨을 할 이유가 없었다. 그러다가 참가팀이 늘자 5회 대회부터는 대진 상대를 추첨으로 결정하게 되었다.

처음에는 전 경기를 추첨으로 진행했다. 전 경기 추첨이란 이름으로 고시엔 야구장에서 공개 추첨을 통해 상대를 결정했다. 1회전이 끝나면 2회전 추첨을 하고, 2회전 이후에 3회전 추첨을 하는 방식이어서 추첨 횟수가 지금보다 더 많았다. 이렇게 추첨을 하더라도 도쿄와 홋카이도처럼 두 학교가 출전하는 지역의 경우 1회전에서는 대결하지 않는다든가, 저녁에 경기를 끝낸 학교의 경우에는 아침 경기에 배정하지 않는다는 원칙을 통해 불공평함을 줄이려는 노력을 보이기도 했다.

이처럼 여러 방식을 거친 뒤 2017년부터 현행 방식인 3회전까지 일괄 추첨한 후 8강, 4강전을 추첨하는 방식으로 정착되었다. 이렇게 추첨을 여러 차례 하는 것은 추첨을 좋아하는 일본에서도 축구나 배구 같은 다른 종목에서는 보기 어려운 장면이다. 고시엔 추첨은 공개적으로 진행되기 때문에 야구팬들에게는 흥미로운 행사이다. 고시엔 추첨에 관심이 집중되고, 대진 상대가 결정되면 또다시 기사를 쓸 수 있기 때문에 다소 번거롭지만 미디어로서도 기삿거리를 얻기에 좋은 방법이다.

월드컵 축구를 비롯해서 대부분의 토너먼트 대회는 24개 팀이나 32개 팀처럼 짝수로 출전팀을 구성한다. 여름 고시엔 대회처럼 49개, 홀수 팀이 출전하는 토너먼트 대회는 유례를 찾기 어렵다. 홀수 팀이 출전하면 부전승을 거두는 팀이 나올 수밖에 없는 구조인데 일본에선 특별히 이에 대한 문제 제기를 하지 않는다.

월드컵 조 추첨을 하면 대부분 이른바 '죽음의 조'가 탄생하게 된다. 우승 후보들이 같은 조에 몰리게 되면 흥미로운 대결이 펼쳐지게 되지만, 강팀이 탈락하는 경우도 발생한다. 고시엔 야구는 토너먼트이기 때문에 우승 후보가 1회전에서 탈락할 가능성이 생기는 것이다. 그래도 고시엔 본선 무대에 진출한 팀이라면 실력 차이가 나더라도 일정 정도 이상의 수준을 갖췄다고 할 수 있기에, 우승 후보들이 1회전에서 만난다 해도 형평성 문제가 제기되지는 않는다.

반면 고시엔 지역예선의 경우 야구부 간 실력 차이가 꽤 나는 편이다. 전국에서 우수한 인재를 모아 최고의 환경에서 합숙훈련하며 훈련하는 야구 명문교와 정식 야구장도 없이 동아리 수준에도 못 미치는 학교가 공존하고 있기 때문이다. 이런 가운데 야구 명문교 두 팀이 1회전에서 만나는 것은 불공평 문제가 생길 수밖에 없다. 대부분의 지역 대회에 150개 이상의 학교가 출전하는 것을 감안하면 이런 문제점은 반드시 해결되어야 한다. 그래서 지역예선의 경우엔 '시드교'를 배정해 초반에 강팀들이 몰리는 것을 방지하게 된다. 물론 시드교 이외에는 추첨으로 대진을 결정하게 된다.

일본 야구에서는 고시엔 대진 추첨보다 훨씬 중요한 프로야구 신인 선수 지명 행사에서도 제비뽑기를 동원한다. 미국이나 우리나라는 1차 지명권을 가진 구단이 해당 선수를 지명하면 끝나지만 일본의 경우는 모든 구단이 1순위 선수를 지명할 수 있다. 대부분 보는 눈이 비슷한 관계로 1순위 선수가 겹칠 가능성이 높다.

2020년 신인 지명회의에서도 4개 구단이 타자 사토를, 4개 구단이 투수 하야카와를 지명했다. 중복 지명한 4개 구단은 어떻게 결정할까? 여러분 모두가 예상한 대로 제비뽑기를 통해 결정한다. 제비뽑기에 당첨된 팀과 떨어진 팀의 차이는 꽤 크지만, 추첨이라는 공평한 방식을 통해 일본인들이 중요하게 생각하는 '와和'를 지킨다고 생각하는 것이다.

모든 스포츠에서 '운'이라는 요소는 중요하게 작용하지만 야구만큼 '운'이 중요한 스포츠도 없다. 잘 맞은 타구가 야수 정면으로 날아가 아웃이 되기도 하고, 빗맞은 타구가 절묘한 위치에 떨어져 안타가 되기도 한다. 빠르고 강한 타구의 안타 가능성이 높은 것은 맞지만 그렇지 않은 부분은 통계적으로 설명하기 어렵다.

야구는 모든 순간을 기록으로 남길 수 있기 때문에 통계분석이 가장 잘 발달된 종목으로, 이른바 '세이버 매트릭스'를 통해 통계 분석은 물론 미래 예측까지 하는 단계에 도달했다. 꾸준히 발전하고 있는 야구의 통계분석에서 가장 불확실한 요소가 바로 운이다. '운'이라는 영역은 타자도, 투수도, 수비진을 포함한 누구도 통제할 수 없는 영역이기 때문이다. 객관적인 전력에다 상대성으로 결정되는 '대진 운' 역시 마찬가지이다.

야구의 통계분석 기술이 더욱 발전하게 된다면 '운'의 영역에 대한 분석도 가능해질 수 있지만, 지금 단계에서 '운'을 완벽하게 분석하기는 어렵다. 마치 우주를 분석할 때 암흑 물질과 암흑 에너지의 존재를 설명하기 어려운 것과 비슷한 상황이다. 과학이 고도로 발달한 문명에서는 암흑 물질이나 암흑 에너지의 존재를 증명할 수 있을지도 모르지만, 현 단계에서는 설명하기 곤란하다. 스포츠에서 운의 영역도 마찬가지이다.

영화 〈포레스트 검프〉에는 첫 장면에 이런 대사가 나온다. "엄마가 늘 말씀하시길 인생은 초콜릿 상자 같은 거라고 했다. 어떤 초콜릿이 나올지 모르니까."

여름 고시엔 대회는 세 번의 추첨을 통해 우승을 가리게 된다. 어떤 팀이 상대가 될지 추첨 전에는 알 수 없다. 일본인들은 길흉을 점치는 제비뽑기를 즐기면서, 여러 번의 추첨으로 완성되는 청춘들의 승부에 열광한다. 스포츠에서 유례를 찾기 힘든 세 번의 추첨 행사는 여름 고시엔의 드라마를 풍요롭게 만드는 조연 배우 같은 빼놓을 수 없는 존재임에 분명하다.

도장·팩스 문화의 어두운 면,
불투명한 비디오판독

×

코로나 시대를 맞아 일본 역시 재택근무를 권장하고 있지만 잘 되지 않는 이유가 도장 문화 때문이라는 보도가 나오며 국내에서 이야깃거리가 된 적이 있다. 재택근무의 허가를 받기 위해선 상사의 도장을 받아야 하기 때문에, 도장 때문에라도 회사에 나와야 해서 재택근무가 불가능하다는 것이다.

심지어 지금은 거의 사라진 겸양도장おじぎ印을 찍는 문화도 디지털 시대에 뒤떨어진 아날로그 일본을 상징하는 것으로 소개되기도 했다. 겸양도장이란 비스듬하게 마치 인사하는 자세로 찍는 도장 문화를 말하는데, 대리는 90도 기울이고, 과장은 45도, 부장 30도를 거쳐서 직급이 오를수록 낮아지다가 사장은 똑바로 찍는 것을 의미하는데, 주로 금융 업계의 특수한 관행이었다고 한다.

일본의 겸양도장 (출처: 일본 나고야 TV 캡처)

　도장과 함께 아날로그 일본을 상징하는 것은 바로 팩스다. 스마트폰을 비롯해 각종 디지털 기기가 발달하고 SNS와 이메일 등이 활발한 요즘 시대에도 회사나 관공서의 주요 문서를 팩스로만 처리하는 일본의 문화에 대한 비판적인 시선이다. 일본에서는 코로나 확진자 집계를 할 때도 팩스를 통하다보니 여러 문제점이 나타났고 숫자가 누락되는 경우가 자주 발생했다. 의료기관이 보건소에 팩스를 보내면, 보건소는 시 당국에 역시 팩스를 보내는데 이 과정에서 누락되는 경우가 많아 정확한 집계가 이뤄지기 어렵고, 많은 시간이 걸리는 문제점이 생긴 것이다.

　사실 80년대까지만 해도 팩스는 최첨단 통신 수단이었다. 특히 컴퓨터의 워드프로그램이 지금처럼 발달하기 전의 팩스는 마치 일본 사람들을 위해서 만들어진 기계인 것 같은 효율성을 자랑했다. 팩스로 히라가나와 가타카나, 한자까지 자유롭게 쓸 수 있었기 때문이다. 그 당시 팩스에 익숙했던 사람들이 고령화되면서 새로운 디지털 기기에 뒤처지다보니 일본 사회가 여전히 팩스 문화를 고수하고 있는 것이다.

도장과 팩스로 상징되는 일본의 아날로그 문화는 2020년을 넘긴 일본 고교야구 선수들이 프로야구 지망신청서를 쓸 때도 그대로 적용된다. 프로야구 지망신청서는 해당 선수의 소속 학교와 이름을 적은 뒤 보호자와 학교장의 도장을 찍어 해당 지역 연맹으로 팩스를 보내면 지역 연맹이 일본고교야구연맹으로 보내는 형식이다.

또한 프로야구로부터 지명을 받은 학생의 경우는 학생야구자격상실보고서를 똑같은 방식으로 작성해서 보내야 한다. 일본고교야구연맹이 정기적으로 프로야구 지망신청서를 낸 학생을 공개하고 있기는 하지만, 이론적으로는 확진자 집계가 누락된 사례처럼 프로야구 지망신청서가 누락되어 선수의 진로에 심각한 영향을 끼칠 수도 있다.

그런데 이런 도장 문화로 인해서 프로야구 선수 지명회의가 큰 혼란에 빠진 사례가 실제로 존재한다. 지난 2005년 고교생 드래프트에선 요미우리와 오릭스가 당시 괴물 투수로 불렸던 오사카토인고등학교의 츠지우치를 지명해 제비뽑기를 하게 되었다. 제비에는 '당첨'과 '낙첨' 모두 NPBNippon Professional Baseball 도장이 찍혀 있었고, 당첨된 제비에만 '교섭권 획득'이라고 적혀 있는 방식이었다.

그런데 주최측이 이런 방식에 대한 정확한 설명을 하지 않은 상황에서 추첨이 진행되었고, 오릭스의 단장이 NPB 도장만 본 뒤 당첨된 줄 알고 환호하자, 요미우리 감독은 당연히 낙첨되었다고 생각해, 실제로는 당첨된 제비를 갖고 있었지만 제대로 확인하지 않았고, 주최측은 교섭권은 오릭스가 차지했다고 발표했다.

그후 같은 1순위 지명을 받은 요다이칸을 놓고 소프트뱅크와 니혼햄이 제비를 뽑을 때도 공교롭게 똑같은 일이 발생했다. 소프트뱅크의 왕정치 감독이 NPB 도장만 보고 당첨이라 생각했고, SK 와이번스 감독을 역임하게 되는 당시 니혼햄의 힐만 감독은 제비를 펼치긴 했지만 '교섭권 획득'이라고 적힌 한자를 읽을 줄 모르는 외국인이었다. 니혼햄 단장이 이 글자를 보고 이의를 제기해 교섭권은 니혼햄에게 돌아갔다. 앞선 츠지우치의 추첨 결과 역시 오릭스에게 요미우리로 변경되었다. 도장이 찍히면 당연히 당첨이라고 생각했던 일본의 도장 문화가 빚어낸 해프닝이었다.

도장 문화와 팩스 문화는 필수적으로 일본의 '시금치' 문화와 이어진다는 말이 있다. 일본 직장생활에서 가장 중요한 것은 '보고報告, 연락連絡, 상담相談' 세 가지이다. 이 세 글자의 머리글자를 딴 조어로 '호렌소ホウレンソウ'가 탄생했는데, 호렌소는 일본어로 시금치와 발음이 동일하기도 하다. 보고와 연락, 상담 모두 직장 상사와 관련이 있고, 상사의 승인을 받지 않으면 어떤 것도 할 수 없는 시스템이다. 이 과정에서 책임 소재가 불분명해지고, 의사결정은 느려질 수밖에 없다. 급격하게 변하는 디지털 시대에 걸맞지 않은 문화라고 할 수 있다.

이런 일본 사회를 반영하듯 일본 야구계도 변화하는 속도가 매우 느리다. 일본 프로야구의 비디오판독은 처음에는 홈런 타구에만 적용했는데 그마저도 시작부터 도입까지 4년이나 걸렸다. 공교롭게도 비디오판독은 요미우리 시절 이승엽의 홈런이 홈런으로 인정받지 못하면서 이를 계기로 도입 논의가 시작되었다. 우리나라 같으면 당장 내년부터 도입한다고 발표했겠지만 일본은 여러 가지 시행착오를 거치면서 4년이 지나서야 홈런 타구에 한해 비디오판독을 진행했다.

아무리 변화가 느린 일본이라도 더이상 비디오판독을 늦출 수 없는 시대가 되면서 홈런 이외의 부분까지 비디오판독을 확대했지만, 비디오판독의 명칭을 보면 역시 일본답다는 생각을 지울 수가 없다. 미국의 경우는 감독이 심판 판정에 대해 이의를 제기하는 것을 두고 '챌린지'라고 표현한다. 일본 역시 미국과 비슷한 방식으로 진행되는데 심판들이 '챌린지'라는 명칭에 강한 거부감을 갖고 있어 '챌린지'가 아닌 '리퀘스트'라는 용어를 사용한다. 아무래도 도전이라는 단어가 심판의 권위를 손상시킨다고 생각해 '요구'로 순화한 것으로 생각된다.

우리나라는 비디오판독을 고교야구까지 확대했다. 물론 프로야구처럼 자체 카메라를 설치하는 것은 아니고 중계방송을 하는 8강전 이후 경기에 한해서 시행한다. 스포츠의 결과에 모두가 승복하는 것은 그 과정이 공정하다고 믿는 것이고, 이를 위해서는 심판의 정확한 판정이 뒷받침되어야 한다. 학생야구에서는 비용 문제 등으로 인해 운영상의 어려운 면이 존재할 수는 있지만 국내에서는 대부분이 비디오판독에 대해 찬성 입장을 나타내고 있다. 잘못된 판정 하나가 경기 전체의 흐름을 바꿀 수 있고, 선수의 진로에도 큰 영향을 미치기 때문이다.

사실 고시엔 대회에서는 우리나라보다 오심이 자주 발생하는 편이다. 우리나라의 경우는 아마추어야구 심판들도 대부분 전문 선수 출신인 경우가 많지만, 일본의 경우는 그렇지 않기 때문이다. 특히 고시엔 본선 무대는 전 경기가 생중계되는 만큼 오심 논란도 자주 발생한다. 2021년 고시엔 대회 역시 봄 대회와 여름 대회에서 결정적인 순간에 애매한 판정이 이어지자, 일본 네티즌들은 고교야구도 비디오판독을 도입해야 하는 것 아니냐고 목소리를 높이기도 했다.

그런데 고교야구 비디오판독 도입에 긍정적인 우리나라와는 달리 일본에서는 찬반양론이 엇갈리는 편이다. 찬성하는 이유는 국내 야구와 거의 비슷한 편이다. 반대하는 쪽에서는 오심도 경기의 일부라는 전통적인 의견을 비롯해서 학생야구이기 때문에 학생에 의해서 심판의 권위가 훼손되는 것은 교육적으로 좋지 않다는 것이다.

구체적으로는 비디오판독 도입은 경기 시간 단축이라는 일본 고교야구의 대명제에 어긋나며, 본격적인 비디오판독 도입을 위해서는 비용이 발생하는데, 학생야구에서는 바람직하지 않다는 의견이다. 대부분 오심으로 인한 피해보다 학생야구의 순수성을 지켜야 한다는 주장이다.

일본 프로야구에서 홈런 타구에 비디오판독을 도입할 때 야구 팬들은 압도적인 찬성 의견을 나타냈다. 그럼에도 불구하고 실제 도입까지 4년이 걸렸을 정도로 일본은 변화를 주저한다. 그런데 고교야구의 경우 아직도 찬반양론이 갈리고 있으니 실제 이루어 질 가능성은 희박할 것 같다. 기존 제도 유지를 원하는 입장에서 는 새로운 제도가 도입되었을 때 발생 가능한 문제점을 언제든지 찾아낼 수 있다.

일본의 팩스 문화는 80년대까지 일본 사회가 세계적인 선진국 이었기 때문에 가능했다. 단순히 글자 사용에 유리해서만이 아니 라, 회사뿐 아니라 가정에까지 그렇게 많은 팩스가 보급될 수 있 었던 것은 일본이 경제대국이 아니었다면 불가능한 구조이다. 실 제로 일본은 80년대 고도성장을 이어갔다. 한국에서는 국산품이 비하되던 80년대, 일본 수상이 제발 일제만 사지 말고, 외국산도 사달라고 호소하는 장면은 충격적인 장면이었다.

일본 고교야구는 여전히 절정의 인기를 누리고 있다. 하지만 고 시엔 경기장 안에서 벌어지는 장면만 보면 80년대 고교야구와 차 이점을 느끼기 어렵다. 80년대 일본 프로야구와 2020년의 일본 프로야구는 비디오판독을 비롯해서 많이 달라졌는데도 말이다. 고시엔 대회는 도장, 팩스 문화와 여러 면에서 닮아 있다. 이것이 일본을 대표하는 아날로그의 상징으로 남게 될 것인지, 새로운 변 화에 도전할 것인지 흥미롭다.

수기 문화의 발달과 디지털 정체,
손으로 만드는 대회

×

일본에서 여전히 팩스 문화가 유효한 배경에는 다분히 아날로그적인 감성과 연관이 있다. 팩스라는 기기를 이용해서 문서를 받을 때에도 손으로 직접 쓴 '손글씨'를 통해서만 맛볼 수 있는 인간적인 감정을 느낄 수 있어서라고 한다. 팩스를 통해서이긴 하지만 마치 손으로 쓴 편지를 받는 것 같은 느낌을 좋아한다는 것이다.

실제로 일본에선 글씨를 멋지게 쓰는 캘리그래피가 발달해 있고, 서도라고 부르는 붓글씨 문화가 여전히 이어지고 있다. 이렇듯 일본에서 손으로 쓰는 수기 문화가 발달하게 된 것은 일본어의 특징과 관련이 깊다. 히라가나와 가타카나, 한문으로 이뤄진 일본어의 특성상 손으로 쓰는 것이 가장 유리하기 때문이다.

한글은 과거 타자기를 통해서 문서를 작성할 때 아무런 문제가 없었다. 한글의 자음과 모음을 결합하면 어떤 단어라도 작성할 수 있었기 때문이다. 타자만 놓고 보았을 때 워드프로그램의 보급으로 편해진 것은 수정이 쉽다는 것과 키보드를 가볍게 터치해도 된다는 것에 불과했다.

반면 일본은 히라가나와 가타카나를 한 대의 타자기에서 모두 사용하는 것이 어렵다. 워드프로그램이 활성화된 지금도 한글에 비해서는 불편한 점이 많다. 타자기로는 표현할 수 없지만 손글씨로는 아무런 제한이 없었다. 당연히 팩스가 편할 수밖에 없다.

한글이 일본 글자보다 얼마나 편리한지는 과거 야구장 전광판에서도 쉽게 알 수 있다. 지금은 우리나라와 일본 모두 최첨단 전광판 시스템을 구축하고 있어 한글과 일본어의 차이를 실감하기 어렵다. 하지만 예전에는 달랐다. 1970년대 서울운동장은 전광판에 선수 이름을 나타낼 때 전구를 사용했다. 1960년대에는 선수 이름을 일일이 손으로 적었다고 하는데, 1970년대 후반에 들어 기술이 발달하면서 전구를 이용한 전광판이 정착되었다.

핀을 사용해 전구를 직선으로 이어붙여 불이 들어오는 방식으로 이루어졌는데 대부분 직선으로 구성된 한글의 특성상 무리 없이 표현할 수 있었다. 마치 넷플릭스 영화 〈오징어 게임〉에서 달고나 게임을 할 때 삼각형이 원보다 쉽고, 원은 우산보다 쉬운 것과 비슷한 이치이다. 덕분에 직선만으로 구성된 '박' 같은 성을 완벽하게 구현할 수 있었다.

'이응'이 들어간 원형의 경우는 완벽하게 둥근 원을 구현하기

1979년 서울운동장 야구장 전광판(출처: KBS 유튜브)

어려웠지만 관중석에서 볼 때는 식별하는 데 어려움이 없었다. 물론 전광판을 담당하는 분들은 '황'씨처럼 표현하기 어려운 이름을 가진 선수가 많이 나오면 업무량이 두 배로 늘어났다고 한다.

일본어의 경우는 한자는 물론이고, 히라가나의 특성상 이런 방식을 유지하기가 쉽지 않았다. 그래서 대부분의 야구장은 80년대까지 전광판 방식이 아니라, 사전의 글씨의 형태를 미리 만드는 패널 방식으로 이루어졌다. 1985년 일본에서 열린 한일고교야구대회의 모습을 보면 우리나라 선수들의 이름을 사전 제작한 한자로 표현했음을 알 수 있다.

그런데 일본 야구의 성지인 고시엔 야구장에 전자식 전광판이

1985년 한일고교야구대회 일본 야구장 전광판(출처: KBS 유튜브)

등장한 것은 1984년으로 그전까지는 선수 이름을 일일이 손으로 적었다. 고시엔 야구장 안에 있는 고시엔 역사관에 가면 당시에 사용하던 선수 이름이 적힌 전광판을 볼 수 있다. 높이가 140센티미터나 되는 높이의 흑판에 흰색 페인트를 붓으로 그리는 방식이었다. 손글씨 전문가가 쓰기 때문에 식별하는 데 큰 문제는 없었지만 복잡한 한자를 쓸 때 어려움을 겪었다고 한다. 심지어는 경기 중에 비가 많이 오면 흰 페인트가 지워지는 일까지 발생했다는 후문이다.

이런 수동식 전광판은 이제 거의 남아 있지 않지만, 일본에는 지금도 예전 방식으로 선수 이름을 일일이 손으로 적는 야구장이 있어서 TV나 유튜브 등에서 화제를 모으고 있다. 유튜브 〈산케이 뉴스〉에서는 '여름 고교야구 2015. 아날로그 스코어보드 무대의 뒷면'이라는 제목의 영상을 공유한 적이 있다. 이 영상에서는 일본 효고현 다카사고시에 위치한 다카사고시 야구장의 모습을 볼 수 있다. 다카사고시 야구장 전광판은 옛날 방식이다. 12개 학교 야구부원이 전광판 작업을 하는데 출전 선수 20명의 명단을 간판에 직접 붓으로 일일이 그려넣는다. 전광판 뒤편의 작은 공간에서 작업을 하는데, 작은 틈으로 경기를 주시하는 가운데, 득점이 나거나 선수 교체가 발생할 때마다 분주하게 움직인다. 분명 선수 이름을 사전에 미리 만들어놓았지만, 급하게 교체가 될 경우 쉽게 찾지 못할 때도 있다. 언급한 영상에서도 급하게 선수 이름을 찾고 있는 모습을 볼 수 있다.

손으로 직접 바꿔야 되기 때문에 시간도 오래 걸리는 편이다. 장내 아나운서 멘트가 나오면 곧바로 전광판도 변경되는 전자식 전광판을 생각하면 답답할 수도 있다. 스코어보드를 담당하는 야구부원들은 왜 이렇게 일처리를 제대로 못하냐고 핀잔하는 야구장 담당자의 잔소리를 들으면서 덥고 좁은 공간에서 아무도 알아주지 않는 수고를 하고 있다. 일본에서도 이런 수동식 전광판이 거의 없다보니 다카사고시 야구장에서 열리는 야구 경기를 보기 위해 일부러 찾아오는 사람도 있다. 여전히 전통을 고수하는 다카사고시의 모습을 통해 아날로그 시대를 그리워하는 사람들이 찾게 되는 새로운 명소로 떠오르게 된 것이다.

일본 다카사고시 야구장의 수동 전광판(출처: 〈산케이 뉴스〉 유튜브)

이 야구장은 1972년 만들어졌다. 100년이 넘은 미국 메이저리그 야구장이나 오랜 역사를 가진 고시엔 야구장 등과 비교하면 그리 오래된 시설은 아니다. 하지만 작은 시에 있는 야구장이다보니 최신 시설을 갖추는 것은 어려웠고, 한때 전자식 전광판으로의 변경을 고려했지만 예산 부족으로 포기했다고 한다. 어쩌면 애물단지로 전락할 수 있는 시설이었지만 유튜브, SNS 등 최신 매체들과 결합하면서 새롭게 주목받게 된 것이다.

이렇게 복잡한 전광판까지 여전히 수작업으로 진행하는 일본이다보니, 비교적 간단한 카운트 보드 정도는 직접 만드는 것이 일반화되어 있다. 카운트 보드란 볼과 스트라이크, 아웃 카운트를 표시하는 것인데, 인터넷을 검색하면 다양한 수제 카운트 보드를 쉽게 발견할 수 있다. 나무판에 직접 둥근 원을 뚫은 뒤에 빨간색과 초록색 나무판을 이용해서 대형 야구장에 있는 카운트 보드에 크게 뒤지지 않는 작품을 만들어내는 것이다.

고시엔 개막식 때 학교 이름을 새긴 나무판을 들고 입장하게 되는데 일본에서는 이것을 '플래카드'라고 표현한다. 이 플래카드에 새기는 학교 이름 역시 직접 손으로 작성한 것이다. 이 글씨는 서예 고시엔이라 불리는 '국제고교생서도대회'의 지구 우승교가 담당하게 되는데, 이 대회는 우리나라를 포함해서 11개 나라에서 출전할 정도로 상당히 유명한 행사이다. '서예 고시엔'의 치열한 경쟁을 뚫고 입상한 학교가 '야구 고시엔'의 학교 이름을 직접 적은 것을 디지털화해서 인쇄하는 방식이다. 실제로 고시엔 개막식에 사용되는 글씨체는 기존 워드프로그램에서는 볼 수 없는 '수기'이기 때문에 더욱 인기를 끄는 측면이 있다.

사정이 이렇다보니 일본에는 '고시엔 문자'라는 서체가 존재한다. 과거 고시엔 대회에서 전광판의 학교 이름이나 선수 이름을 일일이 손으로 작성하던 시절에 사용되던 글씨를 디지털로 만든 것이다. 처음 수기 글씨가 사라졌을 때 많은 사람들이 손으로 쓴 글씨를 그리워하자, 마치 붓으로 쓴 듯한 폰트를 만들어냈고, 이런 글씨체는 지금 고시엔 대회 전광판에서 사용되고 있다.

일본은 2021년 9월 디지털청을 출범시켰다. 과거 수기로 작성했던 연금계좌가 분실되어 국민들로부터 지탄을 받은 적이 있는데다, 코로나 시대를 거치면서 일본 특유의 아날로그 문화가 새로운 시대 일본의 성장을 더디게 하는 요인이라고 판단했기 때문이다.

도장이나 팩스 못지않게 일본의 아날로그 문화를 상징하는 것이 바로 고시엔이라고 불리는 일본 고교야구이다. 1984년에 도입된 전자 전광판을 제외하면 여전히 예전 방식 그대로 운영되는 고시엔 대회가 디지털청의 출범과 더이상 거부할 수 없는 디지털 시대를 맞아 어떻게 공존할 수 있을지, 디지털 시대 고시엔의 미래가 주목된다.

|3| 매뉴얼 사회와 일본 야구의 전통

일본 사회를 말할 때 매뉴얼 사회라는 표현을 자주 쓰는데 고시엔 역시 마찬가지이다. 고시엔만의 특별한 등번호 규칙부터 시작해서 선수를 소개할 때는 반드시 ~군을 붙여야 하는 것을 포함해 다양한 경우의 수에 대비한 방송 매뉴얼까지 존재한다. 외국 야구 관계자를 대접하는 매뉴얼도 존재하고, 야구만의 불문율까지 구체적인 매뉴얼로 만들어놓을 정도이다. 또한 기존 매뉴얼을 새롭게 해석해 재탄생한 특별한 선수 선서까지, 고시엔은 매뉴얼을 중요시하는 일본 사회의 축소판이다.

한국 야구계가 충격에 빠진 사연
─ 고시엔 중계권 가격과 카레라이스

×

지난 2013년 KT는 아마추어야구에 10년간 연간 6억 원, 총 60억 원을 투자해 아마추어야구를 지원하겠다고 발표했다. 여기에 마케팅 등을 통해서 올리는 부대 수입 40억 원을 합쳐 100억 원을 쓰겠다는 야심찬 계획을 밝혔다. 당시 행사는 광화문 KT사옥에서 진행되었는데 이석채 KT회장과 이병석 대한야구협회장이 만나 '한국 야구 발전과 아마추어야구 활성화를 위한 업무 협약'을 체결했다.

이 행사에서 눈에 띄었던 것은 KT의 자회사인 스트리밍 업체를 통해서 아마추어야구에 중계권을 지불하고 아마추어야구를 중계하겠다는 것이었다. 당시 발표자로 나선 스트리밍 업체 대표이사는 미국의 대학 스포츠의 마케팅 성공 사례를 들며, 일본 고시엔처럼 고교야구 경기장에 가득찬 관중들의 모습을 꿈꾼다며 장밋빛 청사진을 밝혔다. 그러나 이런 야심찬 구상은 약 3주 뒤 일본 고시엔 대회 출장에서부터 어긋나기 시작했다.

2013년 일본 고시엔 출장에는 당시 대한야구협회장을 비롯한 야구협회 관계자 외에 KT 자회사인 스트리밍 업체 대표가 동행했다. 일본고교야구연맹 회장인 오쿠시마 회장과 이병석 대한야구협회장은 고시엔 구내식당에서 만나 이런저런 이야기를 나누었다. 오쿠시마 회장은 "고시엔에는 카레라이스가 아주 유명합니다. 카레라이스 꼭 드셔보십시오"라며 카레라이스를 권했는데 한국 관계자 중 일부는 다소 불편한 기색을 숨기지 못했다.

한국에서 대한야구협회장이 왔는데 500엔짜리 카레라이스를 권하는 건 예의에서 벗어나는 것이 아닌가라는 의견이었다. 만일 일본고교야구연맹 회장이 한국 고교야구를 보러 왔다면 구내식당이 아닌 좀더 좋은 곳에서 최대한 정성을 다해 대접했을 것이라고 덧붙이기도 했다. 나중에 알고 보니 대한야구협회장에게 카레라이스를 권한 건 이번이 처음이 아니었다. 대한야구협회장에 취임하면 일본 고시엔을 방문하는 것은 일종의 관례처럼 되어 있었는데 과거에도 일본의 메뉴는 카레라이스였다고 한다. 일본측은 예전에 했던 대로 카레라이스를 메뉴로 고른 것이었다. 매뉴얼 사회인 일본의 특성처럼 과거 매뉴얼대로 행동한 것이다.

사실 고시엔 카레는 고시엔 야구장의 명물로 통한다. 고교야구 초창기인 1920년대에는 카레라이스가 지금처럼 대중화되지 않았기 때문에 상당히 비싼 음식이었는데 일본이 경제대국으로 성장해가면서 카레라이스가 인기를 끌기 시작해 지금은 일본의 국민음식 반열에 오를 정도로 카레라이스는 우리나라의 짜장면과 김치찌개를 합친 것 같은 음식이다. 특히 고시엔 카레는 야구장에서 뿐 아니라 시중에 레토르트 식품으로도 발매되었을 정도로 인기가 높다.

그런데 일본과는 달리 우리나라에서는 카레라이스가 국민음식이 아니며 심지어 카레 알레르기가 있는 사람들도 있다. 가령 필자의 회사 선배 한 명은 카레 냄새를 질색해서 카레가 나오면 식사를 거르더라도 자리를 피하곤 한다. 일본의 국민배우 기무라 타쿠야가 출연한 드라마 중에 〈그랑메종 도쿄〉라는 작품이 있다. 도입부에서 프랑스 요리사인 기무라 타쿠야는 일본과 프랑스의 외교 사절 식사를 담당하는데, 사전에 프랑스 사절 한 명이 땅콩 알레르기가 있다는 걸 들었지만, 다른 사람이 땅콩소스를 첨가하는 바람에 외교 문제를 일으켜 더이상 프랑스에서 요리사로 활동하지 못하게 된다. 물론 드라마 내용이고 다른 소재의 극단적인 예시이긴 하지만 카레라이스를 도저히 먹을 수 없는 사람들이 다른 나라에는 꽤 있다는 것을 몰랐을 것으로 생각된다.

음식 문화가 비슷한 한국도 호불호가 갈리는데 만일 미국에서 야구 관계자가 방문한다면 어떤 음식이 나올지 궁금하기도 하다. 한국처럼 카레라이스를 권할 것인지, 아니면 서양인의 특성을 고려해서 또다른 메뉴를 제시할 것인지, 과연 서양 손님을 위한 매뉴얼은 있는 것인지 궁금하기도 하다.

카레라이스 점심 이후 대한야구협회장은 일본고교야구연맹 회장에게 고시엔에 대한 여러 가지 궁금한 점을 질문하는 시간을 가졌는데, 동행했던 스트리밍 업체 입장에서는 카레라이스 알레르기가 있는 사람에게 카레라이스를 권하는 것 이상의 당황스런 장면이 나왔다. 스트리밍 업체는 고시엔 중계권 규모는 어느 정도인지 알려달라는 질문을 했고, 오쿠시마 회장은 단호하게 "고시엔 중계권료는 존재하지 않습니다"라는 예상치 못한 답변을 내놓았다.

인터넷 스트리밍 업체는 아마도 이런 계산이 있었을 것이다. 1~2년 정도 스트리밍 중계를 통해서 고교야구를 알리기 시작한 뒤 어느 정도 흥행이 되면 KBS 같은 지상파 방송사에도 중계권을 팔고, 스포츠 전문 케이블 TV나 당시 막 태동하던 종합편성채널 등을 활용한다면 몇 년 뒤에는 흑자를 볼 수 있을 것이라고 판단했을 가능성이 높다. 그래서 고시엔의 중계권 가격을 알아보려 했던 것인데 고교야구의 천국 일본에서 중계권료가 무료라는 사실은 아마도 예상하지 못했을 것이다.

질문이 이어졌다. "아니, 이렇게 인기가 높은 고시엔 경기라면 미국처럼 꽤 많은 금액의 중계권 수입을 얻을 수 있을 텐데, 중계권료를 받지 않는 이유가 뭡니까?"라고 하자 "우리도 중계권료를 받으면 좋기는 하지만 그럴 경우 만일 NHK에서 중계방송을 하지 않게 된다면 우리도 손해입니다. 고시엔 전 경기 중계가 유지되는 지금이 좋습니다"라는 대답이 돌아왔다.

고시엔 중계권이 무료라는 것은 일본에서도 잘 모르는 사람들이 많다. 일본고교야구연맹은 학생야구의 순수성을 강조하면서 중계방송 활성화가 우선이라는 것이 공식 입장이지만, 여기에서도 과거의 관행대로 따르는 매뉴얼 사회의 모습을 볼 수 있다. 그동안 무료 중계방송이던 고시엔 중계권을 유료로 전환했을 때, 성공적인 결과를 맺으면 좋지만 그렇지 못할 경우 새로운 일을 시작한 사람에게 책임이 돌아가기 때문이다.

또한 중계권료를 받을 경우에 또하나의 복잡한 상황이 발생할 수 있다. 바로 야구장 대관 문제이다. 일본고교야구연맹은 약 2주간의 고시엔 대회 기간 동안 고시엔 야구장에 구장 사용료를 지불하지 않는다. 무료로 사용하고 있는 것이다. 이것 역시 초창기 한신전철이 고시엔 야구장을 만들었을 때부터 쭉 이어지고 있는 관행인데 만일 일본고교야구연맹이 방송중계료를 받을 경우 야구장 사용료를 무상 제공받을 명분이 사라지게 될 것이다. 한신 역시 무리해서 구장 사용료를 받을 생각을 하지 않는다. 매뉴얼에 따르면 위험 부담이 적기 때문이다.

미국의 대학 스포츠는 상업적인 마케팅과 밀접하게 결합하면서 발전했다. 유니폼에 용품 회사의 로고를 새기는 것은 물론이고, 다양한 방법을 통해 자금을 조달하면서 방송사의 중계권료와 함께 서로가 상생하는 구조를 만들었다. 반면 일본은 학생스포츠의 순수성을 여전히 강조하면서 최대한 돈이 들지 않는 가운데 운동을 할 수 있는 미국과는 정반대의 방향을 선택했다. 일본 고시엔처럼 학생스포츠에 국민적인 관심이 집중되고, 모든 경기를 TV로 방송하는 스포츠 행사는 세계적으로도 드물다. 지금까지 일본의 모습은 분명 성공적이다.

일본의 고시엔 풍경은 1970년대나 지금이나 크게 달라지지 않았다. 세계에서 유일하게 여전히 금속배트를 사용하고 있으며, 경기 전 도열부터 교가 제창, 선수 소개할 때 장내 아나운서 멘트 방법도 과거와 똑같고 패한 팀이 흙을 퍼가는 전통까지 그동안 쌓아온 고교야구의 매뉴얼대로 그대로 진행된다.

다만 70년대에 비해서 평균 기온이 대폭 상승한 지금, 과거의 매뉴얼대로 무더위 속에 경기를 진행하는 건 선수나 관중 모두에게 위험한 측면이 있다. 하루에 네 경기씩 한여름 뜨거운 태양 아래 펼쳐지는 고시엔 진행 방식이 요즘 시대에 어울리지 않는다는 비판의 목소리도 있다. 마침 코로나 영향으로 비정상적으로 진행된 2021년 이후로 이른바 매뉴얼을 바꿀 때가 된 것이다.

여기에 다매체 다채널 시대, 휴대전화와 개인방송이 활성화된 21세기는 NHK가 일본에서 절대적인 영향력을 행사하던 과거와는 미디어 환경 측면에서 볼 때 전혀 다른 환경으로 바뀐 상황이다. 이런 추세라면 NHK가 고교야구를 계속해서 중계할 것이라고 장담할 수 없다. 반대로 일본고교야구연맹으로서는 위기이자 기회로서 새로운 방송사나 다른 방법을 통해 바뀐 미디어 환경에 맞는 전략을 세울 수도 있다. 공익재단인 일본고교야구연맹의 특성상 변화가 쉽진 않겠지만 하루가 다르게 바뀌는 미디어 환경에서 고시엔 역시 자유로울 수는 없을 것이다.

일본 고시엔 야구에 중계권료가 없다는 말을 들은 스트리밍 업체는 통신사의 휴대전화 약정 기간에 해당하는 2년도 채우지 못하고 KT 자회사에서 제외되었다. KT는 더이상 자회사가 아니기 때문에 더이상 아마추어야구에 지원을 할 수 없다고 했고, 대한야구협회와 KT는 계약을 중도 해지했다. 결국 10년간 최대 100억원을 투자해 야구 르네상스를 만들겠다던 KT의 다짐은 허황된 꿈으로 끝났다.

당시 대한야구협회장은 한일 고교야구 친선경기를 비롯해 다양한 교류를 제안했지만 일본에선 현실적으로 어렵다며 단칼에 거절했다. 결과적으로 대한야구협회는 일본 출장에서 아무것도 얻지 못했다. 실제로 80년대 활발하게 진행되었던 한일 고교야구 교류는 90년대 이후 거의 이뤄지지 않고 있다.

한일 고교야구 교류가 이어지던 80년대 우리나라 고교야구는 일본 고시엔 못지않은 인기 스포츠였다. 당시 큰 차이가 없었던 한일 고교야구의 인기는 지금은 비교하는 것조차 부끄러울 정도로 격차가 벌어졌다. 매뉴얼 사회라는 비판을 받고 있지만 충실하게 고교야구 매뉴얼에 따른 일본과 매뉴얼조차 없는 한국 고교야구는 차이가 너무 크다.

일본은 대한야구협회장이 오면 카레라이스를 준비한다는 매뉴얼이 계속 이어지고 있지만, 우리나라는 과거 대한야구협회장이 일본 출장에서 무엇을 먹었는지 알지 못한다. 이 작은 차이가 한일 간의 큰 격차로 이어졌다. 매뉴얼을 그대로 따르는 것은 분명 문제가 있지만 매뉴얼이 아예 존재하지 않는 것보다는 훨씬 낫기 때문이다.

일본 고교야구 선수가
이치로의 51번을 달 수 없는 이유

×

국내 고교야구 선수들에게 인기 있는 등번호는 그 시대에 어떤 선수가 대세인지를 알 수 있는 척도이기도 하다. 코리안 특급 박찬호가 메이저리그에서 활약하던 시절, 고교 투수들이 가장 선호하는 번호는 당연하게도 61번이었다. 한국 야구를 대표하는 타자로 아시아 홈런 신기록을 세운 이승엽의 36번은 제2의 이승엽이 되고 싶은 타자들의 꿈을 반영하는 등번호였다.

지금은 최고타자 반열에 오른 김현수 역시 신일고 재학 시절에 36번을 달았으며, 오재일과 이성열을 비롯해서 많은 선수들은 프로 무대에서도 36번을 달며 이승엽 같은 대타자가 되기를 희망했다. 시간이 흘렀지만 박찬호가 달고 뛰었던 61번은 프로뿐 아니라 고교야구에서도 여전히 인기 높은 등번호이다.

일본 야구의 자존심은 단연 이치로다. 공수주 3박자를 모두 갖춘 이치로는 일본리그 최고타자에 오른 뒤 메이저리그에 도전해, 메이저리그에서도 최고 자리를 유지했다. 이치로의 성공은 단순히 야구에서 위대한 업적을 쌓은 것을 뛰어넘는, 일본인의 미국 콤플렉스를 극복한 사례로서 평가된다. 이치로는 일본의 헤이세이 시대를 상징하는 선수이며 역대 최고의 스포츠 선수 반열에도 올라 있다.

그의 등번호는 51번, 공수주 삼박자를 모두 갖춘 이치로에게 영향을 받아 우리나라에서도 등번호 51번을 다는 선수가 대폭 늘어났다. 이치로를 닮고 싶다던 이정후는 프로에서 51번을 선택했다. 일본 고교야구에서는 그토록 존경받는 이치로의 51번을 달고 뛰는 선수를 찾아볼 수 없다. 일본 고교야구 등번호는 자기가 원하는 번호를 골라서 달 수 없기 때문이다.

일본 고교야구의 고시엔 본선 엔트리는 18명으로 제한되어 있다. 대부분의 현 대회는 20명의 출전 선수를 보유할 수 있지만 고시엔 본선은 2명 줄어든 18명이어서 선수 기용의 폭이 넓지 않은 편이다. 현 대회와 비교할 때 2명이 줄어든 이유는 경비 절감 때문인데, 고시엔 주최측은 참가 학교당 선수 및 관계자에게 숙식 비용을 제공하기 때문에 비용을 줄이기 위해 선수단 규모를 제한한 것이다.

그런데 선수단 엔트리가 18명인 것과 51번을 달 수 없는 것 자체는 직접적인 관련이 없다. 일본 고교야구에서 등번호를 선택할

고시엔 경기 후 인사 장면 1번부터 18번까지 달 수 있는 일본 고교야구 선수들의 등번호

수 없는 이유는 고시엔 대회는 일본고교야구연맹이 배부한 등번호만 사용할 수 있기 때문이다. 일본 고교야구 유니폼에는 원래 등번호가 없다. 한국 야구를 비롯해서 대부분의 야구 유니폼에는 주전부터 후보 선수까지 모두 등번호가 새겨져 있다. 주전 선수가 아닐 경우 이른바 좋은 번호를 받지는 못하지만 야구부원이라면 등번호가 없는 선수는 존재하지 않는다.

반면 일본 고등학교 야구부 유니폼에는 등번호가 들어갈 공간이 비어 있다. 연습할 때는 모두가 등번호 없는 유니폼을 입지만 고시엔 대회뿐 아니라 지역 대회나 현 대회 같은 공식 대회에 출전할 때는 출전 선수 엔트리에 든 선수들만 등번호를 배정받는다.

이 때문에 일본에서는 고등학교 3년 동안 야구부 생활을 하고도 한 번도 등번호를 달아보지 못한 선수들이 굉장히 많다. 야구부원 숫자가 100명을 넘는 학교가 많은데 그중 최대 20명만이 등번호를 받을 수 있기 때문이다. 치열한 경쟁을 통과해서 등번호를 받은 선수들은 유니폼 빈 부분에 네모로 된 등번호를 부착하는 방식을 사용한다.

유니폼 부착 방식도 엄격하게 규정되어 있다. 위아래로 22센티미터와 25센티미터에 맞게 정확하게 붙여야 한다. 특히 경기중에 등번호가 떨어지는 사고가 발생하지 않도록 꼼꼼하게 부착하는 것이 중요하다. 지역 대회의 경우에 슬라이딩을 하다가 등번호가 떨어지거나 훼손되는 경우도 드물지만 발생한다고 한다.

지역 대회의 경우는 네모로 된 등번호를 자신이 직접 바느질하거나 가정에서 주로 어머니가 꿰매는 경우가 대부분이라고 한다. 하지만 현 대회 3회전 이상 올라가면 등번호에 강력 테이프가 붙어 있어 실을 사용하지 않고 유니폼에 그대로 붙이기만 하면 된다. 여기에 고시엔 본선 진출 팀의 경우는 일본고교야구연맹에서 기존 유니폼에 등번호를 부착한 맞춤 유니폼을 제공한다.

여기에 사용되는 등번호는 1번부터 18번까지이다. 이것은 일본고교야구연맹에서 공식적으로 정한 것이기 때문에 다른 번호를 선택할 여지가 전혀 없는 것이다. 굳이 따지자면 1번부터 18번 가운데 마음에 드는 번호를 선택할 수 있지만, 실제로 고교야구 선수가 특정 번호를 선택하는 경우는 없다고 봐도 된다. 치열한 경쟁을 뚫고 고시엔 본선에 진출했다는 것, 여기에 출전 선수 명단에 이름을 올리며 등번호를 받았다는 사실 자체를 영광으로 여기기 때문이다.

고시엔 대회 등번호는 선수들의 개성을 표현하기 위해서가 아니라 단순히 수비 위치를 표시하게 위해 만들어졌다. 고시엔 대회에서 주전 선수들의 등번호를 살펴보면 투수는 1번, 포수는 2번, 1루수는 3번, 2루수는 4번, 3루수는 5번, 유격수는 6번, 좌익수는 7번, 중견수는 8번, 우익수는 9번을 달고 있다는 걸 알 수 있다. 10번은 또다시 투수로 시작하는데 마지막 18번은 우익수의 등번호로 끝난다.

이번 방식의 등번호 사용은 일본 고교야구의 관행이다. 그런데 팀 사정에 따라서 주전 투수가 바뀌기도 하고, 좌익수를 맡던 선수가 우익수로 위치를 변경하기도 한다. 이 때문에 등번호 규정을 강제로 만들 수는 없다. 실제로 17번을 달고 있는 선수는 주전이 아닌 교체 선수인 경우가 대부분인데 가끔 등번호 17번 선수가 드라마의 주인공이 되는 경우도 있다.

지난 2015년 츠루가게히고등학교의 마츠모토는 등번호 17번을 달고 있는 후보 선수였지만 대회 기간 중 주전으로 올라선 이후, 준결승과 결승에서 홈런 세 방을 터트려 팀을 우승으로 이끈 적이 있다. 당시 일본 언론은 '등번호 17번의 기적'이란 표현을 사용했다. 일본 고교야구에서 17번 선수가 활약하는 경우는 좀처럼 드물기 때문이다.

야구는 숫자로 수비 위치를 표시하는 종목이다. 유격수가 공을 잡아서 2루에 던져 아웃시키고 1루에서 병살타를 만들어낼 경우 흔히 6-4-3으로 이어지는 병살 플레이를 만들었다고 표현한다. 국내 프로야구에서도 전광판에 선수들의 수비 위치를 표시한다. 프로야구가 지명타자 제도를 채택하는 관계로 수비 위치 1은 존재하지 않지만 포수는 2, 좌익수는 7을 붙여 관중들이 이해하기 쉽게 만든다. 일본 고교야구의 등번호는 전광판이 없던 시절 관중들이 선수들을 쉽게 알기 위해 사용했던 수비 위치 등번호를 여전히 사용하고 있는 것이다.

이런 등번호 배정 방식을 놓고 일본 고교야구의 전통이라는 표현을 사용하면 오류라는 지적을 받을 수도 있다. 남자야구와는 달리 여자야구는 1번부터 99번까지 두 자릿수 등번호라면 그 어떤 번호라도 사용할 수 있기 때문이다. 실제 2021년 여자고교야구선수권대회 우승을 이끌었던 천재소녀 시마노 아유리는 낯선 번호인 89번을 달고 뛰었다.

여자 고등부 야구에서도 남자야구와 똑같이 에이스 번호는 1번이다. 시마노가 고등학교에 입학했을 때 마침 에이스 번호인 1번 자리가 비어 있었다. 하지만 시마노는 에이스 번호 1번 대신 89번을 선택해 주위를 놀라게 했다. 메이저리그부터 일본 야구, 우리나라 야구까지 89번을 달고 뛴 유명 야구선수는 없다. 그런데 왜 하필 89번이었을까?

무라카미 하루키의 소설 『1Q84』는 국내에서 'IQ84'라는 오해를 받았고, 일부 언론에서 잘못 소개된 적도 있다. 소설을 보면 주인공인 아오마메가 1984년 같지 않은 1984년에 의문을 품고

1Q(Question mark84)라 부르는 장면을 보면 왜 제목을 그렇게 지었는지 알 수 있다. 그런데 일본인은 아무도 'IQ84'라고 오해하지 않는다. 일본어로 9와 Q를 둘 다 '큐'라고 읽기 때문이다.

시마노 아유리가 '89'번을 고른 건 '1Q84'와 비슷한 이중화법을 사용한 것이다. 일본어로 8은 '야'로 읽히기도 한다. 9는 '큐'로 발음된다. '89'를 이런 방법으로 읽으면 '야큐', 즉 야구가 된다. 이유를 듣고 나면 무릎을 치게 만드는 시마노의 탁월한 등번호 선택을 통해서 그가 얼마나 야구를 사랑하는지 알 수 있다.

일본 대학야구는 등번호 선택의 폭이 훨씬 넓고 사회인야구와 프로야구에는 별다른 제한이 없다. 오직 고교야구만이 1번부터 18번까지의 등번호를 사용하고 있는 것이다. 매뉴얼로 만들어진 일본 고교야구의 등번호는 일본 고교야구의 전통을 계승하는 것으로서 의미를 갖고 있다. 분명 긍정적인 부분이 많다.

그런데 시마노 아유리의 89번은 일본 남자고교야구의 빛나는 전통을 단숨에 뛰어넘는 깊은 울림을 주고 있다. 헤르만 헤세의 명작 『데미안』의 한 구절처럼 태어나려는 자는 하나의 세계를 깨뜨려야 한다.

불문율까지 매뉴얼로 만든 매뉴얼 왕국 고시엔

×

영국의 법에 영향을 받은 미국은 불문법 중심의 법률 체계를 갖고 있다. 판례가 쌓여 규범을 만드는 불문법 체계를 가진 미국과는 다르게, 프랑스와 독일 등의 영향을 받은 일본과 우리나라 같은 대부분의 국가는 세밀하게 법조항을 만드는 법률 체계인 성문법을 근간으로 하고 있다. 이런 미국과 일본의 법률 체계의 차이는 야구 문화에도 그대로 나타나 매우 흥미롭다. 미국 야구는 과도하다 할 정도의 복잡한 불문율을 갖고 있지만, 일본은 불문율에서 비교적 자유로운데다, 고교야구만의 특별 규정까지 세세하게 만들어놓았을 정도로 극명한 차이를 보이고 있다.

가장 미국적인 스포츠라고 할 수 있는 야구는 축구 등 다른 종목에는 없는 다양한 불문율이 존재한다. 두 팀 간의 점수 차이가 많이 날 때는 도루를 하지 않는다거나, 홈런을 친 뒤 배트를 던지는 동작을 해서는 안 되며, 우리 편이 상대 투수에게 공을 맞으면 반드시 보복하거나, 집단 난투극이 벌어질 때는 모두가 그라운드로 뛰어가 동참한다는 내용 등이다.

사실 이런 불문율은 1990년대 후반 박찬호의 메이저리그 입단을 계기로 국내에 메이저리그 경기가 방송되면서 알려지기 시작했다. 또한 1998년부터 외국인 선수가 국내에서 뛰게 되었고, 외국인 감독들까지 속속 등장하면서 다양한 미국의 불문율이 소개되었고, 최근에는 한국과 미국의 문화 차이로 인한 불문율 논쟁까지 벌어지게 되었다.

사실 야구는 위험한 스포츠이다. 타자가 들고 있는 배트나 투수가 갖고 있는 공 모두 치명적인 무기가 될 수 있다. 프로야구의 경우 경기 수가 다른 종목에 비해 압도적으로 많기 때문에 상대를 존중하는 동업자 정신이 절실하다. 그런데 동업자 정신을 두고 미국과 한일 야구의 문화 차이는 아주 다른 방향으로 가게 되었다.

미국에선 점수 차이가 많이 나는 상황에서 개인 기록을 의식해 지나치게 집중하는 것은 오히려 동업자 정신에 어긋난다고 생각하는 편이고, 아시아권에서는 아무리 점수 차이가 크더라도 매순간 최선을 다하는 것을 미덕으로 여기는 측면이 강하다. 투수가 상대 타자를 맞췄을 경우에도 미국은 1루 베이스를 내주기 때문에 사과할 필요는 없다는 문화를 갖고 있지만, 한일 야구는 가볍게 사과하거나 최소한 모자라도 만지는 동작을 하는 것을 예의라고 생각한다.

　매일 경기가 펼쳐지는 프로야구와 달리 고교야구는 별다른 불문율이 존재하지 않는다. 토너먼트 경기에서 패할 경우 내일이 없기 때문에 불문율을 생각할 필요조차 없는데다, 성문법 체계에 매뉴얼을 유난히 중시하는 일본 고교야구는 일본 고교야구만의 특별한 규칙까지 꼼꼼하게 만들어놓았다. 실제 일본 고교야구에는 미국은 물론이고, 우리나라나 타이완 등 같은 아시아 야구에서도 보기 힘든 특별 규칙이 존재한다.

　일본 고교야구에는 '임시 대주자'라는 규칙이 존재한다. 불의의 사고로 부상자가 생겼을 경우에 엔트리를 소진하지 않고, 임시 대주자를 쓸 수 있게 만든 것이다. 고시엔 본선은 출전 가능한 선수가 18명으로 제한되어 있어 부상자가 생길 경우 투수 기용 등에서 어려움을 겪을 가능성이 높다. 부상자로 인해서 급격하게 팀 전력이 바뀌는 것을 방지하기 위한 규정이다.

　또한 투수는 같은 이닝에 한 번 수비 위치를 바꾸면 투수로만 복귀가 가능하고 다른 포지션으로는 가지 못한다는 조항도 있다. 예를 들면 투수가 우익수로 변신한 뒤, 다시 투수가 되는 것은 가능하지만, 투수가 우익수에서 좌익수로 가는 것은 허용되지 않는다는 것이다.

　이런 규칙은 지방 대회에서 상대 타자가 좌타자냐 우타자냐에 맞춰, 계속 투수를 편법으로 교체한 사례가 발생한 이후 특별 규칙으로 만들어진 것이다. 시간 단축과 정정당당한 승부를 위해서 제정된 규칙이다.

일본 고교야구 특별 규칙 8항에는 '번트의 정의'라는 조항이 있다. 번트에 대해 설명한 뒤에 '자신이 좋아하는 공을 기다리기 위해서 타자가 의식적으로 파울 타구를 만드는 것 같은 일명 커트 타법은 그때 타자의 동작에 따라서 심판원이 번트로 판단하는 경우가 있다'라고 명시되어 있다. 쉽게 설명하면 고의적으로 파울을 만들어내면 파울이 아닌 번트로 판단하는데, 투 스트라이크 이후에 번트를 시도해 파울이 되면 삼진이기 때문에, 결국 삼진 처리하겠다는 말이다. 고의로 파울을 만드는 행위를 금지하는 규정이다.

이런 규정은 1972년 어느 사건에서 비롯되었다. 당시 '파울 타구의 명수'라는 별명을 가진 선수가 등장했다. 고의적으로 파울을 만들어 상대 투수의 투구 수를 늘리려는 목적이 분명했다. 심판은 좀더 제대로 된 스윙을 하지 않으면 번트로 간주한다고 주의를 주었다. 이를 계기로 번트에 대한 일본 고교야구만의 특별한 규칙을 만들게 되었다.

사실 이 규칙은 한동안 사문화된 규정과도 같았다. 분명 규정은 있지만 실제 경기에서 발생한 사례가 거의 없었기 때문이다. 그러다가 지난 2013년 지바 쇼타라는 선수가 깜짝 등장하면서 고시엔 대회에서 이 규칙이 화제의 중심으로까지 떠오르게 되었다. 하나마키히가시고등학교의 지바 쇼타는 키 158센티미터의 체격이 작은 외야수였다. 그의 타격 동작은 특이했다. 무릎을 최대한 굽힌 상태에서 제대로 된 스윙이 아닌, 짧게 커트하는 타격을 주로 구사했다.

2013년 여름 고시엔 대회 3회전에서는 짧게 치는 지바 쇼타의 타격에 대비해서 상대방은 외야수 1명을 내야수로 투입해 모두 내야수 5명을 포진시켰지만, 지바 쇼타는 그 사이를 뚫고 3개의 안타를 만들어 고시엔의 깜짝 스타로 떠올랐다. 8강전에서는 상대 에이스 투수로부터 7구 연속 파울을 치는 등 모두 15개의 파울 타구를 만들어냈다. 상대 투수는 지바 쇼타 한 명에게만 41개의 공을 던지게 되었다. 지바 쇼타는 상대 투수를 힘들게 만들면서 볼넷 4개와 안타 1개를 터트리며 5타석 연속 출루로 팀 승리를 뒷받침했다.

당시 심판은 "야! 쳐라"라고 지바 쇼타에게 주문했다고 한다. 경기가 끝난 뒤 심판은 대회 본부에 지바 쇼타의 타격 자세에 문제가 있다고 정식으로 밝혔고, 결국 고교야구 특별규칙에 저촉된다는 주의를 받게 되었다. 지바 쇼타는 준결승에서는 커트 타법을 구사하지 않았다. 그 결과 파울 타구조차 한 번 치지 못한 가운데 4타수 무안타로 침묵하고 말았다.

좌타석에서 계속해서 파울 타구를 내는 것으로 화제를 모았던 지바 쇼타는 대학을 거쳐 2018년부터 사회인야구에서 뛰다가 2020년 11월 선수생활을 마감했다. 사실 지바 쇼타의 행위는 일반적인 야구 규칙으로 볼 때 별문제가 없다. 만일 지바 쇼타가 프로야구 선수였다면 야구팬들로부터 비난을 받을 수는 있겠지만, 그의 스윙을 번트로 판정하지는 않았을 것이다. 하지만 고교야구에서는 페어플레이를 우선시하는 특별 규정이 존재했고, 일본고교야구연맹은 규정에 따라 지바 쇼타의 타격을 정당하지 않다고 판단한 것이다.

이 밖에도 일본 고교야구에는 공수교대를 할 때 선두 타자와 다음 타자, 베이스 코치는 미팅을 하지 않는다는 규정이 있고, 포수는 사인을 복잡하게 내서는 안 된다는 조항까지 명시돼 있다. 또한 리드하지 않는 주자에 대해 견제구를 던지지 않으며, 내야수는 투수에게 송구할 때 마운드에 가지 않는다는 조항도 존재한다. 대부분 시간 단축을 위해 만든 일본 고교야구만의 규정이다.

일본 고교야구 특별 규칙은 시간 단축뿐 아니라 '매너'에 대한 규정까지 세세하게 적어놓았다. 먼저 홈런을 친 타자를 환영하기 위해 마중 나가지 않는다는 내용이 있으며, 1루 베이스 코치는 타자 주자가 1루를 밟을 때 세이프 동작을 하지 않는다는 규정도 있다. 투수가 연습 투구를 할 때는 타석 근처에서 타이밍을 재는 행위를 금지하며, 화려한 세리머니는 상대에게 모욕감을 줄 수 있기 때문에 신중해야 한다고 규정하고 있다.

이런 매너에 대한 조항은 미국 야구에서의 불문율을 구체적인 규정으로 만들어놓은 것에 가깝다고 할 수 있다. 고교야구가 토너먼트 승부여서 미국 프로야구처럼 자주 경기를 갖는 의미의 동업자는 아니지만, 학생야구의 순수성으로 최선을 다하는 승부를 펼친다는 뜻의 동업자 정신을 갖고 있기 때문이다. 불문법의 나라 미국과 성문법에다 매뉴얼까지 중시하는 일본 사회의 차이를 상징적으로 보여주는 조항이라고 할 수 있다.

홈런을 친 뒤 과도한 동작을 할 경우 메이저리그에서는 다음 타석에서 이른바 빈볼을 각오해야 했다. 그런데 최근 한국 야구의 다양한 홈런 세리머니가 미국에서 화제를 모은 적이 있다. 이를 통해 미국에서는 과도한 불문율에서 벗어나야 한다는 목소리가 점점 높아지고 있고, 실제 홈런 세리머니에 대한 민감한 반응이 점점 줄어드는 추세를 보이고 있다.

80년대 일본 야구 최고 스타 중 한 명이었던 아키야마는 홈런을 친 뒤 공중제비 동작을 펼치면서 홈을 손으로 터치하곤 했다. 마치 한국 축구에서 고종수가 골을 넣은 뒤에 하던 동작과 비슷한 장면을 연출했던 것이다. 이런 동작은 불문율을 중시하는 메이저리그에서는 감히 상상도 할 수 없는 모습이었다. 그러던 메이저리그가 변해가고 있는 것이다.

사실 야구는 성문법의 스포츠라고 할 수 있다. 돔구장의 경우 천장에 맞았을 때 상황에 따라 홈런이 선언될 수도 있고, 그냥 인플레가 될 수도 있는 상황이 모두 규정에 나와 있다. 돔구장이 아닌 야외구장인 경우에도 타구가 현수막에 맞았을 때 어떻게 처리되는지, 심지어 날아가는 새에 맞았을 때는 어떻게 되는지 꼼꼼하게 적혀 있다.

이런 야구의 복잡한 규정도 처음에는 불문율에 따랐지만, 사례가 발생한 뒤에 규정을 만들게 되었을 것이다. 메이저리그에 존재하는 여러 불문율도 논쟁을 거치면서 성문화되거나 아니면 시대에 뒤떨어진 것으로 판단될 경우 사문화될 수 있다. 다양한 특별 규칙을 가진 일본 고교야구는 일본 매뉴얼 문화를 그대로 보여준다. 만일 고교야구에서 지금까지 발생하지 않았던 특별한 장면이 나오게 된다면, 또다시 새로운 매뉴얼을 만들게 될 것이다.

고시엔에서 선수를 소개할 때
반드시 군을 붙이는 까닭은?

×

일본 프로야구나 일본에서 열리는 국가대항전 경기를 취재하다보면 매번 느끼는 것이 장내 아나운서의 말투가 거의 똑같다는 것이다. 우리나라 역시 젊은 여성이 장내 아나운서로서 선수 소개 등 경기 진행을 담당하고 있지만, 사람이 다른 만큼 구장별로 발음이나 억양이 조금씩 차이나는 것을 알 수 있다.

반면 일본은 다른 지역의 다른 구장을 가더라도 마치 똑같은 사람인 것 같은 착각이 들 정도로 장내 아나운서의 말투가 비슷하다. 그런데 유일하게 조금 다르다고 느끼는 장소가 있는데, 프로야구가 아닌 바로 고교야구 경기가 열릴 때의 고시엔 야구장이다.

고시엔 장내 아나운서는 선수 소개를 할 때 예를 들면 "1번 라이트 다나카군, 라이트 다나카군 등번호 9"라고 말하는데 이를 억

양까지 포함해 소개하면 "1번 라이트 다나카↑군↓, 라이트 다나카↑군↓ 등번호 9"라고 말하는 것이다. 고교야구 선수들의 이름은 프로 선수에 비해서 상대적으로 덜 알려져 있기 때문에 선수 이름을 비교적 정확하게 발음하려 하다보니 억양이 높아지는 경향이 있어서 다음 단어인 군을 발음할 때는 자연스럽게 가라앉을 수밖에 없을 것이다.

여기서 주목할 점은 선수 이름에 반드시 군을 붙이는 것이다. 프로야구에서는 존칭 없이 이름만 부르는 데 비해 고교야구는 고시엔 본선은 물론이고, 지역 대회나 현 대회를 치를 때에도 공식 경기에선 장내 아나운서가 반드시 ○○군으로 지칭한다. 일본고교야구연맹 주관 대회는 모두 이름에 군을 붙이는데 그 이유는 공식 매뉴얼에 군을 포함해 소개하는 것으로 나와 있기 때문이다.

일본에서 군이라는 호칭은 광범위하게 사용된다. 주로 중고등학교 남학생을 지칭할 때 많이 사용되지만 남성뿐 아니라 여성에게도 쓸 수 있는 표현이다. 교수나 여성 제자를 지칭할 때도 군을 사용할 수 있고, 회사에서도 여직원에게 군을 쓰는데 '군'은 하대가 아닌 존칭이다.

국회에서도 연설을 할 때 주로 군을 사용하는데 경의와 친애를 담은 표현이라고 할 수 있다. 물론 본인보다 윗사람이나 나이가 많은 사람에게 군을 쓰는 것은 조금 어색하기도 하다. 일본 야구선수 이치로는 은퇴 기자회견에서 20년 넘게 자신을 취재해온 자신보다 나이가 많은 기자에게 '군'이라는 호칭을 사용한 적이 있는데, 친근감의 표현이라고 밝힌 적이 있기도 하다.

고시엔 대회 본선의 장내 아나운서는 프로야구 한신타이거즈를 담당하는 아나운서가 하고 있지만 지역 대회와 현 대회 같은 경우는 주로 야구부의 여자 매니저나 방송부에 소속된 여학생이 장내 아나운서 역할을 맡게 된다.

여학생 입장에서 비슷한 연배의 남학생을 지칭하는 가장 적당한 표현은 '군'이다. 개인적으로 아주 친할 경우 이름만 부를 수도 있지만, 모르는 사람에게 '군'이라는 호칭을 생략하는 것은 결례에 해당한다. 결국 '군' 호칭은 여학생이 아나운서를 담당하면서 고교야구의 문화로 굳어지게 된 것이다.

예전부터 고교야구 선수를 소개할 때는 주로 이름 뒤에 군을 사용했지만, 일부 현에서는 생략하는 경우도 있어서 고교야구연맹 차원에서 매뉴얼을 만들었고, 반드시 이름 뒤에 군을 붙이는 것으로 결정되었다. 또한 야구부 매니저나 방송부 학생은 전문적인 야구장 아나운서가 아닌 만큼 여러 가지 상황에 맞는 매뉴얼을 만들었다. 야구 방송 매뉴얼은 무려 19페이지에 달할 정도로 다양한 상황에 맞게 제작되었다.

매뉴얼 내용을 보면 먼저 방송 전 준비 사항으로 담당 심판을 확인하고 선수 이름과 선수 이름을 읽는 방법을 확인한다. 일본의 경우 같은 한자라 하더라도 읽는 법이 다르다. 예를 들면 '長野'라는 이름은 대부분 '나가노'로 발음하지만 '초노'로 읽기도 한다. 실제 2006년 도하아시안게임 당시 오승환에게 끝내기 홈런을 뽑아

낸 선수는 '초노'인데 일부 국내 언론에서 '나가노'로 소개되기도 했다. 또한 '스즈키'나 '다나카'처럼 흔한 성인 경우에는 이름까지 소개해야 한다는 것도 명시되어 있다.

연습 시간에는 "양 팀의 선수들은 벤치에서 워밍업 준비를 해주십시오. 선공 팀은 토스 배팅을, 후공 팀은 캐치볼을 시작해주십시오. 시간은 7분간입니다"라고 말하게 되어 있고 "종료해주세요"라고 한 뒤에는 순서를 바꾸어 "선공 팀은 캐치볼을, 후공 팀은 토스 배팅을 시작해주십시오. 시간은 7분간입니다"라고 방송한다. 이후 "종료해주세요. 양 팀 선수들은 벤치로 돌아가주십시오"라는 멘트를 사용한다.

출전 선수를 소개할 때에는 "선공 ○○대표 ○○팀 1번 수비 위치 ○○군, 수비 위치 ○○군 등번호 ○, 2번 수비 위치 ○○군, 수비 위치 ○○군 등번호 ○"에서 "9번 수비 위치 ○○군, 수비 위치 ○○군 등번호 ○"으로 마무리한다. 시합 개시 후 수비진을 소개할 때는 "지금부터 수비 위치를 소개하겠습니다. 피처 ○○군, 캐처 ○○군, 퍼스트 ○○군"으로 시작해 "센터 ○○군, 라이트 ○○군"으로 끝내도록 매뉴얼에 나와 있다.

단순한 선수 소개뿐 아니라 날이 어두워져 조명을 켤 때에는 "알려드리겠습니다. 라이트를 점화하겠으니 잠시 기다려주십시오. 이번 회부터 선심이 들어갑니다. 레프트 쪽 ○○○, 라이트 쪽 ○○○"라는 멘트를 하게 되고 파울 타구가 나올 때는 "여러분께 부탁드립니다. 파울볼의 행방에 충분히 주의해주십시오"라고 말한다.

또한 여름 고시엔 대회는 현 대회와 본선 모두 무더운 여름에 열리기 때문에 "여러분께 안내 말씀드리겠습니다. 오늘은 기온이 높아서 열중증이 우려됩니다. 수분을 충분히 섭취하고 건강에 주의해주십시오"라는 말도 빼놓지 않고 준비하고 있다.

이런 방송 담당자는 학생뿐 아니라 프로 구단 담당자도 '휘파람새ウグイス양'이라는 애칭으로 불린다. 우리말로 하면 꾀꼬리같이 예쁜 목소리를 가졌다고 해서 '꾀꼬리 양'이라고 부르는 것과 비슷하다고 할 수 있다. 주로 중학생들이 뛰는 리틀야구나 보이스리그야구 같은 경우는 선수들의 어머니가 '휘파람새양' 역할을 맡는 경우가 많은데 그때도 선수를 소개할 때 이름 뒤에 '군'을 붙이게 된다.

반면 프로야구에서는 이름만 부르는데 여기에도 이유가 있다. 프로야구는 구단 직원이 장내 아나운서를 맡게 되는데 관중들에게 같은 구단 선수를 소개할 때 경칭을 붙이는 것은 예의에 어긋나기 때문이다. 장내 아나운서와 프로야구단 소속 선수 모두 같은 구단에 몸담고 있는 '우리'의 입장에서 '우리' 선수를 경기를 보기 위해 찾아주신 관중에게 소개할 때 '~상'이라는 경칭을 사용해서는 안 되는 것이다.

일본어를 조금이라도 배운 사람이면 나와 나를 포함한 우리를 지칭할 때 상대방에게 낮춰 말해야 한다는 것을 알고 있을 것이다. 예를 들면 전화를 걸 때 "다나카씨 계신가요?"라고 물으면 전화받는 사람은 다나카가 상사라고 해도 "다나카는 지금 자리에 없습니다"라고 대답한다. 단순한 상사가 아니라 사장이라고 해도 마찬가지이다. 상대방에게 "아버지는 잘 계시나요?"라고 물을 때는 '오토상'이라는 존칭을 사용해야 하지만 대답할 때는 아버지가 아닌 '아빠'는 잘 있습니다라는 뜻의 '지치'를 써야 한다.

다만 시구를 하는 사람은 외부인일 때가 많기 때문에 경칭을 붙이게 된다. 고시엔에서 뛴 뒤에, 프로야구에서 활약했고, 지금은 은퇴한 이치로를 부르는 이름은 야구장 상황에 맞게 달라졌다. 고교 시절 이치로군에서 프로에서는 이치로, 은퇴 후에는 이치로상이 된 것이다.

여기서 여자 야구부 선수를 지칭할 때는 어떻게 할 것인지 궁금한 분이 계실 것이다. 예상대로 여자 선수에게는 '군'을 붙이지 않는다. '군'을 여성에게도 사용할 수는 있지만 출전 선수 모두에게 '군'이라고 하는 것은 어색하다고 느꼈을 것이다.

여자 야구부원에게는 '상'을 사용한다. 25회를 맞이한 2021년 여자고교야구대회 결승전이 사상 처음으로 고시엔 야구장에서 열렸는데 고시엔 야구장 역사상 처음으로 '군' 대신 '상'이라는 단어가 울려퍼졌다. 보수적인 일본 야구계에서 여전히 여자 야구부원을 외부자로 보는 듯한 시각이 바로 '상'이란 단어를 통해 그대로 나타난다.

2021년 8월 23일 고베고료가쿠엔고등학교를 소개할 때 "3번 투수 시마노상"이라는 목소리가 등장했다. 시마노상이라고 방송한 사람은 한신 고시엔 야구장의 일명 휘파람새‘양’이다. 같은 여성인데도 상대적으로 나이가 많은 장내 아나운서는 ‘양’이고 어린 선수는 ‘상’이다. 일본어의 존칭은 정말 어렵다. 이래서 ‘매뉴얼’이 필요한 것 같다.

매뉴얼 파괴로 재탄생한 특별한 선수 선서

×

100회째를 맞아 더욱 성대하게 치러진 지난 2019년 전국체육대회 개막식 중계방송을 보다가 '어!' 하고 갑자기 스쳐가는 장면이 있었다. 뉴턴 같은 천재는 사과나무가 떨어지는 것을 보고 만유인력의 법칙을 생각해냈지만(물론 뉴턴은 그전부터 이 문제에 천착해왔었던 것으로 알려져 있다) 나 같은 평범한 사람은 단지 과거와 현재를 비교하는 수준에 머물 뿐이다.

눈길을 붙잡은 것은 선수 대표의 선서 멘트였다. "제100회 전국체육대회에 참가한 선수 일동은 대회 규정을 준수하며 정정당당히 경기에 임할 것을 선서합니다." 1년 전은 물론이고 필자가 처음 전국체육대회를 취재했던 1997년과도 다르지 않았다. 1997년에는 인터넷도 대중화되지 않았고, 휴대전화를 들고 가면 사람들이 부러운 눈길로 쳐다보던 시절이었다.

1997년에는 휴대폰으로 영화를 감상하면서, 클릭 몇 번만 하면 물건이 배달되는 세상이 도래할 것을 상상하기 어려웠다. 이처럼 22년의 시간은 일상생활의 모든 것을 바꾸어놓았지만, 선수 선서는 조금도 바뀌지 않았다는 사실에서 뭔가 위화감이 느껴졌다.

하기야 전국체전뿐 아니라 전 인류의 잔치라고 하는 올림픽 선서 역시 예전과 크게 달라지지 않았다. 올림픽 선서는 고대 올림픽에서 제우스신에게 맹세하던 것에서 기원을 두고 있으며 근대 올림픽에서는 1920년부터 올림픽 선서가 시작되었다.

1988년 서울올림픽 때 선수 대표였던 농구선수 허재와 핸드볼 선수 손미나는 "나는 올림픽 대회의 규칙을 존중하고 진정한 스포츠맨의 진심으로 올림픽 대회에 참가할 것을 모든 선수 이름으로 서약합니다"라고 대표 선서를 했다. 시간이 흐르면서 대표 선서에 코치와 심판이 포함되고, 도핑을 비롯해서 차별 금지 같은 단어가 추가되었지만 선서 형식이나 내용은 크게 변하지 않았다.

전국체육대회나 올림픽의 선수 선서가 정형화된 '법조문' 같은 것이라면 일본 고시엔 야구대회의 선수 선서는 '연설문'에 가깝다고 할 수 있다. '연설문'에 가까운 만큼 선서하는 사람에 따라서 내용도 많이 바뀐다. 코로나로 인해 2년 만에 펼쳐진 2021년 여름 고시엔 대회의 선수 선서 내용은 다음과 같다.

고시엔 선수 선서 고시엔 개막식에서 선수 선서를 하는 선수 대표의 모습

"2년 만의 여름 고시엔. 세계에 퍼져 있는 곤란 때문에 보통의 생활이 불가능해진 사람들이 많습니다. 우리들도 학교생활, 부 활동이 2년 전과는 전혀 다르게 되었습니다. 1년 전 고시엔이라는 꿈이 사라지면서 울며 좌절했던 선배들의 모습이 있었습니다. 그러나 우리들은 굴복하지 않았습니다. '생각을 형태로' 이런 말을 가슴에 새기고, 목표해야 하는 길을 정하고, 친구의 미소로부터 격려받고, 가족의 깊은 정에 쌓여, 세계의 운동선수에게 자극받아, 한 발 한 발 걸어왔습니다. 사람들에게 꿈을 좇는 것이 얼마나 멋진가를 알려주기 위하여 기력, 체력을 다해서 플레이를 해, 이런 꿈의 고시엔에서 고교야구선수의 진짜 모습을 보여줄 것을 맹세합니다. 2021년 8월 10일 선수 대표."

전국체육대회나 올림픽 선수 선서에서는 느낄 수 없는 고교야구 학생다운 울림을 주는 선서문이다. 선서를 읽는 방식 역시 딱딱하게 낭독하는 형태가 아니라, 마치 연설을 하는 것처럼 호소력 있는 문장과 말투를 사용해서, 강약을 조절하면서 선수 선서를 마무리한다.

동일본 대지진이 일어났던 2011년 선수 선서 내용 역시 감동적이다.

"봄부터 여름에 걸쳐서 어느 정도의 시간이 흘렀는지 잊은 적이 없습니다. 여러 가지 일들이 일어났습니다. 그렇지만 모두 잃은 것만은 아닙니다. 일본 전체가 모두 동료입니다. 지지하고, 도와주며, 힘을 냅시다. 우리는 최선을 다한 미소로 전국 고등학교 야구선수들과 추억을 하얀 공에 담아, 이 고시엔으로부터 사라지는 일이 없는 깊은 인연과 용기를 일본 전체의 동료들에게 전할 수 있도록 전력을 다해 플레이할 것을 맹세합니다."

이런 선서 내용은 코로나바이러스와 동일본대지진 때문에 피해를 본 특별한 경우뿐 아니라 최근의 고시엔 선수 선서 경향을 그대로 반영한 것이다. 선수 선서 내용에 우리나라의 시조에 해당하는, 일본 고유의 단가短歌를 넣은 경우까지 나올 정도로 창의적인 선수 선서가 이어지고 있다.

고시엔 선수 선서는 처음부터 진행했던 행사는 아니었다. 여름 고시엔 대회는 1929년부터, 봄 고시엔 대회에서는 다음해인 1930년부터 개막식에서 선수 선서를 시작했다. 고시엔 선수 선서가 1920년에 처음 시작된 올림픽 선수 선서의 영향을 받았음을 짐작할 수 있다.

그런데 과거 고시엔 선수 선서의 내용은 대부분 비슷했다. 1968년 고시엔 선수 선서 내용을 살펴보자.

"선서, 우리들 선수 일동은 스포츠맨십에 의거해 정정당당하게 시합할 것을 선서합니다."

단 10초에 모든 것이 끝나는데, 가장 최근의 전국체육대회 선수 선서였던 2019년 선수 내용과 크게 다르지 않다.

"전국체육대회에 참가한 선수 일동은 대회 규정을 준수하며 정정당당히 경기에 임할 것을 선서합니다."

전국체전 선수 선서는 과거 일본식 선수 선서를 닮아 있다. 올림픽의 경우는 선서 형태는 정형화되어 있지만, 1988년 서울올림픽과 2021년 도쿄올림픽까지의 선수 선서를 비교하면 시대에 따라 차별 금지를 비롯해서 과거에는 없었던 여러 문구들을 새롭게 추가해온 것을 알 수 있다.

반면 전국체육대회 선수 선서는 1960년대 일본 고시엔 야구대회 선수 선서와 놀랄 만큼 비슷하다. 실제 우리나라에서 선수 선서는 과거 선서문 낭독으로 불리기도 했다. 오랜 시간 특별한 변화가 없는 우리나라 체육계의 선수 선서와는 달리, 변화에 둔감하다는 일본 고시엔이 선수 선서만큼은 1984년을 계기로 아주 많이 바뀌었다.

정형화된 형태로 유지되던 고시엔 선수 선서는 1984년 주최측에서 선수 선서자로 결정된 후쿠이상고 주장에게 독자적인 문구를 작성해서 해보라는 조언을 했고, 선수 선서 학생은 학교와의 상의를 거쳐서 다음과 같은 선서를 했다.

"우리들 선수 일동은 제66회 대회에 임하면서 젊은이의 꿈을 불태우며 힘차고 늠름하게 고시엔으로부터 크게 될 미래를 향해 정정당당히 싸워나갈 것을 맹세합니다."

선수 일동과 정정당당이라는 단어가 여전히 사용되었고, 지금과 비교하면 선수 선서 내용도 짧은 편이지만, 기존의 틀을 깨는 당시로는 파격적인 선수 선서였다. 1984년 선수 선서 이후 고시엔 선서는 파격적인 변화를 맞이하게 된다. 고시엔 선수 선서에 많이 사용되는 단어는 꿈, 미래, 인연, 땀, 눈물, 청춘 등으로, 주로 감성적인 단어를 구사해 어린 선수들이 기성세대에게 보내는 메시지와도 같은 방식으로 진화하게 되었다.

고시엔 선수 선서는 여름 고시엔의 경우 선서 희망자들이 입후보를 한 뒤에 추첨을 통해서 결정한다. 봄 고시엔 대회는 지원 없이 무작위 추첨이다. 학교의 도움을 받는다고 하지만 선수 선서의 내용이나 또박또박 말하는 태도를 보면, 야구대회가 아니라 웅변 대회에 참가한 학생 같은 느낌을 받을 정도로 뛰어난 실력을 자랑한다.

필자가 현장에서 지켜본 2013년 여름 고시엔 선수 선서 역시 학생 대표의 말솜씨가 정말 인상적이었다. 당시 전화 일본어 회화를 담당하던 일본어 선생님께 고시엔 선수 선서에 감동받았다는 말을 전했더니 선생님은 일본 학교에서는 고시엔 대회뿐 아니라 운동회를 할 때도 선수 선서를 진행한다는 이야기를 했다.

초등학교부터 고등학교까지 학교 운동회에서 선수 선서는 빠지지 않는 행사라는 이야기였다. 일본 학생들은 어릴 때부터 선서 문화에 익숙한 관계로 한국 학생들보다 잘할 가능성이 높다는 것이었다. 또한 선수 선서를 잘하는 매뉴얼 비슷한 것이 아마도 있을 것이라는 말을 덧붙이기도 했다.

이런 상황에서 기존의 선수 선서 매뉴얼에 그치지 않고, 새로운 시각의 선수 선서를 만들면서 일본 고시엔은 선수 선서에 관한 한 올림픽보다도 많은 이야기를 만들어왔고, 고시엔의 역사를 빛내는 중요한 요소로 떠올랐다. 마치 올림픽 개막식에서 이번에는 어떤 성화 장면이 연출될까를 기대하는 것처럼 고시엔 선수 선서 학생이 결정되면 과연 어떤 말을 하게 될지 기대를 모으게 되는 것이다.

우리나라 고교야구에도 선수 선서가 있었지만 화제를 모은 적은 없다. 침체된 한국 고교야구에서 선수 선서를 중시하는 사람은 없지만 최근 SNS가 발달한 환경을 고려할 때 색다른 선수 선서가 나온다면 과거와는 다른 반응을 보일 기회가 될 것이다. 의정부고등학교 졸업 사진이 관심을 모으는 것처럼 말이다.

전국체육대회 선수 선서를 파격적으로 바꾸긴 어렵겠지만 적어도 올림픽 선수 선서처럼 변화하는 모습을 보였으면 한다. 시대적인 가치에 맞는 단어 한두 개만 추가하더라도 달라진 모습을 보일 수 있을 것이다. 국내 고교야구나 전국체육대회 주최측은 '선수 선서'를 가볍게 보아서는 안 된다. 어쩌면 가장 쉬운 방법으로 달라진 모습을 보여줄 수 있는 방법이 바로 선수 선서일지도 모르기 때문이다.

| 4 | 갈라파고스 일본 사회, 유일무이 고교야구

일본 사회는 마치 갈라파고스처럼 독자적인 문화를 만들어가고 있는데 그 때문에 급변하는 21세기에 대응하기 쉽지 않을 것이라는 우려가 있다. 일본 고교야구는 세계 야구에서 볼 때 갈라파고스 같은 존재이다. 마치 수도승처럼 빡빡머리로 무장한 선수들이 수많은 관중 앞에서 반발력이 높은 금속배트를 여전히 사용하고 있다. 일본 고교야구 감독은 유니폼에 등번호가 없고, 전령이라는 구시대적인 제도가 여전히 존재한다. 그럼에도 일본에서는 고시엔의 인기가 여전하기에 세계 대회보다 고시엔을 더욱 중요하게 생각한다. 고시엔은 갈라파고스 일본 사회에서도 더 특별한 무대이다.

오일 쇼크의 나비효과,
갈라파고스의 상징 금속배트

×

필자가 초등학교를 다니던 시절에는 시험을 잘 보거나, 글짓기 대회에서 입상하거나, 포스터나 표어를 멋지게 만들었을 경우 상장을 받을 수 있었다. 이렇게 받은 상장의 수가 늘어날 경우 벽지에 장식하는 문화가 있었고, 집 안의 벽지가 상장으로 가득차 있다는 것은 곧 우등생이라는 뜻이었다. 글짓기의 주제는 주로 반공과 관련된 것이 많았는데, 특별히 초등학교 2학년과 3학년 때는 물자절약 글짓기 대회가 많았던 기억이 난다. 나중에 알고 보니 1978년 2차오일쇼크로 인해 정부가 '물자절약'을 장려했기 때문이었다.

2차오일쇼크보다 1차오일쇼크의 충격이 더욱 컸을 것이다. 1974년 석유수출국기구OPEC는 불안한 국제 정세와 원유 시장 불균형을 이유로 석유 가격을 1973년 가을에 비해 무려 네 배나 인상했다. 비산유국의 입장에서는 경제에 충격을 받을 수밖에 없었으며, 이것은 사회 문화 전반에 걸쳐 엄청난 영향을 미쳤다. 우리나라에서 '물자절약' 운동이 일어난 것처럼 일본 역시 사정은 마찬가지였다. 일본 고교야구에서는 1차오일쇼크가 일어난 1974년부터 알루미늄 합금으로 만들어진 '금속배트'를 사용하기 시작했다.

금속배트는 한번 사면 오래 쓸 수 있다. 나무배트는 연습이나 경기중에 쉽게 부러지기 때문에 비용이 꽤 많이 든다. 2014년 국내 고교야구에서도 연습경기 등에서 몸쪽 공은 웬만하면 치지 말라는 충고가 학생들 사이에 나돈 적이 있었다. 몸쪽 공을 치다가 운이 없으면 배트가 금방 부러지기 때문에 비용이 많이 드는 관계로 조심해야 한다는 웃지 못할 이야기였다. 21세기에 엘리트 야구를 하는 국내의 사정도 이 정도인데, 1970년대 일본 고교야구에서 부러지지 않는 금속배트의 등장은 혁명적인 변화를 예고했다.

금속배트는 원래 미국에서 만들어졌는데, 일본 고교야구에서 사용하면서 급격하게 유행하기 시작했다. 일본고교야구연맹이 금속배트 사용을 장려한 이유는 비용 부담을 줄이기 위해서였다. 야구는 다른 종목에 비해 돈이 많이 드는 스포츠이다. 축구나 농구, 배구 같은 종목은 이론적으로는 공 하나만 있으면 할 수 있지만, 야구는 글러브와 배트, 포수 장비나 타격 연습 장비 등 추가 비용이 많이 발생한다.

이 가운데 배트는 소모품 성격이 가장 강하다. 나무배트는 조금만 잘못 맞아도 부러지거나 금이 가게 되는데, 이럴 경우 더이상 사용할 수 없다. 문제는 나무배트를 어느 정도 사용할 수 있는 지 전혀 예측하기 어렵다는 것이다. 이런 상황에서 등장한 금속배 트는 일본 고교야구에서 비용 절감을 위한 획기적인 상품이었다. 소수의 엘리트 스포츠가 아닌 다수의 부 활동을 추구하는 일본고 교야구연맹으로서는 금속배트의 등장으로 야구부의 수를 늘리는 데 큰 도움을 받을 수 있었다. 고시엔 우승을 노리는 초일류 고등 학교나 야구부원이 몇 명 되지 않는 학교나 경제적인 부담이 적은 '금속배트'라는 똑같은 조건에서 운동할 수 있게 된 것이다.

공교롭게도 금속배트의 도입과 함께 일본 고교야구는 전성기 를 맞이했다. 금속배트의 사용으로 비거리가 급격하게 늘어나면 서 홈런 숫자가 대폭 증가했다. 일본의 스포츠 전문지인 〈Sports Graphic Number〉에 따르면 나무배트를 사용하던 시절 평균 홈 런 숫자는 경기당 0.157개에 불과했다. 1,631경기에서 256개의 홈 런이 나온 것으로 고교야구에서 홈런은 쉽게 볼 수 있는 것이 아 니었다. 금속배트를 사용한 이후 경기당 평균 홈런 수는 0.575개 로 네 배 가까이 증가했다. 3,521경기에서 2,025개의 홈런이 나와 관중들을 열광시켰다.

금속배트의 도입과 함께 야구 자체가 변했다. 나무배트의 경우 정확하게 맞아야만 타구가 뻗어나가지만, 금속배트는 투구에 막 히더라도 힘이 있으면 타구를 멀리 보낼 수 있다. 정확성보다는 힘을 중시하는 스윙이 금속배트 시대에 어울리게 되었다. 과거에 비해 웨이트 트레이닝 등 근육훈련에 주력한 결과 최근 몇 년간의 숫자를 따지면 경기당 홈런 수가 1개에 근접할 정도로 많은 홈런이 나오고 있다.

2018년 고시엔 대회에서는 55경기에서 51개의 홈런이 나와 경기당 홈런 0.927이라는 높은 수치를 기록했다. 이 수치는 경기당 홈런 1.00을 기록한 프로야구 한신타이거즈의 숫자와 큰 차이가 없다. 고시엔 대회가 열리는 한신 고시엔 야구장은 일본에서도 홈런이 나오기 힘든 구장이라는 점을 감안하면 더욱 놀라운 수치이다. 야구의 꽃이라는 홈런 수가 늘어나는 가운데, 금속배트 특유의 '캉' 하는 타격 소리는 일본 고교야구를 상징하는 위치로까지 올라섰다.

가격이 저렴한데다 야구의 꽃인 홈런도 많이 나와 일석이조인 것처럼 보이는 반발력이 강한 금속배트는 세계에서 일본 고교야구만 쓰고 있다. 우리나라와 타이완은 2000년대 중반부터 고교생도 나무배트를 사용하고 있다. 미국의 경우는 여전히 금속배트를 쓰기는 하지만 2011년부터 반발 계수를 대폭 낮춘 제품만이 사용 가능하다. 미국에서 쓰는 제품은 금속배트이긴 하지만 반발력은 나무배트 수준을 넘지 못한다. 일본에서도 금속배트의 반발력을 낮추자는 의견이 일부 나오고 있지만, 변화에 둔감한 일본의 특성상 쉽게 바뀌기는 어려울 전망이다.

우리나라가 나무배트를 사용하게 된 것은 국제 경쟁력과 프로에서의 적응을 위해서이다. 국제야구소프트볼연맹이 주최하는 대회는 나무배트를 써야 하는데다, 프로에서 나무배트를 쓰기 때문에 고등학교 때부터 나무배트를 쓰는 것이 프로에서 적응하기 쉽기 때문이다.

국내 고교야구가 금속배트를 사용하던 시절인 2004년 성남고 박병호는 한 경기에 3개의 홈런을 치는 등 2경기에 걸쳐 4연타석 홈런을 치기도 했는데, 나무배트 등장 이후 이런 모습은 사라졌다. 이처럼 홈런이 급격히 줄어들자 국내 일부 야구인들은 홈런 타자 육성을 위해서는 금속배트로 돌아가야 한다는 주장까지 나오기도 한다. 국내 야구는 나무배트를 도입했을 때나 금속배트를 다시 사용하자는 지금도 모두 이른바 경쟁력에만 관심이 있을 뿐 안전 문제는 크게 고려하지 않는 듯하다.

국제 대회나 미국 고교 경기에서 반발력이 높은 금속배트를 금지한 것은 선수들의 안전을 위해서이다. 선수들의 힘이 좋아져 타구 속도가 점점 빨라지는 상황에서 금속배트의 반발력까지 더해져서 타구에 맞을 경우 수비수에게 굉장히 위험하기 때문이다. 특히 투수는 아무런 보호 장비 없이 18.44미터의 거리에 노출되어 있다. 강한 타구에 맞을 경우 부상의 우려를 넘어, 신체에 큰 위협을 받을 수 있다.

일본 요미우리의 간판 투수 출신으로, 미국 프로야구에서도 활약했던 우에하라 고지는 월드베이스볼클래식 등 프로 선수들의 국가대항전뿐 아니라 대학 시절에도 다양한 국제 경기 경험을 쌓은 적이 있다. 우에하라는 프로 데뷔 이전인 1997년 한국전에서 김동주에게 홈런 두 방을 맞은 적도 있다. 일본 스포츠 전문 사이트 〈sportsnavi〉의 유튜브에 출연해 자신의 국제 대회 경험을 소개한 우에하라는 경기중에 특히 쿠바 선수들이 금속배트를 휘두를 때는 타구가 너무 빠르고 강해서 무서웠다고 말하기도 했다.

자칫하면 큰 사고로 이어질 수 있는 선수들의 안전 문제는 사실 일본 고교야구가 가장 위험하다고 생각되는데, 그런데도 여전히 일본 고교야구가 세계에서 유일하게 반발력이 높은 금속배트를 사용하는 것은 아이러니하다고 할 수 있다.

미국의 고교야구는 1군, 2군 개념으로 수준이 비슷한 팀끼리 경기를 치르도록 되어 있다. 우리나라는 80개 학교의 수준 차이는 다소 있지만 모두가 엘리트야구라고 해도 과언이 아니다. 반면 일본은 우리나라나 미국을 능가하는 최고 수준의 학교와 동호회 수준에도 한참 못 미치는 팀들이 공존하는 시스템을 갖고 있다. 고시엔 지역예선의 경우 최강팀과 최약팀이 대결하는 경우를 종종 볼 수 있다. 실제 고시엔 최다 점수 차 기록은 1998년 아오모리현 대회에서 나온 122대 0이다. 2011년 효고현 대회에서도 71대 0이라는 점수가 나온 적이 있다. 이처럼 실력 차이가 많이 날 경우 강팀의 타구 속도는 빨라지는 데 비해서 약팀의 수비 능력은 떨어지는 관계로 투수뿐 아니라 3루수나 1루수까지도 부상의 위험이 크다.

일본에서도 대학야구나 사회인야구에서는 금속배트를 사용하지 않는다. 다른 나라에서는 금지되어 있고, 일본 성인야구에서도 사용하지 않는 반발력 높은 금속배트를 사용하는 무대는 일본 고교야구밖에 없는 것이다. 이런 모습은 일본 고교야구가 갈라파고스처럼 고립되어 있는 모습을 그대로 보여준다.

다윈의 진화론에 영향을 받아 탄생한 이론으로 시장의 특수성으로 인해서 고립되어가는 것을 갈라파고스화라고 하는데, 일본 게이오대학 교수인 나츠노 다케시가 처음 사용한 용어로 주로 일본 IT 업계를 지칭하는 데 사용되었으나 지금은 세계적인 추세와 따로 돌아가는 일본의 사회 문화적인 추세를 말하기도 한다. 세계가 변화는 가운데, 변화의 필요성이 제기되지만 실제로는 변화하지 않고 그대로 유지되고 있는 일본 고교야구의 금속배트 사용은 갈라파고스 일본의 한 단면을 나타내고 있다.

고시엔 때문에 세계 대회 불참,
고시엔 우선주의

×

세계 전자 제품이나 휴대폰 시장에서 일본은 더이상 중요한 위치를 차지하지 못한다. 한때 일본 제품은 뛰어난 기술력을 바탕으로 혁신의 상징이던 시절도 분명 있었지만, 일본 시장이라는 거대한 틀에 스스로 갇혀버리면서 세계 시장에서 뒤처지고 말았다. 일본은 여전히 경제대국이지만 일본이라는 섬 안에만 고립된다면 앞으로도 일본의 국제무대 경쟁력은 더욱 떨어질 수밖에 없을 것이다.

일본은 스포츠계에 있어서 세계의 중심에 위치해왔다. 대부분의 스포츠 종목들이 유럽이나 미국을 기반으로 탄생해 여전히 유럽과 미국이 주류를 유지하고 있는 상황에서, 동아시아의 일본은 막강한 자금력을 무기로 세계 스포츠계에서 그들만의 위상을 유지해온 것이다.

김연아 선수와 아사다 마오의 경쟁으로 국내에도 잘 알려져 있지만, 일본은 국제빙상연맹의 가장 강력한 스폰서이다. 10개가 넘는 공식 스폰서 가운데 보통 6~7개가 일본 기업으로 이루어져 있다. 빙상뿐 아니라 대부분의 종목에서 일본 기업은 주요한 스폰서 역할을 담당해왔고, 이런 배경은 일본 스포츠의 위상을 뒷받침하는 힘으로 작용했다.

가장 대표적인 것은 일본과 여자배구의 관계라고 할 수 있다. 배구는 1964년 도쿄올림픽에서 처음 정식 종목으로 선정되었는데, 특히 일본 여자배구팀은 '동양의 마녀'라는 별명처럼 세계 배구계를 지배했다. 시간차 공격과 속공같이 새로운 전술을 만든 것이 일본이었고, 일본은 배구의 역사를 바꿔놓았다. 올림픽 금메달과 세계선수권 우승 등 화려한 경력을 쌓은 일본 여자배구의 전성기는 1980년대 이후 중국의 등장과 미국과 남미 국가들이 여자 배구에 본격적으로 뛰어들면서 흔들리기 시작했다.

일본 여자배구의 실력은 국제무대에서 경쟁력을 잃어가고 있지만, 일본 스폰서의 힘은 여전히 막강하다. 여자배구를 대표하는 대회는 그랑프리배구대회인데, 항상 일본에서만 열린다. 이처럼 어느 한 국가가 주요 국제 대회 개최를 독점하는 경우는 다른 종목에선 좀처럼 보기 드문 경우이다.

1964년 도쿄올림픽 금메달 이후 여자배구는 일본에서 국민스포츠 반열에 올랐지만, 진정한 국민스포츠로 인정받은 야구의 위상에는 훨씬 못 미치는 것도 사실이다. 야구는 일본이 가장 사랑

하는 스포츠이다. 배구를 '하이큐排球, はいきゅう'라고 말하는 경우도 있지만 일반적으로는 '바레보루バレーボール'로 통한다.

대부분의 스포츠 종목이 영어식 표기인 가타카나를 사용하지만 야구만 '야큐野球'로 지칭하는 것에서 나타나듯이 야구는 일본 스포츠의 최고 인기 종목이다. 일부에서는 '야큐'는 베이스볼과 다르며 '야큐'는 일본이 미국의 베이스볼을 바탕으로 새롭게 만들어낸 종목이라는 주장까지 나올 정도이다.

그런데 야구 중에서도 가장 긴 역사와 전통을 자랑하는 고교야구는 일본에서 국제무대와 완전히 동떨어져 있다. 국제 경쟁력이 떨어지느냐의 문제가 아니라 오랜 기간 대회 참가조차 하지 않을 정도로 무관심의 영역이었다. 고교야구 최고선수들이 경쟁하는 세계청소년야구에 일본은 오랜 기간 불참해왔고, 최근에는 꾸준히 출전하고 있지만 일본 고교야구의 위상을 감안하면 여전히 미미한 수준이다. 일본 전역의 관심이 집중되는 여름 고시엔 대회에 모든 것을 쏟아붓기 때문에, 세계 대회는 뒷전으로 밀리기 때문이다. 고시엔이라는 내수 시장이 워낙 강하기 때문에 세계 시장인 국제 대회에 관심을 기울일 여력이 없는 것이다. 이것은 일본 야구계의 갈라파고스 신드롬의 일면이기도 하다.

세계청소년야구대회는 우리나라와 인연이 깊은 대회이다. 1981년 초대 대회가 펼쳐졌고, 선동열과 김건우 등이 출전한 우리나라 선수 팀이 우승을 차지해 연일 신문 지상에 이름을 올렸던 적도 있다. 국가적으로 얼마나 큰 경사였는지 1981년 우승 멤버들은 병역 혜택까지 받았다. 이후에도 우리나라는 세계청소년 야구에서 두각을 나타냈다. 이승엽과 김건덕 등이 활약한 1994년에도 우승했으며, 추신수는 2000년 대회 우승의 주역으로 대회 우승 직후 시애틀과 메이저리그 계약을 맺기도 했다. 또한 2006년과 2008년에도 우승을 차지해 통산 5회 우승 기록을 갖고 있다. 반면 일본은 우승 없이 준우승만 네 번 기록한 것이 전부다.

1981년 탄생한 1회 세계청소년야구대회는 미국과 쿠바 등의 알력 싸움 속에 만들어진 대회로 미국 중심으로 구성되어왔다. 대회 시기 역시 미국 스포츠의 비수기인 8월에 주로 열렸다. 그러다보니 일본의 여름 고시엔과 정확하게 시기가 겹쳤다. 일본은 1982년 2회 대회에 토도대학리그의 1, 2학년생 주축으로 출전해 준우승한 적이 있지만, 그 이후에는 대부분의 대회에 참가하지 않았다. 1999년에는 오키나와 지역에서만 선수를 선발해 출전했을 정도로 대회에 큰 관심을 기울이지 않았다.

해마다 8월이 되면 뜨거운 태양 아래 펼쳐지는 여름 고시엔의 드라마에 전 일본이 열광한다. 그들이 만들어내는 영웅 스토리는 8월 내내 신문과 방송을 장식한다. 대회를 주최하는 아사히신문은 연일 호외를 발행한다. 하지만 같은 기간에 열리는 세계청소년야구대회 소식은 전혀 언급되지 않는다. 일본이 참가했던 대회도 사정은 비슷했다. 물론 일본이 최고의 선수들을 구성하지 못해 성적이 좋지 않았던 것도 원인일 수 있다.

세계에서 고교야구의 인기가 가장 높은 나라인 일본이 18세 이

하 최고선수들을 가리는 세계대회에 출전하지 않는다는 것은 국제야구연맹으로서는 큰 손해일 수밖에 없다. 일본은 2004년 세계청소년야구대회에 처음으로 고시엔 출전 학교 선수를 포함한 멤버를 구성해 참가했는데, 대회 장소는 타이완이었고 개최 시기는 고시엔이 종료된 이후인 9월부터였다.

일본은 2005년 인천에서 열린 아시아청소년야구대회에서 당시 괴물 투수로 불렸던 에이스 츠지우치와 이후 메이저리그에서 뛴 다나카 등 호화 멤버를 구성해, 김광현-류현진이 활약했던 우리나라를 물리치고 우승하면서 세계청소년대회 출전권을 따냈지만 2006년 대회에는 특별한 이유 없이 불참했다. 2008년과 2010년 대회는 1년 전에 펼쳐진 아시아야구대회에서 3위에 그치면서 출전권을 얻지 못했다. 일본이 다시 세계청소년야구대회에 최고 멤버로 도전한 것은 2012년 우리나라에서 열린 대회인데, 이때도 대회는 9월 초에 열렸다.

2013년에는 1년 만에 또다시 타이완에서 대회가 열렸고, 2015년에는 처음으로 일본에서 세계청소년야구를 개최했다. 2019년에는 우리나라 기장에서 대회를 개최했다. 타이완과 우리나라가 대회를 개최할 때는 대회를 8월이 아닌 9월 초로 변경한 공통점이 있다. 8월에 고시엔 대회를 치르는 일본을 고려한 선택이었다.

실제로 일본은 아시아청소년야구대회에는 1회 대회부터 빠짐없이 출전하고 있다. 일본의 사정을 고려해 8월을 피해 대회를 개최했기 때문이다. 일본에서 열렸던 1998년 3회 대회는 마쓰자카와 스기우치 등 고시엔 최고선수들이 출전해 우승하기도 했다. 2007년 대회에는 우리나라와 타이완 주도로 금속배트가 아닌 나무배트를 사용하게 되자 이에 대한 항의의 표시로 대회 불참을 선언한 적이 있다. 또 고교야구연맹 대신 일본아마추어야구연맹이 사회인야구 1년차 선수들 위주로 참가한 적도 있다.

일본은 2012년 이후 꾸준히 국제 대회에 출전하고 있는데, 국제 대회에서는 일본에서 쓰던 금속배트가 아닌 나무배트를 사용해야 한다. 고시엔의 영웅으로 매스컴의 과도한 관심을 받는 일본 선수들이지만 막상 국제 대회에서의 경기력이 떨어지자 일부 일본 언론은 금속배트의 폐해 때문이라고 보도하기도 했다. 다른 나라가 평소 나무배트를 사용하는 데 반해, 일본은 금속배트에 익숙해져 있기 때문에, 나무배트 사용에 어려움을 겪기 때문이라는 분석이다.

하지만 일부의 견해로 치부될 뿐 나무배트 도입을 진지하게 검토하는 모습은 보이지 않는다. 과거에 비해 세계 대회에 대한 관심이 늘어나기는 했지만 일본에게 고교야구는 고시엔 대회가 중요할 뿐, 세계 대회는 보너스 게임 같은 것이기 때문이다. 너무나 탄탄한 내수시장인 고시엔을 갖고 있는 일본 고교야구에서 고시엔보다 국제 대회가 더 큰 관심을 끌게 될 가능성은 거의 없을 것이다. 어쩌면 일본 고교야구는 세계 야구에서 영원한 갈라파고스로 남게 될 것으로 전망된다. 하지만 일본 고교야구 선수들에게는 갈라파고스가 고립의 뜻뿐 아니라 파라다이스의 의미를 포함한 꿈의 무대로 남아 있을 것이다.

야구장의 카게무샤
— 등번호 없는 '감독'과 출전 못하는 선수 '전령'

×

잉글랜드 축구의 명장 퍼거슨 감독의 카리스마 넘치는 표정은 스포츠팬들에게 전설적인 모습으로 남아 있다. 퍼거슨 감독이 만들어낸 특유의 아우라는 심지어 껌을 씹는 모습까지도 특별한 분위기를 만들어낸다. 그런데 퍼거슨 감독이 호날두나 박지성처럼 축구 유니폼을 입었다면 과연 어땠을까? 나름대로 색다른 모습을 보일 수 있었겠지만 스포츠팬의 입장에서는 퍼거슨 감독이 야구가 아닌 축구감독인 것이 천만다행일 것이다.

대부분의 스포츠 감독들이 정장을 착용하는데, 야구만은 유일하게 감독까지 유니폼을 입는다. 초창기 야구 유니폼에는 등번호가 없었다. 그러다 1929년 뉴욕양키스를 시작으로 멀리서도 쉽게 알아보기 위해서 등번호 제도를 채택했다. 초창기엔 죄수를 연상

고개 숙인 패장의 모습 등번호 없는 유니폼을 입고 있다.

시킨다며 선수들의 반발도 있었지만 지금은 등번호 제도가 완전히 정착되었다.

감독까지 유니폼을 입는 이유는 초창기 야구에서 감독과 선수의 구별이 없었던 전통 때문이다. 한국 프로야구 원년인 1982년 백인천은 감독 겸 선수로 활약했고, 일본 프로야구에선 후루타가 2006년에서 2007년까지 감독 겸 선수로 뛰기도 했다. 대부분 정장 차림인 다른 종목에선 유니폼을 입지 않은 감독이 경기장에 들어올 수 없지만, 야구감독은 유니폼을 입었기 때문에 투수 교체나 항의를 할 때 경기장 입장이 가능하다.

야구감독에 대한 이런 설명은 일본 고교야구를 말할 때 전혀 달라진다. 일본 고교야구에서 감독은 프로야구와 다른 종목의 감독을 합쳐놓은 것과 같다. 일본 고교야구 감독은 선수들과 똑같이 유니폼을 입지만 등번호가 없다. 선수들은 유니폼 위에 등번호를 꿰매 달고 있지만, 감독은 등번호 자리가 그냥 빈 채로 유니폼을 입고 있다.

유니폼을 입기는 했지만 등번호가 없기에 그라운드에 나설 수 없다. 그라운드에 나설 수 없기 때문에 심판 판정에 항의도 할 수 없다. 일본 고교야구 감독에겐 등번호와 그라운드 출입, 판정 항의 세 가지가 허용되지 않는다.

일본 고교야구 감독은 원칙적으로 덕아웃에만 있어야 한다. 그러면 선수 교체나 위기 상황에서 선수들을 진정시키는 역할을 어떻게 할까? 그것은 일본 고교야구에만 있는 '전령'이라는 제도를 통해 가능하다. 전령은 벤치에 앉은 후보 선수들이 주로 담당하는데 선수 교체를 할 때 심판에게 가서 교체 선수를 통보한다. 전령은 위기 상황에서도 감독 대신 마운드에 올라가 감독의 말을 전하는데, 사실 특별한 메시지가 없는 경우가 대부분이라고 한다.

전령은 9이닝 경기에 세 번까지 마운드에 오를 수 있다. 감독의 작전 지시를 전하기 위해 전령이 마운드로 뛰어가는 모습은 분명 고시엔의 볼거리이다. 실제 일본고교야구연맹이 내세우는 전령 제도 채택의 이유는 경기 시간 단축이다. 하루에 네 경기를 소화해야 하는 관계로 빠른 경기 진행이 필수적이기 때문에 조금이라도 시간을 줄이기 위해서 전령을 사용한다는 것이다. 투수 교체를 위해 느릿느릿 마운드로 걸어가는 프로야구 감독의 모습을 떠올려보면 어린 선수들이 신속하게 뛰어가는 고교야구의 장면은 신선하기도 하고, 시간 단축에 효과가 있을 것 같기도 하다.

그런데 일본뿐 아니라 우리나라도 한때 전령 제도를 채택한 적이 있었다. 1970년대 고교야구에서 전령은 낯선 장면이 아니었으며, 가끔은 승부가 사실상 결정된 상황에서 팀의 에이스가 마운드에서 내려온 뒤 전령 역할로 마운드에 가서 이런저런 이야기를 전달하던 모습이 여전히 기억에 생생하다. 실제 자료를 찾아보니 1969년부터 우리나라 고교야구는 전령 제도를 시행했는데, 감독들의 요구로 1981년부터 전령 제도를 폐지하고 감독이 직접 마운드에 오를 수 있게 되었다. 감독들의 의견은 대부분 전령 제도로는 정확한 의사소통이 어려운데다, 실제 시간 단축 효과가 크지 않다는 것이었다.

일본도 사정은 비슷하다. 특히 감독에게 항의권이 없다보니 오심이 나올 경우 주장이나 전령이 항의를 하게 되는데, 대부분 사십대 이상인 심판을 상대로 십대 고교생 전령이 제대로 된 항의를 하기는 힘들다. 단순히 감독의 지시를 전달할 수밖에 없는데, 마치 교사에게 혼나는 학생의 모습으로 심판의 말을 들은 뒤 또다시 감독에게 심판의 말을 전달하면 이번엔 감독이 전령을 나무라는 모양새가 나오기도 한다. 전령은 또다시 심판에게 감독의 말을 전하고 심할 경우 서너 차례 심판과 감독 사이를 오가는 모습을 종종 볼 수 있다.

전령은 과거 전쟁중에 소식을 전하는 역할을 맡았던 병사를 의미한다. 42.195킬로미터를 달리는 마라톤 종목의 유래가 되었던 그리스의 병사가 바로 전령이었고, 특별한 영상미로 화제가 된 영화 〈1917〉 주인공도 바로 전령이다. 전령은 이처럼 과거 통신 수단이 발달하지 않았던 시대에 사용했던 방법이지만, 일본 고교야구는 지금도 여전히 전령 제도를 채택하고 있다.

직접 의사소통하는 것보다 분명 운영상의 어려움은 있지만 일본은 전령 제도에 대해 긍정적인 의견이 여전히 많은 편이다. 고교야구에서만 볼 수 있는 주요 볼거리이기도 하고, 아주 드물지만 전령이 했던 말이 화제가 되는 경우도 있다. 보다 중요한 건 후보선수들이 고시엔 무대를 밟는 경험을 할 수 있다는 점이다.

고시엔 출전은 고교야구 선수들의 오랜 꿈이다. 지역예선을 거쳐서 소속 학교가 고시엔에 진출한 것만으로도 분명 영광이지만, 18명의 등록선수 모두가 그라운드를 밟기는 사실상 어렵다. 이런 상황에서 전령 역할로라도 경기에 참여하고 팀에 공헌했다는 마음을 갖게 되는 것이다.

또한 감독이 그라운드에 나서지 않음으로써 학생야구는 오롯이 학생이 하는 것이라는 것을 보여주려는 의미도 있다. 물론 훈련을 통해 팀을 만들고 여러 전술을 통해서 팀이 이기는 데 감독의 역할은 중요하다. 특히 전 경기가 토너먼트로 펼쳐지는 일본 고교야구의 특성상 뛰어난 감독, 명장의 존재는 고시엔 우승을 노리는 야구 명문교에게 필수적이다. 이 점을 고려하면 전령 제도에는 감독도 중요하지만 학생 스스로가 문제를 해결해야 한다는 교육적인 의미까지 내포돼 있는 것이다.

물론 일본에선 야구가 교육의 일환이라는 것을 지나치게 강조하는 측면이 있다. 실제 고교농구나 고교배구의 경우 당연히 감독이 작전 타임을 부르며, 감독이 선수에게 직접 전술을 지시한다. 그렇다고 해서 외부인인 감독이 학생의 경기에 개입하는 농구나 배구가 비교육적이라고 할 수는 없을 것이다. 어쩌면 고교야구가 일본에서 특별한 위상을 차지하다보니 감독에 대한 통제나 전령 제도를 채택한 것일 수도 있다.

야구감독이 그라운드에 나서지 못하고 항의도 할 수 없지만 어디서나 예외는 있다. 심판의 판정에 문제가 있을 경우 일부 감독들은 덕아웃에서 큰 소리나 큰 동작으로 항의하기도 한다. 이런 모습은 TV카메라에 종종 잡힌다. 덕아웃에서 하는 항의는 규정상 문제가 없기 때문이다. 또한 규정을 적용하기 애매한 상황에서는 심판이 직접 덕아웃으로 가서 감독에게 상황을 설명하기도 한다. 일본 고교야구 심판의 판정 능력이 많이 떨어지는 관계로 오심 논쟁은 거의 매년 나타나지만 감독이 심판 판정 문제로 논란이 되는 경우는 거의 없다. 프로야구처럼 심판과 감독이 직접 대면하지 않기 때문이다.

일본은 제복 문화가 발달해 있다. 회사에서도 제복을 입은 사람과 그렇지 않은 사람의 구별 짓기가 가능하다. 말단 직원부터 대부분이 제복을 입지만 최고경영자는 행사 때를 제외하면 정장 차림인 경우가 더 많다. 회사 최고경영자가 사원들과 다른 차림을 하는 것처럼 야구의 특성상 고교야구 감독도 유니폼을 입어야 하지만, 일본 고교야구는 감독에게서 등번호를 박탈하면서 선수들과의 차별성을 강조하게 되었다.

일본 고등학교에서 야구감독의 권위는 여전히 높다. 일부에서는 야구감독과의 지나친 상하관계로 인해 여러 문제점을 노출하기도 한다. 일본 고교야구의 서열에서 가장 높은 곳에 위치한 고교야구 감독이 등번호를 달지 않는 것은 어쩌면 제복이 주는 구속에서 가장 자유롭다는 걸 의미할 수도 있다. 등번호 없는 유니폼을 입는 일본 고교야구 감독은 세계 야구계에서 가장 특별한 존재일지도 모른다.

유토리 교육과 고교야구 빡빡머리의 관계

×

2021년에는 한국계 고등학교인 교토국제고의 선전이 봄과 여름 고시엔에서 주요 뉴스로 다루어졌다. 특히 교가에 '동해'가 들어가는 관계로 일본의 공영방송 NHK에 교토국제고 교가가 울려퍼질 때 감격스러웠다는 반응이 많았다. 첫 출전한 학교치고는 성적도 좋았다. 사실 고시엔 대회에 봄-여름 연속 출전하는 것도 쉽지 않은데, 봄 대회에서 1승을 거둔 뒤 여름 대회에서는 4강 진출, 2024년 여름에는 우승기를 거머쥐며 한국 언론의 집중 조명을 받았다.

예전에는 한국에서 고시엔을 보는 경우는 일부 마니아층에 한정되었지만, 교토국제고의 뉴스는 많은 사람들이 접하다보니 고시엔 야구를 사진이나 영상으로 처음 접한 사람들은 다양한 반응을 나타냈다. 그중 가장 많았던 것은 "그런데 왜 일본 야구선수들은 빡빡머리를 하고 있지? 규정이라도 있나? 지금은 2021년인데"
였다.

일본고교야구연맹 규정에 두발에 관한 규정은 존재하지 않는
다. 하지만 교토국제고를 비롯해서 고시엔 무대를 밟은 학교의 대
부분이 빡빡머리를 하고 있다. 고시엔 본선에 출전하지 못한 대부
분의 학교들 역시 마찬가지이다. 일본고교야구연맹과 〈아사히신
문〉의 2018년 조사 결과에 따르면 3,939개의 학교 야구부 가운데
76.8퍼센트가 빡빡머리를 하는 것으로 나타났다. 그러면 나머지
23.2퍼센트는 두발 자유화일 것 같지만 그중 스포츠형 머리를 하
는 팀이 8.9퍼센트, 두발을 완전하게 자유화한 학교는 10.9퍼센트
에 불과했다.

이처럼 대부분이 빡빡머리를 하는 이유는 무엇일까? 고시엔의
빡빡머리 문화에 대한 비판 기사를 국내 언론에서 쉽게 찾을 수
있다. 대부분의 기사들은 일본 고교야구에 일본 특유의 집단주의
와 군사 문화의 잔재가 여전히 남아 있는 것을 이유로 든다. 분명
맞는 말이다. 일본 내에서도 고교야구 선수들의 빡빡머리에 대한
비판적인 시선이 존재한다. 그런데 왜 일본 고교야구만 빡빡머리
를 고수하는 것인가에 대한 대답은 국내 언론에서 찾아보기 어렵
다. 왜 일본의 집단주의와 군사 문화는 축구나 농구, 럭비 같은 종
목에는 별다른 영향이 없고 야구에만 여전히 남아 있는 것일까?

고시엔이라 불리는 일본 고교야구선수권대회는 1915년 고시
엔이 아닌 다른 구장에서 제1회 대회가 시작되었다. 1년 전인

1914년에는 1차세계대전이 발발했다. 일본은 동맹국이었던 영국과의 영일동맹을 구실로 독일에 선전포고를 했다. 당시 일본 육군은 빡빡머리였고 이것이 일본 젊은이들 사이에서 유행했다고 한다. 당시에는 검도와 유도처럼 '야구도'라는 말이 일본에서 유행했던 관계로 대부분의 야구선수들이 마치 '무사도'를 하는 것처럼 빡빡머리를 유지한 것으로 알려져 있다.

그러다가 일본이 2차세계대전의 전범국이 되면서 야구와 빡빡머리의 관계는 더욱 고착화되었다. 당시 일본 입장에선 미국이 적성국이었기 때문에 적성국의 대표적인 스포츠인 야구를 금지하기도 했다. 어쩔 수 없이 야구를 허용하면서도 최대한 영어를 사용하지 않고 일본어로 바꿔 불렀다. 적성국 스포츠인 야구를 하는 관계자 입장에서는 다른 스포츠보다 더 과격하게 우리는 미국 스포츠를 하는 이적행위자가 아니라는 걸 강조해야 했다. 그러다보니 군대를 상징하는 빡빡머리를 야구계 내부에서 더욱 강조하는 경향이 생겨났다.

물론 최근 일본 고교야구 선수들은 과거 두 차례 세계대전 세대와 비슷한 생각으로 머리를 자르지는 않을 것이다. 일본의 여름은 습하고 덥기로 악명 높은데다 모자를 써야 하는 야구의 특성상 건강 측면이나 위생적인 면에서 머리를 밀면 유리한 점이 분명 있다. 관리하기 쉬운데다 야구에만 전념하겠다는 상징과도 같은 것이 빡빡머리이기도 하다. 이런 사실만 놓고 보면 빡빡머리는 부정적인 측면보다 긍정적인 측면이 더 많은 것 같다. 여기서 드는 의

빡빡머리를 한 일본 고교야구 선수들

문점 하나. 그렇게 장점이 많은데 왜 미국을 비롯해 다른 나라 고교야구 선수들은 빡빡머리를 하지 않을까? 해외의 사례는 제쳐두더라도 일본 대학이나 사회인야구, 프로야구 선수들은 왜 두발 자유화를 할까?

일본 특유의 집단주의는 분명 빼놓을 수 없는 이유이다. 강제로 머리를 자르지는 않지만 상급생이 머리를 자르는데, 하급생이 이를 거부하는 것은 집단주의를 강조하는 일본 사회에서 있을 수 없는 일이다. 여기에 고교야구는 특별하다는 의식도 존재한다. 축구나 농구 같은 종목은 머리를 자르지 않지만 '우리는 고교 스포츠에서 절대적인 인기를 자랑하는 고교야구 선수'라는 자의식이 깊이 자리하고 있다. 그런데 의아한 것은 고교야구 선수들의 빡빡머리 비율은 과거보다 더욱 늘어나고 있다는 것이다. 거꾸로 가는 것 같은 일본 사회의 한 모습을 보는 듯하다.

일본고교야구연맹과 〈아사히신문〉은 5년마다 고교야구에 관한 다양한 조사를 진행하고 있다. 앞서 2018년 빡빡머리 비율이 76.8퍼센트라고 소개했는데, 2013년에는 빡빡머리 비율이 79.4퍼센트로 조사되었다. 빡빡머리 비율이 과거에 비해 줄어들고 있다고 생각하기 쉽지만 그 이전 조사를 보면 다른 경향을 알 수 있다. 2008년에는 빡빡머리 비율이 69.2퍼센트로 70퍼센트에 미치지 못했고, 2003년 조사에선 빡빡머리가 절반에도 못 미치는 46.4퍼센트에 불과했다. 이런 수치를 보면 2000년대 초반과 비교할 때 최근 빡빡머리가 오히려 급격하게 증가한 것을 알 수 있다. 21세기에 들어와서 왜 이런 모습을 보이는 것일까?

새로운 천년, 뉴 밀레니엄의 시작이던 2000년 세계는 미래에 대한 희망으로 가득했다. 지금 현실은 어렵지만 새로운 21세기에는 달라질 수 있을 것이라고 믿는 경향이 뚜렷한 편이었다. 자유화와 개성을 강조하는 풍토가 사회 전체를 지배했다. 여기에 일본에선 획일적인 공부 방식 대신 개성과 창의력을 중시하는 '유토리 교육'이 2002년 공교육에 본격 도입되었다. 여기서 유토리 교육에 대한 찬반을 이야기할 생각은 없다. 분명한 건 유토리 교육과 빡빡머리는 어울릴 수 없다는 사실이다. 유토리 교육은 본격 시행이후 여러 부작용을 빚으면서 논란을 일으켰고 결국 2011년 폐지되었다.

공교롭게도 이 시기는 일본 자민당의 보수 우경화 시기와도 겹친다. 자민당은 1993년 8월부터 1996년 1월, 2009년 9월부터 2012년까지 두 번을 제외하면 계속해서 집권하고 있다. 특히 2012년 이후에는 보수 우경화된 경향을 뚜렷하게 보이고 있다. 유토리 교육의 퇴장과 자민당의 급격한 우경화는 같은 시기에 이루어졌다. 2003년 절반에도 못 미쳤던 일본 고교야구의 빡빡머리 비중은 2018년 76퍼센트로 증가했다. 이와 같이 사회 전체의 우경화 속에 일본 고교야구도 개인보다는 집단을 중시하는 풍조가 더욱 강해진 것이다.

일부에서는 고교야구 야구부의 수가 줄어드는 이유 중 하나가 빡빡머리 때문이라는 의견도 존재한다. 운동 능력이 뛰어난 선수들 중 상당수가 빡빡머리를 싫어해서 중학교 때쯤 야구보다는 축구를 비롯한 다른 종목을 선택한다는 것이다. 이 때문에 최근 빡빡머리를 공식 폐지하고 두발 자유화를 선언한 고등학교가 조금씩 늘어나고 있다. 여전히 빡빡머리는 야구 잘하는 학교, 두발 자유화는 야구 실력이 떨어지는 학교라는 인식이 존재하는 것도 사실이지만, 오타니와 기쿠치 등 메이저리거를 두 명 배출한 야구 명문 하나마키히가시고등학교를 비롯해 야구 강호교에서도 빡빡머리 탈출 선언을 하는 학교가 탄생하고 있다.

우리나라는 1983년부터 중고등학생의 교복과 두발이 자유화되었다. 1982년 초 TV에서 스포츠 중계방송을 하는 도중 내년부터 교복-두발 자유화를 한다는 장내 아나운서의 긴급 발표가 나오자 환호하던 여학생들의 비명소리가 여전히 귓가에 생생하다.

필자는 1983년 중학교에 입학한 관계로 한 번도 교복을 입지 않았고, 학교에서 빡빡머리를 한 적도 없었다. 물론 대부분의 학생처럼 스포츠형 머리로 생활하긴 했다.

학생의 두발 자유화 이후에도 남아 있던 군대의 머리 규제도 곧 사라진다고 한다. 일반 사병들도 장교와 같이 일정 정도의 머리를 기를 수 있게 되는 것이다. "어색해진 짧은 머리를 보여주긴 싫었어" "짧게 잘린 내 머리가 처음에는 우습다가" 같은 군대 가기 전에 부르던 노래 가사는 이제 추억으로 남게 될 것이다.

한국에서는 군대까지도 변화하고 있지만 일본은 여전히 고교야구 선수의 빡빡머리 관습이 남아 있다. 남미대륙에서 바다를 건너와 갈라파고스에 정착한 생물들은 육지와 고립된 환경 때문에 그들만의 방식으로 진화해 전혀 다른 종으로 변화했다. 일본 고교야구의 빡빡머리는 마치 21세기 갈라파고스의 상징처럼 남아 있다.

변화가 느린 일본 사회의 특성을 감안하면 이런 관습은 오랜 기간 이어질 가능성이 높다. 에도시대 남성들의 일본식 상투인 '촌마게' 관습이 국가에서 공식 금지하고 나서야 사라진 것처럼, 고교야구연맹이나 문부과학성이 강제하지 않는다면 고교야구의 빡빡머리는 시대와 어울리지 않는 폐습처럼 고교야구에 남아 있을 것이다.

일본의 교가 문화와 고시엔 교가에 얽힌 사연

×

2021년 봄 고시엔인 선발대회에선 고시엔 역사상 한 번도 없었던 특별한 장면이 연출되었다. 한국계 학교인 교토국제학교가 사상 처음으로 본선 진출에 성공하면서, 한국어 교가가 고시엔 야구구장에 울려퍼지고 일본 전역에 한국어 가사가 중계방송 된 것이다.

'동해 바다 건너 야마도 땅은 거룩한 우리 조상 옛적 꿈자리
아침저녁 몸과 덕 닦는 우리의 정다운 보금자리 한국의 학원'

2021년 교토국제고 야구부는 모두 일본 국적이지만 이들은 한국어로 구성된 교가를 열심히 연습했고, 2회에 교가를 따라 불렀다. 교가의 가사 가운데 '동해 바다'라는 첫 구절을 일본 NHK는

동해東海가 아닌, 동쪽의 바다東の海라는 자막으로 내보내 논란을 일으키기도 했다.

동해는 한반도 동쪽 바다를 지칭하는 고유명사이지만 동쪽의 바다는 막연한 의미의 보통명사인데다 일본의 도카이東海 지역이라는 오해를 사기에 충분하다. 실제 2021년 봄 고시엔 대회에는 학교 이름에 도카이東海가 들어간 학교가 2개교나 출전했고, 그중 한 학교가 우승까지 차지하기도 했다.

NHK는 교가를 방송할 때 한글과 일본어를 동시에 내보내면서 화면 아래쪽에 '일본어 번역은 학교로부터 제출된 것입니다'라는 내용을 덧붙였다. 이에 대해 교토국제고 박경수 교장은 방송사의 요청에 따라 음원만 제출했을 뿐 가사에 대한 해석을 보낸 적은 없다고 밝혔다. 조금만 생각해보면 교토국제고가 굳이 동해를 동쪽의 바다로 표기할 이유가 없다는 걸 알 수 있다.

반면 NHK로선 교토국제고의 출전으로 한국어 교가를 내보내는 것을 문제삼는 일본 우익도 존재하는 상황에서 동해를 표기했을 때 더 큰 논란에 말려들 수도 있는 곤혹스러운 입장이었을 것이다. 교토국제고는 더 큰 논란을 피하고 싶다고 밝혔는데 NHK의 입장을 배려한 것이라고 할 수 있을 것이다. 중요한 건 한국어 교가가 일본 전역에 방송되었다는 것이기 때문일 것이다.

국내에서도 과거 고교야구가 인기 있던 시절 일부 대회에서는 승리팀의 교가가 울려퍼진 적이 있었다. 당시 인터뷰를 보면 이긴 뒤에 우리 학교 교가를 같이 부르고 싶어서 더욱 열심히 했다는 내용까지 나올 정도였다. 하지만 고교야구의 인기가 줄어들면서 중계방송조차 거의 되지 않는 상황에서 교가 제창은 사실상 사라지고 말았다.

한국 고교야구에서 교가를 부르게 된 것은 아마도 일본 고시엔의 영향 때문일 가능성이 클 것으로 생각된다. 그런데 일본에서도 고시엔 대회에서 처음부터 교가를 부른 것은 아니었다. 고시엔에서 교가 제창은 1929년 봄 고시엔 대회부터 시작되었는데 그 계기는 올림픽의 영향을 받았기 때문이다.

히토미 키누에人見 絹枝는 1928년 암스테르담올림픽 육상 800미터에서 은메달을 따, 일본 여성 최초의 메달리스트가 되었다. 히토미는 시상식에서 금메달을 딴 독일 선수의 국가가 울려퍼지는 것을 보고 감동받아 고시엔 대회에서도 교가를 사용하면 어떨까라는 제안을 했고 실제 1929년부터 봄 고시엔 대회에서는 승리팀의 교가를 부르게 되었다. 고시엔에서의 교가 제창은 선수들이나 동문들에게 높은 평가를 받았고, 점차 봄 고시엔의 중요한 의식으로 자리잡게 되었다. 그런데 봄 고시엔보다 훨씬 인기 높은 여름 고시엔 대회에서는 왜 1957년이 되어서야 교가 제창을 시작했을까?

그 이유는 교가 제창을 처음 건의한 히토미 키누에가 바로 봄 고시엔을 주최하는 마이니치신문사 직원이었기 때문이다. 마이니치의 경쟁사이자 여름 고시엔을 주최하는 아사히신문사 입장에서는 분명 꺼림칙한 면이 있었을 것이다. 아사히신문사는 1948년 대회 공식 노래를 공모해서 5천 편이 넘는 응모작 가운데 〈영광의

관은 그대에게 빛나리栄冠は君に輝く)라는 곡을 선정해 고시엔을 대표하는 노래로 만들었다. 하지만 결국 1957년부터 여름 고시엔 대회에서도 교가를 사용하게 되었다.

이긴 팀만 부를 수 있었던 교가는 1999년 봄 고시엔부터 양교 교가를 모두 틀게 되었다. 왜냐하면 참가교의 절반이 1회전에서 탈락하는데 탈락한 팀의 교가를 들을 수 없어 아쉽다는 의견이 많았기 때문이다. 현장에 있는 응원단은 물론이고 TV를 보는 시청자들도 승패와 관계없이 2회초와 말에 모교의 교가를 들을 수 있어서 감격했다는 의견이 많았고, 무엇보다 양교 교가 제창은 고시엔 흥행에도 기여한 측면이 크다.

그런데 왜 하필 2회초와 말에 교가를 방송할까? NHK에서는 과거 2회초와 말에 학교 소개 비디오를 방영했다. 지금은 학교 소개가 없어진데다 1회초와 말에는 선수 소개를 비롯해서 방송 진행상 어려움이 있는 관계로 경기 초반인 2회초와 말에 교가를 방송하게 된 것이라고 한다. 방송에서는 2회에 교가를 틀지만, 실제 경기장 응원석에서는 분위기가 가장 고조되는 7회에 목청 높여 교가를 부르는 편이다.

중계방송에 나오는 교가에선 중년 음악가들의 목소리를 들을 수 있는데, 출전교가 결정되고 급하게 음원을 만드는 것이 아니고 출전 경험이 있는 학교는 예전 녹화 영상의 음원을 사용하고, 첫 출전하는 학교만 녹음해서 쓴다고 한다. 그런데 세계적으로 학생 스포츠에서 교가를 사용하고 또 교가가 방송되는 경우는 매우 드물다. 고시엔의 교가 제창 및 방송은 정말 특별한 사례라고 할 수 있다.

사실 교가는 일본의 문화라고 해도 과언이 아니다. 중국만 하더라도 교가가 없는 학교가 많은 편이고 유럽은 교가가 존재하지 않는 학교가 훨씬 많은 것으로 알려졌다. 미국의 경우에는 교가가 있는 학교가 꽤 되지만 실제 학교 행사에서 교가를 사용하는 경우는 거의 없는 편이다. 우리나라와 일본 같은 경우는 학교 행사에서 교가를 자주 부르기 때문에 교가를 모르는 학생은 거의 없는 편이다. 특히 일본은 학교 행사뿐 아니라 급식을 먹을 때도 교가를 부르는 학교까지 있을 정도로 교가 부르기가 활발하다.

일본에서는 1890년대에 교가가 만들어졌다. NHK의 〈치코짱에게 혼난다〉라는 방송을 보면 일본에서 교가가 만들어진 배경에 대해 알 수 있다. 메이지유신 이후 서구 사회를 모방해온 일본에선 프랑스혁명가 〈라 마르세예즈〉처럼 국가와 민중의 마음을 하나로 만드는 데 음악이 중요한 역할을 했다고 보고 음악을 활용했고 교가 탄생으로 이어졌다고 한다.

1894년 무렵엔 학교에서 부르는 모든 노래는 문부성의 허가가 필요했는데 학교에서는 이런 국가의 의지를 고려해 애국심과 향토애를 고취시키는 가사의 교가를 만들었다. 처음에는 일왕을 중심으로 국가와 부모를 모시며 훌륭한 인간으로 성장해나가는 가사가 대부분이었는데, 사회의 변화에 맞춰서 교가의 가사도 변하기 시작해서 지금은 라임을 맞추는 귀여운 가사와 팝 분위기의 교가까지 등장했다.

이처럼 교가를 활성화시킨 일본이지만 최고의 대학인 도쿄대에 교가가 없다는 점은 다소 의아한 측면이 있다. 도쿄대에는 한때 교가로 지정될 뻔한 곡이 있었지만 결국 승인을 받지 못했고, 교가를 제정하자는 논의를 했음에도 불구하고 의견이 모이지 않아 여전히 교가가 없는 상태이다. 국내 일부에서 도쿄대 교가로 알려진 곡은 도쿄대 교가가 아니라 체육 행사 등에 사용되는 응원가이다.

그런데 고교야구 연합팀의 경우는 교가를 어떻게 불러야 할까? 지난 2012년부터 일본고교야구연맹은 연합팀의 출전을 허가했다. 인구가 줄어드는 상황에서 한 학교의 야구부원 수가 부족해 두세 팀이 한 팀을 이뤄야만 대회 출전이 가능한 경우가 종종 있기 때문이다. 일본고교야구연맹은 연합팀에 대한 규정도 꼼꼼하게 마련해놓았다. 승리 후의 교가는 반드시 한 곡만 부르게 되어 있다. 보통 연합팀 중 야구부원 수가 가장 많은 팀의 교가를 부르는 것이 관례로 되어 있다.

요코하마고등학교나 오사카토인고등학교 같은 고시엔 단골 출전 학교의 교가는 일본 야구팬들에게 굉장히 익숙하다. 일본 TV의 광고 가격을 따져보면 교가 제창으로 엄청난 홍보 효과를 누리는 셈이다. 그러므로 일본 야구의 성지로 불리는 고시엔에서, 일본이 애국심 고취를 위해서 만든 교가를, 한국계 학교에 다니는 일본 학생들이 한국어로 불렀다는 것은 값을 매기기 어려울 정도로 특별한 사건이다.

교토국제고와 간토다이이치 여름 고시엔 결승전. 교토국제고 응원석에서 바라본 전광판.

2024년 8월 23일, 교토국제고가 꿈의 무대인 고시엔 대회에서 정상에 올랐다. 우승까지의 과정은 한편의 드라마와도 같았다. 결승전 상대는 도쿄 대표인 간토다이이치, 고시엔 106년 역사상 과거 일본의 수도인 교토와 현재 일본 수도인 도쿄팀이 결승에서 만난 건 처음이었다. 9회까지 팽팽한 투수전 끝에 0대 0으로 승부를 가리지 못했고, 고시엔 역사상 최초로 결승전에서 타이브레이크에 들어가는 명승부 끝에, 2대 1 한 점 차이로 우승을 차지했다. 투수 니시무리가 상대 타자를 삼진으로 잡으면서 우승이 확정된 뒤 두 손을 번쩍 든 모습은 그야말로 만화의 주인공이 연출한 한 장면과도 같았다. 고시엔 구장(한신 타이거스)이 만들어진 100년째 대회에서 우승하며, 교토국제고는 고시엔 역사에 영원히 남게 되었다.

| 5 | 상하관계 종사회 문제, 고교야구의 숙제

일본은 신분 제도의 영향과 함께 상하관계가 구별되는 유교 문화가 여전히 남아 있는데다 우리나라와 마찬가지로 사회적 지위나 나이에 따라 존댓말과 반말을 하는 것이 관례이다. 또한 과거에 비해 많이 좋아졌다고는 하지만 여전히 여성 차별이 존재한다. 이런 상황에서는 이른바 갑질이 발생할 수밖에 없다. 감독과 선수, 상급생과 하급생, 주전과 후보, 남성과 여성, 심판과 선수 사이에서 나오는 수직관계를 어떻게 해결하느냐는 고시엔의 과제이다. 똑같은 문제점을 가진 한국 고교야구 역시 마찬가지이다.

파와하라 문화와 다양한 야구 갑질

×

일본 사회를 지칭하는 말 가운데 '타테샤카이縱社会'가 있다. 상하 관계의 질서와 서열을 중시하는 일본 사회의 특성을 나타내는 용어인데, 한자 그대로 읽으면 '종사회'지만 우리말로는 '수직사회'라고 하는 것이 더 쉽게 와닿을 것 같다. '수직사회'의 반대를 뜻하는 표현은 '요코샤카이横社会'인데 주로 서구의 문화를 지칭할 때 쓰는 '수평사회'라는 의미로 통한다.

일본의 '수직사회'는 인간관계가 나이와 계급, 직업, 사회적 위치 등의 이유로 상하와 서열이 나뉘며 상하관계의 권력을 서로가 인정하는 가운데 사회적인 구별 짓기를 하게 된다. '수직사회'는 당연히 개인보다 조직을 우선시하는 풍토를 지니게 된다. 조직에 따라 상급자와 하급자가 존재하고 학교의 경우 선후배 관계로 구분된다.

 우리나라도 마찬가지이지만 일본은 관계에 따라 쓰는 용어가 다르다. 한 명은 존댓말을 사용하고, 다른 한 명은 일상적인 언어를 구사하는 건 서구 사회에서는 보기 힘든 특징이다. 물론 영어에도 정중한 표현이 존재하지만 한국어나 일본어에서 쓰는 존대어와는 차이가 크다. 여기에 일본은 상대를 높이는 존대어뿐 아니라 자신을 낮추는 겸양어까지 있어, 상황에 따라 쓰는 표현이 다른데, 실제로 '나'를 지칭하는 1인칭 대명사가 10가지나 존재할 정도이다. 우리나라와 일본 모두 유교 문화의 영향 속에 존댓말이 발달한 특성은 '수직사회'를 구성할 충분한 여건을 갖췄다고 할 수 있다.

 언어로 상하관계가 구별되는 일본에서 '수직사회'를 대표하는 단어는 특이하게도 일본어가 아닌 영어 단어의 조합으로 이루어진 일본에서만 쓰는 단어인 '파와하라パワハラ'다. '파와하라'는 윗사람이 권력을 부당하게 사용하는 것을 말하는 일본식 영어로 'power harassment'의 줄임말이다.

 일본에서는 성추행을 뜻하는 단어 '세쿠하라sexual harassment'가 뉴스에서 많이 사용되었는데, '파와하라'의 영향을 받아 만들어진 용어이다. '파와하라'는 우리나라 말로 '갑질'과 비슷한데, 상하관계에서 윗사람이 아랫사람을 권력을 이용해 억압할 경우에 주로 사용한다.

 일본에선 국가대표 체조선수인 18세 미야카와가 기자회견을 통해 일본체조협회의 '파와하라'를 비판해 일본 체조계뿐 아니라 일본 사회 전체를 흔들었다. 일본체조협회 강화본부장인 츠카하라에게 "말을 제대로 듣지 않으면 다음 대회에 못 나갈 수도 있다"는 위협 발언을 들었다는 것이다. 선수에게 대회에 나설 수 없는 것은 가장 큰 불이익이다. 그런데 그 이유가 부상이나 실력 때문이 아니라 감독이나 코치, 연맹 관계자의 권력 때문이라는 건 명백한 권력 남용이며 '파와하라'다. 이런 파와하라는 일본 고교야구에도 광범위하게 퍼져 있는 게 사실이다.

일본고교야구연맹이 발표한 2021년 현재 고교야구부 평균 인원은 34.5명이다. 이 숫자에는 엔트리 숫자인 현 대회 20명, 고시엔 본선 18명을 간신히 채우는 팀은 물론이고, 야구부원이 10명 미만이어서 연합팀을 구성해야 경기가 가능한 팀들이 포함되어 있다. 반대로 야구부원이 100명을 훨씬 넘는 팀들도 존재한다. 특히 야구 명문고 가운데 특대생 입학이 아닌 일반 입학 학생들까지 지원만 하면 야구부원으로 받는 학교는 1, 2군뿐 아니라 3군 이하 팀까지 운영하는 경우도 있다.

이렇게 야구부원 숫자가 지나치게 많을 경우 감독이 선수들을 일일이 파악하기 어렵다. 특출하지 않은 선수가 이런저런 이유로 감독의 눈 밖에 나게 되면 경기 출전 기회를 단 한 번도 얻지 못할 때도 많다. 감독의 뜻에 따라 경기 출전이 좌우되는 만큼 감독은 절대적인 권력을 행사하게 된다.

특대생으로 입학한 학생의 경우 감독의 눈에 들 가능성이 높지만, 그렇지 못할 경우에는 심각한 상황을 맞이하게 된다. 특대생이 야구부에서 제외될 경우 단순히 야구만 못하는 것이 아니라 학교를 그만두어야 하는 상황으로 이어질 수 있다. 야구부를 그만두더라도 일반 학생으로 공부할 수 있지만, 학교의 수준과 본인의 공부 실력 간 차이가 심한 경우에는 자연스럽게 퇴교하게 되는 것이다. 이 때문에 특대생들에게 감독은 절대 권력자이다.

일본학생야구협회가 6월 18일 발표한 자료에 따르면 모두 9개의 고등학교가 처분 대상이 되었는데, 그중 가루마이고등학교 감독은 '파와하라'로 근신 3개월을 받았다고 나와 있다. 히가시후쿠오카고등학교 감독은 선수에게 폭언을 해 1개월 근신처분을 받았다. 외부에 명백하게 드러난 잘못이 아니라 야구부 안에서 암묵적으로 허용되는 '파와하라'는 거의 대부분의 학교에서 어느 정도는 있을 것으로 추정된다.

물론 이런 감독의 권력 남용은 일본 고교야구만의 문제는 아니다. 일본 사회인야구나 일본 프로야구에도 존재할 것이고, 우리나라 고교야구 감독은 대부분 일본보다 훨씬 막강한 권한을 가진 탓에 권력을 남용할 가능성이 높을 수밖에 없다. 특히 한국 고교야구는 감독이 어떻게 선수를 기용하느냐에 따라 대학 진학 여부가 갈리기 때문에, 선수의 야구 인생에 결정적인 영향을 미칠 정도로 심각한 문제를 낳는다.

한국 야구계 일각에서는 고교야구 감독의 권력 남용을 줄이기 위해 일본처럼 감독을 교사로 채용하자는 주장을 펴기도 하는데,

일본 공립학교에서는 야구감독을 교사로 채용하는 것이 아니라 교사가 야구감독을 맡는 것이기 때문에 이런 주장은 앞뒤가 뒤바뀐 것을 알 수 있다. 일본에선 오히려 야구감독이 교사이기 때문에 발생하는 문제점도 있다.

공립고등학교의 경우 교원 채용 방법이나 학교 예산의 문제로 교직원이 대부분 야구감독을 맡게 된다. 이런 야구감독은 주업무가 교직원이기 때문에 야구부 활동이 부차적인 업무인데다 감독과 담임, 학년 주임, 과목 주임까지 맡는 경우가 많아 야구부에 소홀하게 될 가능성이 높다. 고시엔 출전을 노리는 팀이 아닌 90퍼센트에 가까운 고교야구부는 야구감독의 역할이 이처럼 형식적인 경우가 많은데, 이런 야구부는 실력 향상을 이루기 어려워, 야구부 수준 역시 동호인 수준에 머물 가능성이 높다. 다른 경우는 야구부 감독을 맡고 있는 교사의 편견에 의해서, 야구부 생활 태도 여부가 수업에까지 영향을 미칠 수 있다는 점이다.

실제 일본 잡지 〈현대 비즈니스〉는 야구감독을 맡고 있는 교사가 야구부 학생을 차별한 사례를 소개했다. 야구부에서 투수를 맡고 있던 학생은 계속 던지라는 감독의 말에 이제 못 던지겠다고 대답한 적이 있는데 그 이후로 노골적인 차별이 시작되었다고 한다. 수업에서 출석을 부를 때 이 학생의 이름을 아예 생략하기도 하고, 시합 때 주전에서 제외하는 것은 물론, 연습 때에도 무시하면서 투명인간 취급을 했다는 것이다.

이에 대해 학부모가 문제 제기를 하자 학교측은 교사인 야구감독을 일방적으로 편들어 문제 해결에 도움이 되지 못했다는 것이다. 고교야구는 분명 학교 울타리 안에서 이루어지지만 정식 교육 과정은 아니라는 특징을 갖고 있다. 부 활동이라는 것이 교사와 학생 사이에 이루어지는 것이지만 이와 함께 야구감독과 선수라는 또다른 관계를 맺고 있는데 서로간의 경계가 애매하다보니 여러 문제가 발생하게 되는 것이다.

선후배 관계 역시 '파와하라'에서 빼놓을 수 없다. 일본 고교야구에서 3학년은 '하느님', 2학년은 '평민', 1학년은 '노예'라는 우스갯소리가 있는데, 이는 과장된 표현이긴 하지만 현실을 어느 정도 반영한 말이라고 볼 수 있다. 특히 고시엔에 단골로 출전하는 이른바 '강호교'의 경우는 선후배 관계가 더욱 엄격하기로 유명하다.

야구 명문고는 상당수 학교가 기숙사 생활을 하는 관계로 세탁이나 식사 시중을 비롯해서 하급생이 대부분 도맡아야 한다. 또한 상급생 말에는 절대복종해야 하고, 1학년은 '예' '아니요'로만 대답해야 한다는 말까지 나올 정도이다. 최근에는 상급생이 하급생에게 음란 동영상을 촬영하게 하는 등의 SNS를 활용한 선배들의 집단괴롭힘이 발각돼 징계받는 일까지 나오고 있다.

실제 일본 고교야구에서는 엄격한 선후배 관계를 견디지 못해 중간에 그만두는 사례가 꽤 많았다. 일본고교야구연맹은 1학년 때 야구부에 들어온 학생이 3학년까지 야구부 활동을 하는 비율, '계속율'을 매년 발표하고 있는데, 2021년은 91.5퍼센트로 역대 최고를 기록했다. 1987년도 고교야구 계속율이 72퍼센트였다는 점을 감안하면 놀라운 변화이다.

'수직사회'로 상징되는 일본은 '수평사회'로의 전환을 위해 노력하고 있다. 여전히 상하관계가 존재하는데다 고교야구의 경우 감독의 '파와하라', 엄격한 선후배 관계가 존재한다. 하지만 시대의 변화에 따라 자연스럽게 일본 고교야구도 변하고 있는 것을 알 수 있다. 고교야구 계속율의 꾸준한 증가는 그 모습을 보여주고 있다.

인기 드라마의 도게자 열풍,
고교야구 충격의 도게자

×

일본에서 무릎을 꿇고 사과하는 것을 도게자土下座라고 한다. 에도 시대에는 도게자를 하고 정중하게 사과를 하면 용서해주는 풍조 가 있었지만, 상대가 용서하지 않을 경우에는 목을 내놓겠다는 의 미가 포함되어 있어, 일상생활에선 웬만하면 하지 않는 굴욕적인 상황이라고 할 수 있다. 정치인들이 사죄를 할 때, 기업이 사회적 으로 큰 잘못을 저질렀을 때 대표이사가 무릎 꿇는 장면을 떠올려 보면 될 것이다. 그런데 최근 일반인들이 도게자를 강요하는 사 건이 발생해 일본에서 논란이 된 적이 있다. 편의점에서 불쾌감 을 느낀 사십대 남성이 십대 여성 점원에게 도게자를 시켰다거나, 구입한 옷에 하자가 있다며 옷가게 점원에게 사과와 도게자를 요 구한 뒤 촬영해서 트위터에 올린 사례까지 등장한 것이다.

더욱 충격적인 장면은 학생야구의 순수성을 강조하는 고시엔 대회에서 등장했다. 경기에 패한 뒤에 고교야구 선수들 18명이 한꺼번에 도게자를 하는 동작을 한 것이다. 도게자는 일본인들에게 가장 강도 높은 사과 방법인데, 1915년 시작된 고시엔 야구대회에서 여태껏 볼 수 없었던 모습이자, 다른 스포츠에서도 상상하기 어려웠던 사죄의 모습이 21세기를 사는 아직 어린 학생 선수들에 의해 재현된 것이다.

2013년 8월, 나라현 대표로 출전한 사쿠라이고등학교는 1회전에서 진 뒤에 고시엔의 관습대로 검은 흙을 모으기 시작했다. 여기까지는 이른바 패한 팀의 매뉴얼 그대로지만 이후에 돌발 상황이 발생했다. 선수들이 모자를 질서 정연하게 앞에 둔 가운데 무릎을 꿇은 자세로 '아리가토 고자이마스'라고 외쳤다.

물론 선수들 입장에서는 학교 역사상 처음으로 고시엔 본선에 출전했고, 1회전에서 패하긴 했지만 그동안 도와주신 감독이나 학부모, 학교, 동문들에게 감사의 마음을 전하려는 의도였을 것이다. 하지만 이들이 무릎을 꿇은 모습은 SNS를 통해 급속하게 퍼져 나갔고, 이는 큰 논란으로 이어졌다.

당시 트위터의 주요 반응을 보면 "감동했다" "검도를 할 때 예의를 표시하는 동작이기 때문에 이것은 도게자가 아니다"라는 의견도 있었다. 하지만 대부분은 "뭔가 어색하다" "이것은 분명 도게자다" "할복인가?"라는 비판적인 시각이 많았다. 도게자는 사죄할 때 하는 것이기 때문에 경기에 졌다는 이유로 그것도 고교생들이

고교야구 도게자 경기 후 무릎 꿇고 있는 사쿠라이고교 선수들(출처: www.yqzn.info)

도게자를 하는 것은 일반의 상식에서 허용되지 않는 행동이기 때문이다.

이들은 왜 하필 도게자로 여겨질 만한 행동을 했을까? 다시 한

번 이 사건이 발생한 시기에 주목하면 해답을 알 수 있을 것이다. 사쿠라이고등학교의 도게자 장면은 2013년 8월 열린 고시엔 대회에서 일어났다. 그로부터 한 달 전에는 일본 드라마 역사에 한 획을 그은 작품이 시작되었다. 바로 TBS에서 방영된 드라마 〈한자와 나오키〉이다.

〈한자와 나오키〉는 "당하면 되돌려준다. 배로 갚아준다やられたらやり返す 倍返しだ"라는 유행어를 만들어내며 40퍼센트가 넘는 시청률을 기록했다. 말단 은행원인 한자와 나오키가 은행 고위층의 비리에 맞서는 내용으로 일본 사회에 큰 반향을 일으킨 작품이다. 한자와 나오키는 상사를 향해 "내가 당신의 부정을 찾아낸다면 도게자를 하십시오"라고 말한다. 상사의 방해를 딛고 비리 증거를 찾아낸 한자와 나오키는 상사에게 "도게자 하십시오"라고 요구하고 상사가 머뭇거리자 "어서 해"라고 외치며 다시 도게자를 요구하고 결국 상사는 잘못을 인정하면서 무릎을 꿇는다.

〈한자와 나오키〉 열풍과 함께 도게자 열풍이 급속하게 퍼져나갔고, 결국 2013년 사쿠라이고등학교의 집단 도게자로 이어진 것이다. 공전의 히트를 친 한자와 나오키는 주인공이 등장하지 않은 스핀오프 드라마를 거친 뒤 2020년 〈한자와 나오키 시즌 2〉가 방영되었다. 전편을 뛰어넘는 속편은 만들어지기 어렵다는 속설에도 불구하고 〈한자와 나오키 시즌 2〉는 1편 못지않은 성공을 거두었다. 공교롭게도 7년 만에 〈한자와 나오키〉가 부활한 2020년 인터넷상에서는 또다시 소년야구의 '도게자' 논란이 발생했다.

2013년 사쿠라이고등학교의 사례와는 달리 사진은 존재하지 않지만 SNS의 투고로 시작된 소년야구의 도게자 논란은 스포츠계에 큰 방향을 일으킨 사건이다. SNS의 투고 내용은 이렇다. 어느 리틀야구대회에서 경기에서 실수를 한 뒤에 팀이 패하자 선수 두 명이, 동료 투수에게 도게자를 한 채 사과하는 모습을 보았다는 내용이다.

SNS에 일러스트와 함께 이런 내용이 소개되자, 고등학생도 아닌 초등학생이 그것도 동료 선수에게 도게자를 하는 것은 부적절하다는 비판이 이어졌다. 실제 일본의 스포츠 전문잡지인 〈Sports Graphic Number〉는 스페인 축구 3부리그 감독을 역임한 사에코 유리코씨의 칼럼을 통해 초등학생 도게자 사건을 통해서 본 일본 스포츠계의 고질적인 문제점을 지적하기도 했다.

트위터에는 일본 고등학교야구에서 무릎을 꿇는 것은 연습중에도 볼 수 있는 모습이라는 의견까지 등장했다. 무릎을 꿇고 정식으로 사죄하는 것인 도게자와는 차이가 있지만 무릎 꿇는 자세인 '정좌'는 일상화되어 있다는 것이다. 연습경기에서 실수를 했을 때 감독으로부터 경기 끝날 때까지 무릎 꿇고 있으라는 지시를 들은 적이 있다는 내용이다.

대부분은 잠깐 무릎 꿇고 끝나는 편이고, 일부에선 감독이나 선배의 지시가 아니라 스스로 자책하는 의미에서 무릎 꿇는 경우도 존재하지만 '정좌' 역시 체벌의 일종인데다 '정좌' 문화가 〈한자와 나오키〉 열풍을 거치면서 '도게자' 논란으로 이어졌기 때문에, 가볍게 여길 사안은 아니라고 생각된다.

2018년 평창동계올림픽에서 스피드 스케이팅의 김보름 선수가 값진 메달을 획득한 뒤 관중들에게 절을 하며 감사의 뜻을 나타냈다. 그런데 일본 언론에서는 이런 모습을 두고 김보름 선수가 도게자를 했다고 보도한 적이 있다. 감사의 절과 사죄의 절을 자세만으로는 구분하기 어렵기 때문에 나온 실수인 듯하다. 2013년 사쿠라이고등학교의 모습은 많은 사람들이 오해한 것일 수도 있다. 2020년 초등학생의 도게자 역시 SNS에 떠도는 부풀려진 사례일 수도 있다. 하지만 많은 사람들은 소년야구의 도게자 논란 자체를 불편하게 생각한다.

영화 〈대부〉를 비롯해서 대부분의 성공한 작품은 속편을 만들고, 속편을 거쳐 3부작으로 마무리되는 경우가 많다. 〈대부〉 1, 2, 3이나 〈무간도〉 1, 2, 3처럼 같은 이름의 트릴로지가 완성되기도 하고 〈비포 선라이즈〉부터 〈비포 선셋〉을 거치며 〈비포 미드나잇〉 같은 형태로 나오기도 한다. 성공한 드라마 〈한자와 나오키〉는 아마도 2편으로 끝나지 않을 것이다. 좀더 나이를 먹고 승진한 한자와 나오키가 악역으로 변신하는 3편이 나올 수도 있을 것이다.

만일 〈한자와 나오키〉 3편이 만들어진다면 그동안의 제작 관행 등을 보았을 때 2020년에서 7년 정도 지난 2027년쯤이 될 것으로 예상된다. 〈한자와 나오키〉 3편이 만들어진다면 주연 배우인 사카이 마사토가 꼭 있어야 하는 것처럼 '도게자' 장면은 이번에도 빼놓지 않고 등장할 것이다.

그렇다면 또다시 일본 사회에서 도게자 열풍이 불게 될 가능성이 높고 학생야구에서도 다시 도게자 논란이 일어날지도 모른다. 그러나 한 해 한 해가 더욱 빠르게 변화하는 요즘 세상에, 변화가 느린 일본이라고 해도 2027년과 도게자는 어울리지 않는 듯하다. 〈한자와 나오키〉 시즌 3가 만들어진다고 해도 학생야구에서 도게자는 보지 않기를 희망한다.

외국인 감독의 셀프 커피와
학부모의 오차당번

×

2004년 이승엽이 일본 프로야구 지바롯데로 진출했을 때 보비 밸런타인 감독이 새로운 감독으로 선임되었다. 밸런타인은 1995년 지바롯데에서 1년간 감독을 했던 적이 있는데, 9년 만에 다시 일본 야구로 복귀한 것이다. 사실 그는 메이저리그 감독으로서 각종 기행을 해, 괴짜 감독 이미지가 강했다. 텍사스 감독 시절에는 무더위 속에 상대 덕아웃의 에어컨을 꺼 모두를 놀라게 했다. 괴짜 면모를 더욱 확실하게 드러낸 것은 뉴욕메츠 감독 시절 심판 판정에 항의하다 퇴장당했을 때인데, 그는 선글라스를 끼고 콧수염까지 달고 변장을 한 채 덕아웃에 등장해 또다시 퇴장당하기도 했다. 괴짜 기질이 있지만, 그럼에도 2000년 뉴욕메츠를 월드시리즈로 이끄는 등 지도자로서의 능력도 인정받은 감독이다.

이승엽이 지바롯데 소속으로 가고시마에서 전지훈련을 하는 도중, 이틀째 훈련에서는 야구장 훈련을 마치고 실내 훈련을 하는 일정이 있었다. 야구장에서 실내 훈련장까지 거리가 도보 5분 정도여서 선수단은 모두 걸어서 이동했지만, 선수단 입장 화면을 찍어야 하는 방송사 취재진들은 차량으로 이동해 선수단을 기다렸다. 건물 입구에 있던 구단 홍보팀 관계자는 선수들이 천천히 올 것이라며 커피 한 잔 마시면서 기다리라고 했다. 건물 입구에 커피 머신이 있었고, 드립 커피가 준비된 상태였다.

커피를 따라 마시면서 기다리는 도중 선수단 훈련이 시작되었다. 훈련장의 녹색 그물망 뒤에서 훈련을 지켜보고 있었는데, 어떤 사람이 옆에서 나에게 말하는 소리가 들렸다.

"코히 데스까(커피입니까)?" 목소리의 주인공은 놀랍게도 밸런타인 감독이었다. "네"라고 대답하자 밸런타인 감독은 또다시 이야기했다. "도코니 아리마스카(어디에 있습니까)?" 나는 밸런타인을 건물 입구로 안내해 커피를 따라주었다. 그는 "아리가토 고자이마스(감사합니다)"라고 말하며 커피를 가지고 훈련장 그물망 안으로 들어갔다.

밸런타인은 아마 내가 일본 기자인 줄 알았을 것이다. 굳이 이승엽을 취재하러 온 한국 기자라고 밝히는 게 큰 의미가 없어 보였다. 그런데 9년 전에 1년간 일본에서 감독을 한 것치고는 일본어가 자연스러운 편이었다. 우리나라 사람이면 그 정도 일본어를 하는 것이 어렵지 않지만 미국인이 충분히 영어를 구사해도 될 상황에서 현지어로 말한다는 것은 신선했고, 밸런타인의 새로운 면을 발견한 느낌이었다. 이런 상황을 목격한 일본 기자가 어떻게 된 일이냐고 물었다. 그냥 커피 어디 있는지 알려달라고 해서 한 잔 따라준 것이라고 대답했더니 "소년야구에서는 오차당번이 챙겼을 텐데"라는 말을 했다. '오차당번'이라는 말을 처음 들은 순간이었다.

'오차당번'은 리틀야구와 보이스리그 같은 소년야구와 고교야구에도 존재하는 것으로 부모들이 순서를 정해서 감독을 비롯한 선수단의 먹거리와 마실 거리를 준비하는 것을 말한다. 단순히 마실 '차'만을 준비하는 것이 아니라 때로는 이동하는 수단인 '차'까지 담당하는 경우도 있다. 선수단 전체가 버스 한 대로 이동하기 어려운 경우에 따로 자동차를 준비해야 하기 때문이다. 예전 학교에서 주번이 청소를 담당한 것처럼 '오차당번'은 부모들이 선수단을 지원하는 각종 잡무를 도와주는 것이다.

일본 프로야구 요코하마에서 활약한 뒤 메이저리그에 진출한 강타자 츠츠고는 일본에서 가진 외신 기자들과의 간담회에서 일본 고교야구의 문제점을 지적하며 '오차당번'의 사례를 들었다. 야구를 하기 위해서는 부모들의 부담이 큰 편인데, 경제적인 부담도 문제지만 오차당번처럼 하기 싫은 일을 억지로 해야 하는 것도 문제라고 이야기했다. 츠츠고의 인터뷰 이후 일본에서는 오차당번에 대한 논란이 일어났다. 고교야구에서 오차당번의 존재를 잘 몰랐던 사람들은 대부분 부정적인 견해를 나타냈다. 21세기에 어울리지 않는 문화라는 비판이다.

사실 오차당번은 야구뿐 아니라 일반 회사에도 대부분 있는 편이라고 한다. 대부분 당번을 정해서 일주일에 한 번 정도 점심시간에 뜨거운 물을 끓이고 머그컵을 씻고 커피를 내리는 행동인데, 전화 받고 우편물 나눠주는 일까지 포함한 회사에서 하는 잡무 전체를 말하기도 한다. 그런데 오차당번은 대부분 여성이 맡는 경향이 심한 편이다. 일본에는 OL오피스레이디이라는 단어가 있는데 젊은 여성들이 담당하는 업무에 오차당번이 포함되어 있는 셈이다.

그런데 이런 회사에서의 오차당번 문화와는 달리 야구에서의 오차당번은 긍정적인 면도 존재한다는 의견도 있다. 오차당번은 단순히 야구단의 잡무를 지원하는 것이 아니라 학생들을 지키는 역할도 담당한다는 의견이다. 훈련 도중이나 경기 도중 사고가 발생할 경우를 비롯해서 감독이나 코치 이외의 학부모가 있는 것이 더 효과적이라는 것이다. 또한 학부모가 지켜보는 상황이면 감독이나 코치가 '파와하라'를 하기는 상대적으로 어렵기 때문에, 감독 코치를 견제하는 측면도 있다는 것이다.

야구계의 '오차당번' 문화를 학교의 PTA 문화와 비교하기도 한다. PTA는 Parent부모-Teacher교사 Association협의회이라는 뜻으로 2차세계대전 이후 미군정의 명령으로 만들어졌다. 미군정의 명령으로 만들어진 만큼 PTA는 미국에서 학교 단위의 협의회를 말하는데, 일본에서는 학교 단위뿐 아니라 전국 단위의 협의회까지 존재하고 미국보다 일본에서 더욱 활성화되고 있는 조직이다.

PTA의 주요 활동은 학생들의 학업 지원이나 생활 지원이다. 운동회나 소풍 같은 교내 행사를 도우면서 학교 청소나 등하교 도우미 역할을 담당하기도 한다. 대부분 가입 신청이 아니라 자동 가입되는데 연간 3,000엔에서 5,000엔의 회비를 내야 한다. PTA 역시 상당수 학부모들이 부담을 갖는 편이다. 특히 PTA 임원의 경우는 각종 회의 등에 참가해야 하는 관계로 많이 학부모들이 꺼리는 자리로 유명하다. 대부분의 학부모들이 PTA 참여에는 부담을 느끼지만 PTA라는 조직에 대해서는 긍정적이다. 부모와 교사의 협의를 통해 학교 행사를 뒷받침하는 취지가 좋기 때문이다. 물론 PTA에 주도적으로 참여하는 학부모들의 입김이 세지는 것은 PTA의 부정적인 측면이다.

PTA와 오차당번은 비슷하면서도 다르다. 부모와 교사의 협의회인 PTA가 형식적으로는 대등한 관계처럼 보이는 반면, 오차당번은 감독과 학부모의 관계라는 점은 비슷하나 감독은 하지 않고 오로지 학부모들만이 담당한다. 오차당번에서 감독과 부모의 관계는 '수직사회'의 모습으로 나타날 수밖에 없다. 또한 PTA는 행사 횟수가 그렇게 많지 않은 편이지만, 오차당번은 빠르면 2~3주에 한 번 담당해야 한다. 더 큰 문제는 오차당번이 아닌 날이라도 학생 선수들을 위해서 연습이나 시합중에 자리를 지킬 수밖에 없어 빼앗기는 시간이 훨씬 많다는 점이다.

미국 역시 프로 선수를 지향하는 레벨에서는 학부모들이 연습이니 시합 때 자리를 지키는 것은 마찬가지이다. 실제 대부분의 메이저리그 선수들은 주말 동안 하루에 4게임 이상 시합하는 '트래블팀'에서 나온다. '트래블팀'의 부모들은 엄청난 이동거리와 때로는 숙박까지 담당해야 할 정도로 힘들다. 하지만 밸런타인 감독이 스스로 커피를 타는 것을 당연하게 느끼는 것처럼 서양은 '수평사회'에 가깝기 때문에 똑같은 소년야구나 PTA라고 하더라도 '수직사회'의 형태인 일본이나 우리나라와는 사정이 다르다.

물론 서양의 '수평사회'가 이상향이고 동양의 '수직사회'는 불합리한 것은 아니다. 각기 장단점이 존재하지만 서로간의 관계에 있어서는 '수직사회'가 좀더 권위적이라는 의미이다. 일본은 츠츠고의 기자회견을 계기로 '오차당번' 같은 '수직사회'의 구조적인 문제점을 없애려는 움직임을 보이고 있다. 우리나라 역시 아직 미흡하지만, 과거처럼 고교야구 감독이 왕처럼 군림하던 시절은 지나갔다. 시대의 변화, 사회의 흐름에 맞춰 감독과 학부모의 관계도 분명 변해야 한다. 어쩌면 학생야구의 영원한 숙제일 것이다.

축제 무대 고시엔은 남성 전용,
여전히 높은 금녀의 벽

×

이와사키 나쓰미가 쓴 『만약 고교야구 여자 매니저가 피터 드러커를 읽는다면』이라는 책이 일본은 물론 국내에서도 베스트셀러가 된 적이 있다. 여자 매니저는 일본 청춘만화의 주요 소재로서 남자 주인공과 사랑에 빠지는 전형적인 모습으로 등장하곤 했는데, 고교야구와 경영학의 접목이라는 이색적인 소재를 바탕으로 여자 매니저의 세계를 다룬 것이 이 책의 성공 요인이라고 할 수 있다.

그런데 '만약 고교야구 여자 매니저가 그라운드에 오른다면?' 어떻게 될까? 실제 그런 일이 일어났는데 현실에선 퇴장이었다. 명목상으로는 등번호를 달지 않은 사람의 그라운드 출입이 금지되었기 때문이라고 하지만, 사실상 남자가 아닌 여자 매니저이기 때문에 제지당했다는 것을 모두가 알고 있다. 2016년 실제로 이런 사건이 벌어진 뒤 일본에서 많은 논란이 있었고, 지금은 규칙이 바뀌어 여자 매니저도 연습 보조원으로 나설 수 있게 되었다.

이처럼 약간의 진전이 있었지만 고교야구 여자 매니저는 여전히 열악한 상황이다. 사실 남자 야구부에서 여자 매니저가 존재하는 것 자체가 여전히 이해되지 않는 부분이 있다. 남자 야구부의 남자 매니저는 존재하지만, 여자 야구부를 담당하는 남자 매니저는 없기 때문이다. 일본에만 존재하는 제도이기도 하다.

고교야구 매니저는 야구 이외의 모든 것을 담당한다고 보면 된다. 연습이 시작되기 전 경기장 청소부터 감독이나 코치의 음료 준비, 선수단의 주먹밥 준비에다 경기중에는 스코어보드나 볼카운트를 일일이 바꾸는 것도 매니저의 몫이다. 경기 기록을 꼼꼼히 챙겨야 하고, 연습경기에서는 선수 소개 아나운서 역할도 맡고 있다.

연습경기 이후에는 심판에게 사례금을 지불하는 것도 매니저의 역할인데, 사실 연습경기 구장을 섭외하는 것도 매니저가 담당한다. 일부 여자 매니저는 야수들의 수비 연습을 담당해 직접 배트를 들고 평고를 치기도 한다. 야구선수들처럼 매니저 역시 부 활동으로 야구부를 선택한 것이지만, 매니저는 영원한 조연, 아니 엑스트라 역할에 머물 수밖에 없다.

평고를 치는 여자 매니저는 대부분 중학교까지 야구를 했을 가능성이 높다. 리틀야구를 경험했던 여자 선수들의 진로는 크게 두 가지이다. 여자 야구부가 있는 고등학교에 진학해서 여자고교야구선수권에 출전하는 것을 목표로 삼거나 아니면 남자 야구부 매니저로 들어가 좋아하는 야구에 계속 몸담게 되는 것이다. 일본에서는 여자 선수가 고시엔에 출전할 수 없기 때문이다. 전국고등학교야구선수권대회, 고시엔 대회는 남학생들만의 축제이다.

우리나라 역시 여학생이 야구를 한다는 것은 안락한 보금자리를 박차고 나와 스스로 정글에 뛰어드는 것과 비교될 정도로 험난한 길이다. 하지만 이론적으로는 여학생도 고교야구에 출전할 수 있으며 실제로 안향미 선수가 대통령배 고교야구대회에 출전한 적이 있다.

기자 3년차 시절인 1999년 봄, 대통령배 고교야구 4강전 취재를 위해서 동대문야구장 기자실을 찾았는데, 안향미가 덕수고의 선발로 등판할 것이라는 정보가 돌았다. 잠시 후 전광판에 선발 투수의 이름이 새겨졌는데, 바로 안향미. 한국 야구 최초로 여자 선수가 정식 고교야구 경기에 출전하는 순간이었다.

안향미의 초구는 시속 102킬로미터의 스트라이크였다. 2구는 볼, 3구째는 상대 타자 몸에 맞는 공이었다. 다음 타자가 등장하자 안향미는 교체되었다. 당시 현장에 있었던 필자는 "안향미는 한 타자를 상대함으로써 대학 진학을 위한 최소한의 자격을 얻게 되었습니다"라는 멘트를 했다. 실제로 안향미가 등판한 이유는 대학 진학 자격 때문이었다. 대통령배의 흥분이 가라앉은 2학기에 덕수고를 찾아 안향미의 대학 진학 관련 내용을 취재했다. 그를 원하는 곳은 아무데도 없었다.

사실 안향미는 고등학교 진학을 할 때도 어려움이 많았다. 안향미는 어린 시절부터 여자 야구선수로 이름을 알렸는데, 당시는 고등학교 야구부 중 남녀공학은 덕수고 한 곳밖에 없었던 시절이었다. 남학교에 여학생이 진학하는 것은 불가능하기 때문에 안향미는 덕수고의 선택만을 기다려야 했다. 우여곡절 끝에 고등학교 진학에 성공했고, 대회 출전까지 했지만, 남자들과 경쟁한 것은 그것이 마지막이었다.

야구의 천국인 일본은 여자야구도 세계 최강이며, 야구와 비슷한 종목인 소프트볼 역시 올림픽 금메달을 딸 정도로 뛰어난 실력을 자랑한다. 중학교 시절까지는 리틀야구나 보이스리그에서 남녀가 같은 팀에서 뛰지만 여자 선수들이 남자와 뛰는 것은 중학교가 마지막이다. 객관적으로 안향미보다 훨씬 뛰어난 실력을 가졌더라도 마찬가지이다.

2004년생인 시마노 아유리는 중학교 시절부터 천재소녀라는 평판을 받았다. 최고구속 123킬로미터를 던지며 팀의 에이스로 활약했다. 실제 2018년 전일본중학교야구선수권대회인 요미우리컵에서 남자들을 제치고 에이스로 뛰면서 이른바 헹가래 투수로 팀 우승을 이끌었다. 시마노는 여자야구 강국인 일본에서도 역대 최고선수라는 평가를 받았다. 하지만 안향미처럼 남자고등학교 대회인 고시엔에는 출전할 수 없었다.

물론 일본에는 여자고교야구대회도 있다. 남자 고시엔을 주최하는 일본고교야구연맹이 아니라 여자고교야구연맹이 개최하는 대회로 2021년 여름 40개 학교가 출전한 가운데 제25회 대회를 진행했다. 남자 고시엔이 일본 야구의 성지라고 불리는 효고현 니시노미야의 고시엔 야구장에서 열리는 것에 비해서, 여자 대회는 대부분의 야구팬들도 잘 모르는 곳에서 그들만의 리그로 조용히 펼쳐지곤 한다.

그렇지만 2021년 여자고교야구대회는 여자 대회 역사에 한 획을 그은 의미 있는 대회였다. 여자야구 결승전이 사상 처음으로 일본 야구의 성지, 고시엔야구장에서 펼쳐졌기 때문이다. 남자 고시엔 대회의 중간에 하루 일정이 비는 날을 이용해서 단 한 경기를 치르긴 했지만 여자 선수들에겐 고시엔 무대를 밟았다는 사실에 벅차오른 순간이었다. 2021년 대회 우승은 2018년 도쿄돔에서 열린 요미우리컵에서 헹가래 투수였던 시마노가 이번에도 고시엔야구장에서 헹가래 투수가 되며 여자야구 최고선수임을 입증했다.

우리나라에서는 안향미의 뒤를 이어 김라경이 여자 선수로서 새 역사를 쓰고 있다. 김라경은 리틀야구 시절 여자 선수 최초로 장충구장에서 홈런을 날리며 주목받았다. 당시 한영관 리틀야구연맹 회장으로부터 김라경이라는 뛰어난 선수의 존재를 듣고 KBS카메라가 김라경을 주목했는데, 마침 홈런까지 터트린 것이다. 김라경은 서울대에 진학해서 남자 선수들과 야구를 하고 있다. 야구 명문 고려대학교와의 경기에도 등판했다. 고등학교 최초의 여자 선수가 안향미라면 대학야구 최고의 여자 선수로는 김라경이 이름을 올린 것이다.

김라경은 대학 졸업 이후 일본 여자야구 진출을 꿈꾸고 있다.

야구소녀 시마노 중3 때 구속 119킬로미터를 던진 천재 야구소녀 시마노(출처: 일본 TV 화면 캡처)

일본 여자야구는 남자 프로야구와는 비교할 수 없을 정도로 열악한 환경이다. 연봉부터 숙소나 연습 환경 모두 프로라기보다는 동호인에 가까운 수준이다. 그럼에도 선수들의 만족감은 굉장히 높다고 한다. 그들이 좋아하는 야구를 계속할 수 있기 때문이다.

몇 년 뒤 김라경과 시마노는 일본 여자야구 무대에서 만나게 될 가능성이 높다. 시마노는 김라경이 대학 시절 남자 선수들과 대결한 경험을 부러워할지도 모른다. 시마노가 아무리 뛰어난 선수라고 하더라도 일본에선 고등학교 이후에 남녀 대결이 불가능하기 때문이다. 참고로 우리나라와 미국은 이론적으로는 남녀 대결이 가능하다.

『만약 고교야구 여자 매니저가 피터 드러커를 읽는다면』에선 여자 매니저의 주도로 팀이 변화하면서 강팀으로 거듭나게 된다.

메이저리그 마이애미말린스에는 유리천장을 깨고 사상 첫 메이저리그 여성 단장이 된 킴 응 단장이 있다. 스포츠에서 남녀의 구분이 서서히 사라지고 있음을 보여주는 예다.

그런데 일본 사회는 남녀가 쓰는 언어에도 차이가 있고, 목욕 순서도 아버지와 아들이 목욕을 마친 뒤에야 여성 차례가 올 정도로 남녀차별이 여전히 존재하는 곳이다. 임금차별 역시 피할 수 없다. 일본 특유의 순종적인 여성상을 강조하는 문화는 여전하다. 2021년 일본의 남녀차별을 다룬 도발적인 광고가 논란과 화제를 낳으며 방영된 적이 있다.

일본 나이키 광고인 〈New Girl-Play New〉에선 곧 태어날 아이가 여자라는 사실에 아쉬워하는 친척들의 반응을 보여준다. 출산 축하 케이크에는 일본의 남녀 임금 격차가 43퍼센트라는 사실이 나오다가 금녀의 스포츠인 여자 스모선수가 등장하고, 일본 여자 야구선수인 시마노 아유리를 비롯해 다양한 여성 스포츠 선수가 성차별에 도전하는 모습을 보여준다. 마지막에 넌 뭐가 되고 싶은지 물어보고 'Play New'라는 제목이 화면을 장식한다.

일본 고교야구는 사실 남녀가 겨루기에 좋은 조건을 갖추고 있다. 대다수의 학교가 동아리 수준이어서 시마노처럼 엘리트 야구를 경험한 여자 선수들이 활약할 만하다. 일본 야구소년들의 축제 고시엔에서 금녀의 벽이 허물어질 수 있을 것인가? 야구소년들이 그 벽을 넘어 함께 어울릴 날을 기대해본다.

자원봉사 심판 고시엔의 자랑이자 숙제

×

야구는 한 이닝에 3아웃을 잡으면 공수가 바뀌는 스포츠인데, 3아웃이 아닌 4아웃을 잡은 이후에야 공수교대가 되는, 기상천외한 상황이 실제로 일어난 적이 있다. 1982년 봄 고시엔 대회 마스다고등학교와 오비히로농고의 경기에선 도저히 이해하기 힘든 역사적인 오심이 발생했다.

9회초 마스다고의 공격에서 이미 세 명이 아웃되었지만 마치 2아웃인 것처럼 경기가 그냥 이어졌고, 마스다고 타자는 자연스럽게 타석에 들어왔다. 본부석 뒤에서 이를 지켜보던 공식 기록원이 이미 3아웃이 되었다는 것을 깨달았을 때 이미 투수는 공을 던진 뒤였고, 타자는 3루 땅볼로 아웃되었다. 공수교대를 위해 마운드에서 내려오던 투수는 손가락 네 개를 표시하면서 4아웃까지 진행되었음을 표시했다.

전대미문의 4아웃 사건은 고시엔 심판과 판정 제도의 총체적인 문제점을 드러내는 사례이다. 경기가 끝난 뒤에 심판은 아웃카운트를 표시하는 전광판에 불이 하나 들어오지 않아 착각했다고 밝혔지만, 주심뿐 아니라 네 명의 심판 모두 착각을 한데다, 잘못된 것을 알고 있던 오비히로농고의 투수 역시 심판에게 이미 3아웃이라는 것을 항의하지 않았기 때문에 일어난 일이다.

일본 고교야구에서 감독은 그라운드에 나설 수 없을 뿐 아니라 심판에게 항의할 수 없다. 판정에 대한 문제 제기는 주장이나 전령을 통해서 가능하기는 하지만, 나이 어린 학생이 나이 많은 심판과 정상적인 대화가 이어지기 힘들다. 학생은 심판에게 공손하게 존댓말을 사용해 그저 문의할 수밖에 없고, 심판은 학생에게 명령조로 대답한다. 학생야구라는 이름으로 심판에 대한 절대복종을 강요하기 때문에 '제4아웃'이라는 오심이 발생한 것이다.

세상에 완벽한 심판은 없으며 인간이기에 누구나 실수할 수 있다. 그런데 실수가 아닌 자질부족 때문에 나오는 오심이라면 문제는 더욱 심각하다. 심판의 오심 때문에 감독이나 선수의 운명이 바뀔 수도 있기 때문이다. 고시엔이라는 목표를 향해 오랫동안 땀과 눈물을 흘리며 보낸 시간들이 한순간의 오심으로 무너질 수 있다는 것은 너무나 잔혹한 결과이다. 그런데 고시엔의 심판 구조를 보면 오심이 자주 발생할 수밖에 없는 구조로 되어 있다.

고시엔 심판은 프로 심판처럼 연봉을 받으면서 생업으로 뛰는 것이 아니라 전원 자원봉사로 운영된다. 자원봉사인 만큼 일당 3,000엔 정도의 기본 수당만 받는다. 고시엔 본선으로 파견되는 다른 지역 심판의 경우 숙박을 제공받는 것 정도로, 대부분의 심판은 본업을 하면서 부업으로 심판을 하고 있다.

심판이 자원봉사로 운영되는 것 자체는 큰 문제가 없다. 오히려 대회 경비를 줄일 수 있는데다 야구에 대한 은혜를 갚는다는 의미로 별다른 대가 없이도 묵묵히 심판 역할을 수행하는 심판들에게 존경심까지 느껴질 정도이다. 문제는 고교야구의 심판 제도가 자격 제도가 아닌 등록제여서 심판의 자질이 떨어진다는 점이다.

고시엔 심판은 출신 고등학교 야구부장의 추천만 있으면 누구나 할 수 있다. 고등학교 시절 야구부 활동을 했던 사람이 대부분이지만 취미 활동으로 야구를 했던 사람들이 많기 때문에 야구부 경험이 없는 사람에 비해 특별히 많은 경험을 쌓았다고 보기 어렵다. 실제로 야구를 해본 사람과 안 해본 사람의 차이는 크다. 특히 1루에서 아웃이나 세이프 판정을 할 때 야구선수 출신 심판은 경험적으로 뛰어난 능력을 발휘한다.

국내 프로야구 심판들 역시 오심으로 인해 야구팬들로부터 많은 비판을 받고 있지만 사실 국내 프로야구 심판들의 능력은 미국이나 일본에 뒤지지 않는다. 한국 프로야구 심판들은 전원 야구선수 출신이다. 미국이나 일본은 야구선수 출신이 아닌 경우도 꽤 되는데 그 유명한 갈라라가의 퍼펙트게임이 날아간 오심을 비롯해서 상상하기 어려운 오심이 꽤 많이 나온다. 한국 야구의 경우는 심판 자질은 뛰어나지만, 100퍼센트 선수 출신이기 때문에 발생하는 폐쇄성이 더 큰 문제로 떠오른 경우라고 할 수 있다.

일단 심판으로 등록한 뒤 지역 고교야구연맹이 주최하는 강습회에 참가하면 연습시합에서 심판으로 나설 수 있게 된다. 이런 연습시합에서 1년 정도 심판으로 활약하게 되면 지역 대회 경기에 투입되어 정식으로 심판 활동을 할 수 있다. 봄-여름 고시엔 본선에는 대부분 경험 많은 심판들 위주로 심판진을 구성한다.

나름 뛰어난 심판들을 고시엔 본선 무대에 배치한다고 하지만, 고시엔 대회에서는 매번 심판 판정 논란이 이어지고 있다. 1982년 '제4아웃' 사건 못지않은 역사적인 오심이 꽤 많이 발생했다. 1984년 봄 고시엔 대회 사가상고와 다카시마고의 경기에서는 2루타가 만루홈런으로 둔갑하는 일이 벌어지기도 했다.

당시 럭키존이라고 해서 펜스 앞에 담장을 하나 더 설치했는데, 분명 원바운드로 담장을 넘어갔음에도 그냥 홈런으로 판정하는 일이 발생했다. 고교야구연맹은 곧바로 오심을 인정했지만 경기에 영향을 미친 것은 되돌릴 수 없었다. 후속 조치는 심판이 홈런 타구를 식별하기 편하게 담장 근처에 있던 역대 우승교의 보드를 치운 것이 전부였다.

사실 이런 명백한 오심뿐 아니라 스트라이크 볼 판정처럼 오심 판정을 받을 수 없는 것에 대한 문제도 심각하다. 심판의 스트라이크 판정이 일관되지 않으면 투수가 흔들릴 가능성이 높다. 특히 한쪽 편에 유리한 판정이 나온다면 문제는 심각하다. 의도적인 오심이 아니라 그저 자질 부족으로 인한 오심일지라도 피해를 보는 쪽의 입장은 불공평하다고 느낄 수밖에 없을 것이다.

더 큰 문제는 명백한 오심임에도 제대로 된 항의조차 할 수 없다는 점이다. 학생야구의 순수성을 강조하기 위해서 심판에 대한 항의를 금지시켰기 때문인데, 사실 이런 조치 때문에 심판에 대한 불신이 더욱 커지면서 교육의 일환으로 야구를 한다는 일본고교야구연맹의 취지가 흐릿해질뿐더러 결과적으로 심판 판정에 복종하면 오히려 불이익을 받게 된다는 비교육적인 효과까지 발생하게 되는 것이다.

이런 상황에서 심판의 고령화 문제까지 나타나고 있다. 심판에 대한 비판이 많아지면서 고교야구 심판을 하려는 지원자들의 숫자가 줄어들고 있다. 심판의 특성상 시력과 판단력이 중요한데 대부분 나이가 든 심판들 위주로 구성되다보니 오심이 더욱 늘어날 수밖에 없다. 일본 전체가 고령화 현상으로 인해 어려움을 겪고 있는 가운데, 심판의 고령화 현상을 어떻게 해결할 것인지도 21세기 고시엔의 과제로 떠오르고 있다.

사실 이런 문제를 해결할 방법은 간단하다. 심판도 분명 실수할 수 있는 만큼 비디오판독 제도를 도입하면 결정적인 오심을 줄일 수 있다. 그런데 일본고교야구연맹은 비디오판독을 할 경우 경기시간이 늘어나고, 비용까지 발생하기 때문에 곤란하다는 입장을 나타내고 있다. 시간 단축이 공정한 승부보다 중요하다는 입장은 이해하기 어렵다. 비디오판독은 한국 고교야구처럼 중계방송 화면을 이용하는 정도만 해도 오심을 꽤 줄일 수 있을 것이다. 문제는 실행 의지가 있느냐의 여부일 것이다.

2018년 추계 간토대회 1회전, 조소학원常総学院과 토인학원桐蔭学園의 경기에서 또다시 '제4아웃' 상황이 발생했다. 조소학원의 8회 초 1사 1루 공격 상황에서 1루 주자는 도루를 시도했고, 타자는 헛스윙으로 아웃되면서 포수를 가로막으며 수비 방해를 했다. 규칙대로라면 타자가 삼진당하면서 2아웃이 된 상태에서 수비 방해를 적용받아 3아웃으로 이닝이 종료된다. 그런데 심판은 도루를 시도하던 주자를 1루에 되돌리는 것에 그쳐 2사 1루 상황에서 경기를 재개했다. 다음 타자가 땅볼로 물러난 뒤에야 공수교대가 이루어져 이번에도 '1이닝 4아웃'이 발생하게 된 것이다.

다만 1982년의 '1이닝 4아웃' 사건과 하나 다른 점이 있다. 잘못을 알게 된 심판이 곧바로 마이크를 잡고 말했다. "타자가 삼진되면서 2아웃, 수비 방해로 판정되는 순간 3아웃이 되기 때문에 다음 이닝은 그다음 타자부터 시작됩니다."

야구에서 규칙 적용의 맹점으로 인한 '1이닝 4아웃'은 가끔 발생한다. 그런데 심판의 잘못으로 '1이닝 4아웃'이 발생하는 것은 일본 고교야구에서만 두 차례 발생했다. 1982년과 2018년에는 나온 '1이닝 4아웃' 사건은 36년이라는 긴 시간 차이에도 불구하고 일본 고교야구의 심판 자질이 크게 달라지지 않았다는 것을 보여준다. 비디오판독 같은 제도 보완을 하지 않는다면 심판의 고령화 추세와 함께 고시엔의 오심 논란은 더욱 심각해질 가능성이 높다.

한국은 고교'야구',
일본은 '고교'야구

한국 고교야구는 야구선수가 고등학교에 다니면서 하는 것이라면, 일본 고교야구는 고등학생이 야구를 하는 것이라고 한마디로 표현할 수 있다. 이런 관점은 야구 문화의 차이로 이어진다. 그렇다고 한국 고교야구는 잘못되었고, 일본은 옳은 것이라고 말할 수는 없다. 한국의 고등학교와 일본 고등학교의 발전 과정이 다른 것처럼, 서로 다른 길을 가게 된 것이기 때문이다. 물론 일본에게 배워야 할 부분이 많다. 그러기 위해서는 일본 고교야구의 현실을 편견 없이 정확하게 아는 것이 가장 중요하다.

일본 고교야구 감독, 교사라는 이름의 신화

×

고교야구와 프로야구를 거치며 선수로서 최고의 자리에 오른 뒤, 현역 은퇴 후 지도자의 길을 선택해 코치 연수, 코치 역임 그리고 프로야구 감독으로…… 이것이 한때 한국 프로야구 최고 엘리트의 정통 코스로 여겨진 적이 있다. 한국 야구에서 2012년, 염경엽 감독이 넥센히어로즈 감독에 오르기 전까지 프로야구 감독이란 자리는 오로지 최상급 실력을 보여준 선수들이 은퇴 후에 차지하는 전리품과도 같았다. 물론 그때도 최고선수는 최고지도자가 되기 어렵다는 말이 존재했지만, NC 이동욱 감독이나 삼성 허삼영 감독 같은 이른바 최고선수가 아니었던 사람들에게 프로야구 감독 자리는 쉽게 넘보기 힘든, 함부로 이름을 올려서는 안 되는 성역과도 같았다.

스타 선수 출신의 카리스마형 감독에서, 연구하고 뒷받침하는 노력형 감독 쪽으로 프로야구 감독의 선임 방향이 바뀌고 있는 가운데, 일부 프로야구 스타 출신 야구인들은 프로야구뿐 아니라 고교야구에 대한 다양한 견해를 쏟아내고 있다. 그중 대표적인 것은 고교야구 감독에 대한 제도 개혁이다. 고교야구 감독의 급여를 사실상 학부모들이 내는 상황에서, 고교야구 감독의 각종 비리가 쏟아지는 가운데 한국 야구의 미래를 위해 일본처럼 야구감독을 교사로 채용하자는 주장이다.

반면 엘리트 스포츠보다 생활체육이 더 중요하다고 주장하는 쪽에서는 일본 고교야구의 순수성을 강조하면서, 일본은 교원자격증을 가져야만 야구감독을 할 수 있는데, 한국의 엘리트 야구인들은 그동안 고교야구 감독 자리까지 독식해왔다며, 교원자격증도 없이 야구감독 자리를 지배해온 엘리트 야구인들을 비판하며 제도 개혁을 주장한다. 양 진영의 대립하는 주장 가운데 딱 하나 일치하는 부분이 있다. 일본 고교야구 감독은 교사라는 것이다. 과연 사실일까?

일본 고교야구를 주최하는 일본고등학교야구연맹의 대회 참가 자격 규정을 보면 '참가팀의 책임교사는 그 학교에 재직하고 있는 교장이나 교감, 또는 교사로서 교장이 적임자로 위촉한 경우로 한정한다. 또한 감독은 교장이 적임자로 위촉한 경우에 한정한다'라고 명시되어 있다. 책임교사는 반드시 교사라야 가능하지만, 감독의 경우는 교장이 위촉하면 될 뿐, 다른 조건은 존재하지 않는다. 즉 고교야구대회에 출전하는 학교의 야구부장이나 책임교사는 교사만 가능하지만, 감독의 경우는 자격에 아무런 제한이 없다는 말이다.

극단적인 경우이지만 학생 신분인 학생 감독도 가능하다. 실제로 고등전문학교의 경우는 은퇴한 4학년생이 감독을 맡기도 한다. 뒤늦게 야간 고등학교를 다니면서 야구감독을 하는 드문 경우도 있다. 해당 고교를 졸업한 현역 대학생이 고교야구 감독을 하는 경우는 생각보다 많은 편이다. 그런데 왜 일본 고교야구 감독은 모두 교사라는 오해가 퍼지게 된 것일까?

4,000개에 가까운 일본 고교야구팀 가운데 90퍼센트 정도의 감독이 고등학교 교사인 것으로 알려져 있다. 정확히 말하면 교사가 고교야구 감독을 하는 것에 가깝다. 이렇게 보면 '일본 고교야구 감독은 교사다'라는 명제가 틀리지 않다고 볼 수 있지만, 문제는 나머지 10퍼센트의 학교가 고시엔 본선에 출전하고, 고시엔 우승 경쟁하는 사실상 고시엔 무대를 이끄는 학교라는 점이다. 4,000개에 가까운 일본 고등학교 야구부는 동네야구 수준 학교들과 일부 엘리트 집단이 공존하고 있다는 점에서 거의 모든 학교가 엘리트 선수만으로 구성된 한국 고교와는 많이 다르다.

일본 고등학교는 공립교와 사립교로 나뉘는데, 공립교의 경우는 예산이 정해져 있는데다 교사와 학생의 비율 역시 규정에 따라야 해서 부 활동에 많은 시간과 인력을 투입하기 어려운 관계로 교사가 야구부 감독을 맡고 있는 것이다. 공립교에서 전문 야구감독을 채용하기는 쉽지 않다.

반면 사립교는 공립교에 비해 예산 편성이 자유로운 편이기 때문에 부 활동에 집중할 수 있는 환경을 갖출 수 있다. 특히 야구부의 경우는 봄-여름 고시엔 대회가 TV로 생중계되면서, 야구 성적에 따라 지원자의 규모가 달라지기 때문에 오로지 야구만을 위해서 전문 야구감독과 코치까지 고용할 수 있다.

일본 고등학교 교사의 평균 연봉은 700만 엔 정도인데, 전문 야구감독 같은 경우는 평균 1,000만 엔 정도로 알려져 있다. 실제 구마모토 지역의 야구 명문학교 감독이 사임하자 일본 전역에서 영입 제안이 왔는데 3,000만 엔의 연봉을 제시한 학교도 있었다고 할 정도이다. 사립교 감독은 차량 제공을 받는 경우도 있고, 고시엔 출전이나 고시엔 우승을 하면 특별 보너스를 받는 것으로 알려져 있는데, 아마추어야구이기 때문에 주위에 공표하지는 않는다. 언론에서도 이를 알려고 하지 않고, 알아도 보도하지 않는다.

그런데 공립교에서도 전문 야구감독을 고용하는 경우가 있는데, 야구를 아주 잘하거나 공부를 아주 잘하는 경우에 해당한다. 야구 명문 공립교의 경우는 현에서 '임시강사'라는 명목으로 예산을 꾸려서 고교야구 감독을 채용할 수 있다. 또한 상업고교나 공업고교 같은 직업계 학교는 '실습강사'라는 편법을 활용해 전문 감독을 초빙하는 방법을 사용한다. '실습강사'는 현의 허가 없이 학교에서 자체 채용이 가능하기 때문이다. 채용 목적은 실습을 도와주는 역할이지만 교장이 야구부 활동에만 전념해달라고 언질을 주는 경우가 대부분이라고 한다. 직업계 공립학교가 뛰어난 감독을 고용할 수 있었던 건 이런 편법이 가능하기 때문이었다.

반대로 야구가 아닌 학업을 중시하는 이른바 공립 '진학교'는 다른 이유로 전문 야구감독을 초빙하곤 한다. 대학 입학을 중시하는 공립교의 경우에 교사가 진학 지도를 하면서 야구감독까지 하는 것은 사실상 어렵기 때문에, 유명대학을 지망하는 학생이 많은 학교일수록 공립이라도 다양한 명목으로 내부 교사가 아닌 외부의 전문 감독을 영입하는 것이다.

사립교 가운데서도 고시엔 본선에 자주 출전하는 이른바 야구 명문고는 교사가 아닌 외부 감독을 주로 고용한다. 특이한 건 200여 개 고등학교로 추정되는 사립 야구 명문고는 상당수의 학교가 교원자격증이 없는 외부 감독을 고용하지만, 고시엔 우승까지 바라보는 20여 개의 초명문고 같은 경우는 오히려 교원자격증을 가진 모교 출신 OB들이 주로 감독을 맡는다는 것이다. 모교 야구를 경험한 인재의 풀이 다양한 덕분이다.

교사뿐 아니라 사무직원을 활용하기도 한다. 사무직원은 교원자격증이 없어도 가능하기 때문에 사무직원 역할로 고용해 감독직을 수행하는 경우가 많은데, 일부 학교는 감독이나 코치가 평소 학교의 전속 버스 운전사로서 학생들의 외부 체육 수업이나 행사 때 운전을 담당하는 역할을 하면서 방과 후 야구감독이나 코치 역할을 하기도 한다. 원래 직업이 약사인 감독부터 드물게는 이발소 경영, 스포츠용품점을 경영하는 사람이 감독을 맡는 경우도 있다. 직업은 다양하지만 공통점은 대부분 고등학교나 대학에서 야구를 했던 야구 경험자라는 것이다.

또한 고시엔에서는 일흔 살을 훌쩍 넘은 노 감독들의 모습을 종
종 볼 수 있다. 그들 중엔 여러 학교를 거치면서 고교야구 명감독
으로 이름을 떨친 전문 감독도 있고, 교사 출신으로 오랜 기간 야
구부를 이끌다가 교사로서 정년퇴임 이후에도 교사가 아닌 전문
야구감독으로 변신해 감독을 계속하는 사람도 있다. 이들 노감독
들의 공통점은 전문 감독 출신이든, 교사 출신이든 꾸준한 능력을
발휘해 명감독으로 인정받았다는 점이다.

공립교 교사 중에는 대학에서 체육계 전공으로 야구부 활동을
경험한 사람이 장래 고교야구 감독을 하기 위해서 교원자격증을
취득하는 경우가 꽤 있다. 교원자격증을 갖고 있으면 공립교뿐 아
니라 사립교에서 감독을 하는 데도 유리하기 때문이다. 그렇다면
공립교 교사로서 야구감독을 하는 사람들은 어떤 사람들일까?

일본의 교사 양성과정은 우리나라와 조금 다르다. 우리나라는
중등 교사의 경우 사범대학을 졸업하거나 교직 과정 이수, 교육대
학원을 졸업해야 교원임용시험을 볼 수 있다. 반면 일본은 교사
양성을 목표로 하는 교육학부에 다니지 않더라도 교과별 자격증
을 취득할 수 있다. 또한 야간 코스가 있는 전문학교나 통신제 과
정을 통해서도 교원자격증을 획득할 수 있다. 사회인야구나 일부
프로야구 은퇴 선수들은 야간 전문 코스나 통신제 과정을 이수해
서 교원자격증을 취득하는 경우가 대학 시절 교원자격증을 따는
것보다 더 많다.

일본 교사 중 고교야구 감독을 맡은 사람들 중 체육과 사회 과목 교사의 비중은 85퍼센트를 넘는다고 한다. 체육 다음으로 사회과 담당이 많은 이유는 대학 시절 전공에 관계없이 사회 과목 교원자격증을 딸 수 있기 때문이다. 공립교 중에서도 영어나 수학 과목 교사가 야구감독을 맡는 것은 굉장히 드물 수밖에 없다.

프로야구 출신이 대부분인 우리나라 고교야구와는 달리 과거 일본에선 프로야구 출신이 고교야구 감독이 되는 일은 거의 없었다. 불가능하지는 않았지만 프로 선수 출신은 교원으로 10년 이상을 근무해야 감독을 맡을 수 있었기 때문이다. 하지만 2013년에 '학생야구자격회복제도'가 개정되어서 교원 경력이 10년에서 5년, 5년에서 2년으로 단축되다가 최종적으로는 강습회를 수강하는 것으로 변경되었다. 지금은 2박 3일의 연수를 마치면 일본학생야구협회의 심사를 거쳐서 고교야구 지도자가 될 수 있다.

하지만 프로야구 선수 출신에게 고교야구 감독은 그다지 매력적인 자리가 아니다. 특히 교사로서 야구감독까지 병행하는 공립교의 경우는 더욱 힘들다. 야구감독이라고 해서 특별대우를 받지는 않는다. 야구부 감독과 학급 담임, 학년 주임에다 생활지도 주임, 체육과 주임까지 1인 5역을 해야 하기 때문이다. 또한 주말이나 휴일에도 학교에서 야구부를 책임져야 하고 합숙과 원정을 포함해서 일반 사회인보다 더 긴 근무 시간을 감당해야 하는 것은 오로지 교사이자 야구감독의 몫이다.

일본의 고교야구 전문 사이트인 〈고교야구닷컴〉에 따르면

2021년 봄 고시엔 대회에 출전한 32개 팀 감독 가운데, 현역 교원이 감독을 맡은 팀은 22개 팀, 현역 교원이 아닌 경우가 10개 학교인 것으로 나타났다. 현역 교원의 담당 과목은 체육이 8명, 사회 과목이 8명으로 대부분이 체육과 사회 과목에 집중되어 있다는 걸 알 수 있었다.

 2021년 여름 고시엔 대회에 출전한 49개 학교 감독의 경력을 분석해보니, 고졸 감독이 5명으로 나타났다. 2021년 여름 고시엔 우승을 차지한 지벤와카야마의 나카타니 감독은 고교 졸업 후 곧바로 프로야구 한신타이거즈에서 뛰다 모교 코치로 지도자 생활을 시작했다. 다른 고졸 감독들은 대부분 고교 졸업 후 사회인야구에서 뛰다 전문 감독이 된 경우로, 교원자격증이 없더라도 야구감독이 되는 데 아무런 문제가 없다는 걸 보여준다.

 일본 고교야구는 야구감독을 교사로 채용한 것도 아니고, 교원자격증을 획득한 교사만이 야구감독을 할 수 있는 것도 아니다. 애초에 학생들을 가르치는 교직이라는 분야가 워낙 전문적인 영역이어서 특정 집단의 이익을 위한 거래의 대상이 될 수 없다. 지금은 거의 사라지고 있지만 우리나라는 군사부일체라는 말이 존재했을 정도로 교사라는 이름의 권위가 남아 있는데다, 미국의 석학 재레드 다이아몬드가 저서 『대변동』에서 밝힌 것처럼 한국은 대학입학시험 하위 10퍼센트가 교사를 선택하는 미국과는 달리 대학입학시험 상위 5퍼센트가 교사가 되는 나라로서, 한국 교원 양성 제도의 장점이 충분하기 때문이다.

야구감독 자리 역시 교사가 준비 없이 대충 수행할 수 있는 영역이 아니다. 일부 생활체육 관련 인사들은 엘리트 스포츠의 영역을 폄하하는 경향이 있다. 야구를 잘 모르는 사람은 야구감독이 대단하다고 여기지만, 야구에 대해 조금 알게 되면 야구감독이 별것 아닌 것처럼 느끼는 경우가 많다. 하지만 야구에 대해 정말 깊은 이해를 갖게 되면 그만큼 야구감독이 정말 어렵고 중요한 영역이라는 걸 알게 된다.

　　일본 고교야구 감독은 교사와 전문 감독이 공존하는 시스템을 갖고 있다. 우리나라도 80년대 초반 야구 명문 경북고등학교를 이끌었던 구수갑 감독 같은 경우는 직업이 교사였다. 선수 출신 전문 감독이 사퇴한 이후 교사로서 감독을 맡았지만 구수갑 감독은 당시 최고 인기 학교였던 박노준-김건우의 선린상고를 여러 차례 물리치고 경북고등학교를 고교 최강으로 이끈 뛰어난 지도자였다.

　　훌륭한 야구감독은 최고선수 출신도 가능하고, 야구선수 경험이 없는 사람도 가능하다. 무리뉴가 명장인 이유는 그가 축구를 잘해서가 아닌 것과 마찬가지이다. 일본 고교야구는 엘리트 출신 명감독과 일반 교사 출신 명감독이 공존한다. 이런 가운데 일본 고교야구는 매년 새로운 스타가 탄생하고, 매년 새로운 전설이 만들어진다. 프로야구 출범 이후 점점 인기가 떨어진 한국 고교야구와는 달리, 일본 고교야구는 여전히 프로야구와 함께 야구 인기를 양분하고 있다. 그 배경에는 다양한 경험을 가진 야구감독들이 존재한다.

일본 고등학교를 정의하는 기준 편차치 '야구에도 편차치'

×

일본 고등학교는 철저하게 서열이 정해져 있다. 기본적으로 비평준화이고 학생 모집을 학교 단위로 해서 모든 학교의 학력 수준이 다르다. 일본은 학교 교육을 담당하는 문부과학성에서 매년 학교 서열을 발표하는데, 마치 국제축구연맹이 발표하는 FIFA 랭킹처럼 학교별 순위를 공개한다. 일본 고등학교의 서열을 한 단어로 나타내는 단어는 '편차치'이다. 50점을 표준 점수로 해서 25에서 75정도까지 편차치가 나오는데, 편차치 숫자가 낮을수록 공부와 거리가 먼 학교이고, 편차치 70을 넘는 학교라면 공부를 잘하는 학교라고 할 수 있다.

편차치가 높은 학교를 진학교, 평균 정도의 학교를 중견교로 표현한다. 여자 선생님이 공부와 거리가 먼 거친 학생들과 함께 생활하는 코믹 드라마 〈고쿠센〉의 무대가 되는 학교는 저변교로 불리는데, 실제 생활에서 저변교라는 단어는 모욕적인 표현이기 때문에 가급적 사용하지 않는 것이 좋다고 한다. 진학교-중견교-저변교라는 명확한 차이가 존재하는 셈이다.

또한 일본에는 특이한 진학 제도인 에스컬레이터 입학이란 것도 있는데 명문 사립재단이 운영하는 유치원부터 시작해 같은 재단의 초중고를 다니게 되면, 같은 재단의 대학교에 쉽게 입학하는 제도이다. 이 때문에 유치원부터 치열하게 초등학교 수험 준비를 하는데, 이런 모습은 일본 드라마 〈마더 게임─그녀들의 계급〉의 무대인 '시즈쿠 유치원'의 모습에서 잘 묘사되어 있다.

일본의 고등학교처럼 일본 고교야구 역시 철저하게 서열화되어 있다. 고시엔 본선 우승을 노리는 '강호교'와 고시엔 본선에 자주 출전할 정도의 실력을 갖춘 고시엔 '단골교', 고시엔 본선 진출을 목표로 하지만 실제로는 참가에 의의를 두는 '참가교'로 구분된다. 강호교-단골교-참가교의 서열이 존재하는 것이다. '단골교' 이상의 학교와 '참가교'를 구분하는 기준은 야구 특대생을 뽑느냐의 여부로 알 수 있다.

야구 특대생 제도는 예전부터 존재했지만, 공식적으로는 2012년부터 시작된 야구 장학생 선발 제도이다. 일본 야구현장에는 학생 선수는 그 어떤 금전 제공도 받으면 안 된다고 명시돼 있다. 야구 장학금도 마찬가지이다. 그런데 80년대 일본 야구의 최고 스타인 구와타와 기요하라부터 시작해서 90년대 후반 괴물 투수로 이름을 날린 마쓰자카까지 중학교 리틀야구 때부터 이미 이름을 날린 유명 선수들이 과연 아무런 조건 없이 고등학교에 입학했을까?

실제 2007년 세이부라이온즈 관계자가 고등학생에게 영양비를 제공해 문제가 된 이후로 일본고교야구연맹이 일본 고등학교를 대상으로 장학금이나 금품 제공 등에 대해 조사했더니 충격적인 결과가 나왔다. 이를 위반한 학교가 377개교, 위반한 학생이 7,920명으로 나타난 것이다. 그것도 단순 설문 조사를 통해 학교나 선수가 공식적으로 밝힌 것이어서 실제로는 더 많을 가능성이 높다. 암암리에 존재했던 특대생 제도가 표면 위로 드러나자 지난 2012년 일본고교야구연맹은 야구 특대생 제도를 공식적으로 인정하게 되었다.

야구 특대생 제도란 한 학교당 다섯 명의 선수까지 야구 특대생을 모집할 수 있는 것이다. 특대생 제도가 양성화되었다고 해도 고등학교에서 학생을 상대로 금품을 제공하기는 공식적으로 어려운 만큼 특대생의 혜택은 대부분 장학금 지급으로 한정된다. 특대생 제도 도입 이후 지난 2015년 처음으로 현황 조사를 했는데, 특대생 제도를 채택한 학교는 455개 학교로 나타났다. 2016년에는 462개교, 2017년에는 475개 학교가 특대생 제도로 학생을 뽑았다. 다음 발표는 2022년에 이루어질 예정이다. 이를 보면 전체 학교의 10.7퍼센트가 야구 특대생 제도를 운영하고 있는 것으로 나타났다. 일본 고교야구의 90퍼센트는 동아리 야구이고, 10퍼센트는 엘리트 야구를 한다는 말이 구체적인 수치로 나타난 것이라고 할 수 있다.

특대생 제도는 '스포츠 우수생에게 수업료와 입학금의 일부 또는 전액을 면제'하는 제도이다. 스포츠 특대생은 학교별로 다섯 명까지만 뽑을 수 있는데, 이 다섯 명에 대한 대우는 각각 다르다.

같은 특대생이라고 하더라도 A-B-C로 등급이 구분되는데 보통 한 학년에 한 명 정도는 A등급으로 분류되어 입학금과 수업료뿐 아니라 기숙사비까지 면제받고, 일부는 배트 비용과 유니폼 구입 비용까지 면제된다. B등급은 입학금과 수업료만 면제받고 기숙사비를 내는 형태, C등급은 입학금과 수업료의 반액 면제 등의 형태로 이루어지는 것이 보통이다.

같은 학교, 같은 학년 안에서 어떤 선수는 수업료부터 유니폼 비용까지 모든 것을 제공받는데, 특대생 입학이 아닌 일반 입학의 경우는 모든 비용을 스스로 부담해야 한다. 야구부 내에서 차별이 이뤄지는 셈인데, 이에 대한 불만은 거의 없다는 것도 특징이다. 좋아서 하는 일이기 때문이기도 하고 차별에 순응하는 일본 사회 특유의 단면을 보여주는 것일 수도 있다. 이런 A-B-C 등급은 특대생 제도를 공식적으로 승인한 2012년 이전에도 당연히 존재했을 것이라는 것이 합리적인 추론이다.

일본 프로야구에는 FA등급제가 있다. 팀 내 연봉을 기준으로 A-B-C로 등급을 매겨 인적 보상 선수 유무와 보상금에 차등을 둔 제도이다. 자유계약 선수 제도는 드래프트 제도의 단점을 보완하기 위해 미국에서 만들어진 제도인데 미국에는 A-B-C 등급을 통한 차이를 두지 않는다. 일본의 FA등급제는 중고등학교를 거치며 일상화된 등급 문화가 프로 무대까지 확장된 것이라고 할 수 있다.

일본은 야구뿐 아니라 일반 학생의 경우에도 편차치를 통한 학교 서열부터 학급 편성에 있어서도 우열반같이 등급 매기기를 통해 분류하는 문화가 일상화되어 있다. 그런데 일본처럼 학교나 사회에서 등급을 매기지 않는 우리나라가 일본 문화의 특징을 반영한 FA등급제를 그대로 따라 하게 된 것은 역사적인 맥락이나 한일 문화 차이를 감안하지 않고, 쉽게 결정한 것 같은 생각이 든다.

야구 특대생 제도는 2021년 현재 일본 일부 현의 고등학교 수업료가 무상으로 바뀌면서 변화를 예고하고 있다. 무상 교육인 공립교의 장학금 혜택이 큰 의미가 없어지는 상황에서 사립교의 특성을 살리려면 사립교의 특대생 숫자를 늘려야 한다는 목소리가 높아지고 있다. 과거부터 공립과 사립의 여건 차이는 존재했다. 봄 고시엔이라 불리는 선발 야구대회가 시작된 1924년에도 사립교의 강세로 공립교의 여름 고시엔 대회 출전이 어려워지자, 지구별 우승팀과 함께 초청 형식으로 출전할 수 있는 선발대회를 만들었을 정도로 공립과 사립의 차이에는 오래된 역사가 있다.

선발대회의 참가 자격은 교풍과 품위가 고교야구에 어울리는 것으로 각 도도부현 고등학교연맹으로부터 추천받은 학교들 중 지역을 고려해 선발하는데, 승패 중시의 여름과는 달리 봄 대회인 선발대회는 교육적인 관점에서 대표를 뽑는다고 한다.

또한 2001년 '21세기 전형'이라는 특별한 제도를 만들었는데, 부원이 부족하거나 운동장이 없는 학교를 선발해 야구 수준이 떨어지는 학교에도 출전 기회를 준다.

이렇게 공립교를 배려하는데도 2021년 봄 고시엔인 선발대회에는 전체 32개 학교 가운데 사립이 23개를 차지할 정도로 압도적이다. 실제 사립고등학교의 44.9퍼센트가 특대생 제도를 운영하고 있다. 그리고 그라운드 시설부터 피칭 머신과 체력 단련 시설 등에 이르기까지 공립과 사립의 차이는 아주 크다.

학교별 예산도 차이가 아주 크다. 우리나라 같은 경우는 야구부의 연간 운영비 차이가 크지 않다. 보통 2억 원 정도가 드는데 일부 야구 명문고 같은 경우는 더 많은 금액을 사용하지만 대부분 동문회 등의 후원금 비중이 크기 때문에, 야구 명문고와 그렇지 않은 학교의 차이는 생각보다 크지 않은 편이다.

반면 일본의 야구부 운영 비용은 우리나라와 비교하면 절대적으로 적은 편이다. 일본 고교야구 관계자를 상대로 취재한 바에 따르면 동아리 수준의 학교는 연간 10만 엔 정도만 쓰는 학교도 있고, 가장 많이 쓰는 학교라고 하더라도 300만 엔을 넘지 않는다고 한다. 아사히신문의 2018년 조사에 따르면 연간 운영비가 10만 엔 미만인 경우는 3.0퍼센트, 200만 엔을 넘는 학교는 25.8퍼센트로 나타났다. 연간 10만 엔을 쓰는 학교와 300만 엔을 쓰는 학교의 야구 실력이 차이가 많은 나는 것은 어쩌면 당연하

여름 고시엔 대회 경기 장면

다. 하지만 300만 엔을 쓰는 학교라고 하더라도 2억 원을 쓰는 한국 야구와 비교하면 놀랄 만큼 적은 금액이다.

야구 유학 역시 특별한 선수들이 특별한 학교에서 누릴 수 있는 특권이다. 일본에서 야구 유학이란 태어나고 자란 곳을 떠나서 다른 현의 고등학교로 진학하는 것을 의미한다. 우리나라는 요즘 전국의 우수 선수들이 서울 지역 고등학교로 진학하는 경향이 있지만 과거에는 각 도의 경계를 넘지 않았다. 전라도 지역 중학생은 대부분 전라도에, 경상도 지역 중학생은 경상도 지역의 야구 명문 학교를 선택했다. 일본은 현 외 유학 비중이 점점 높아지고 있다.

메이저리그 뉴욕양키스에서 활약했던 다나카와 요미우리 주전 유격수로 유명한 사카모토는 초등학교 시절 효고현의 고야노사토 타이거스라는 클럽에서 함께 야구를 했다. 그런데 다나카는 홋카이도, 사카모토는 아오모리 지역 고등학교로 진학했다. 야구선수로 성공하기 위해 아무 연고도 없는 곳으로 떠나 야구에만 전념한 것이다.

이처럼 빈번한 야구 유학에 대해 비판의 목소리도 높다. 일본 고시엔이 전국적인 인기를 모으는 이유 중 하나는 현을 대표하는 학교가 출전하는 것인데, 그 학교 선수들의 대부분이 다른 지역 출신이라면 진정한 현 대표라고 말할 수 있냐는 것이다. 마치 국가대표 대부분이 외국인으로 구성되는 것과 비슷한 느낌이라는 것이다.

일본 스포츠 잡지인 일간 〈SPA〉에 따르면 지난 2019년 여름 고시엔 대회에 출전한 49개 학교 가운데 야구 유학생이 없는 학교는 10개에 불과했고 39개 학교는 야구 유학생이 팀의 주축으로 활약하는 것으로 나타났다. 특히 시마네현의 이와미지슈칸 같은 학교는 18명 엔트리 가운데 같은 시마네현 출신은 단 한 명뿐이고, 나머지 17명은 모두 현 외 야구 유학생들이었다.

일본고교야구연맹 자료에 따르면 2021년 현재 일본 고교야구는 3,890개 학교에 평균 부원 수는 34.5명이다. 우리나라 야구부 숫자 평균과 크게 차이나지 않는다. 그런데 우리나라는 대부분의 학교 야구부원 숫자가 비슷하지만 일본은 천차만별이다. 야구부원이 100명을 넘는 학교도 있는 반면 서너 명에 불과해 여러 학교가 연합팀을 구성해 고시엔 지역예선에 출전하는 경우도 종종 있다.

2021년 지역예선에 처음 출전한 베츠카이쵸고등학교는 사람보다 소가 많은 지역에서 처음 고시엔 지역예선에 도전했다고 해서 화제를 모았다. 베츠카이쵸 지역은 일본 우유 생산 1위인 곳으로 인구는 1만4천 명에 불과하지만, 소는 11만 마리나 있는 곳이다. 베츠카이쵸고등학교는 지난 2016년 선수 4명으로 시작해서 2021년 15명의 선수를 확보해 지역예선에 출전했다.

야구부원이 100명을 넘는 학교는 특대생 같은 엘리트 선수뿐 아니라 취미로 야구를 즐기고 싶은 일반 학생을 모두 야구부원으로 받는 학교이다. 야구 명문학교 중에는 일반 학생의 지원을 받지 않는 학교도 많아 야구부원 숫자가 그 학교의 야구 수준이라고 판단하기는 어렵다.

일본 고교야구는 4,000개에 가까운 학교끼리의 야구 환경이 전혀 다르기 때문에 야구 실력 역시 강호교와 참가교의 차이는 프로와 아마추어의 차이만큼 큰데다 같은 학교 동급생도 서로 다른 대우를 받는다는 특징을 갖고 있다. 그러면서도 엘리트 선수들과 일반 학생이 공존하는 문화를 만들고 있다는 점은 일본 고교야구만의 특징이라고 할 수 있다.

뿌리 깊은 격차사회, 차이나는 클라스

×

최저임금액이 전국적으로 동일한 우리나라와 달리, 일본은 지역에 따라 그 액수가 다르다. 도쿄가 1,013엔의 최저임금을 받는 데비해, 아키타현과 돗토리현의 최저임금은 792엔에 불과하다. 같은 일본 안에서 무려 221엔의 차이가 나는 것이다. 이렇게 차이가 나는 이유는 각 지자체별 실정에 맞게 현마다 최저임금이 다르기 때문이다.

이를 두고 우리나라에선 일본처럼 최저임금을 지역별로 다르게 적용해야 한다는 주장까지 나오는데, 지역별 소득 격차 등을 고려해서 지역별 최저임금을 결정하는 일본 방식이 합리적이라는 것이다. 그런데 흥미롭게도 일본에서는 오히려 한국을 포함한 전 세계 대부분의 나라처럼 전국적으로 단일화해야 한다는 목소리가 나오고 있다.

　지역별로 최저임금이 다르기 때문에 도쿄 같은 대도시로 일자리가 집중되면서 지역 격차가 더욱 심해질 우려가 있기 때문이다. 여기서 주목해야 할 단어는 격차이다. 최저임금을 지역별로 차등 적용 하는 이유에도 '격차'가 사용되고, 최저임금 단일화를 추진하는 논리에서도 '격차'라는 단어가 나타난다.

　이처럼 일본에서 격차사회라는 단어를 쉽게 찾아볼 수 있다. 실제 지난 2006년 '격차사회'가 올해의 유행어로 선정되었을 정도이다. 격차사회는 잘사는 사람과 못사는 사람의 경제적인 차이를 나타낼 때 주로 사용하지만, 저축 격차와 교육 격차, 지역 격차에도 사용되고, 심지어 연애 격차와 코로나 백신 격차라는 말까지 나오고 있다. 일본 사회에서 불평등을 표현할 때 주로 쓰는 단어가 바로 '격차'이다.

　'격차'는 고교야구에도 중요한 요소이다. 출산율이 점점 떨어지는 가운데 일본 고교야구도 위기를 맞고 있다. 고교야구 선수 수가 7년 연속 감소하면서, 야구부를 해체하는 학교도 계속 늘어나고 있다. 이런 상황에서 도쿄나 오사카 지역 같은 대도시와 인구가 적은 지역 간의 격차는 더욱 커지고 있다. 지역 야구가 무너지기 시작하면 일본 전체의 고교야구 역시 어려움을 겪을 수밖에 없다. 그래서 일본고교야구연맹이 중요하게 생각하는 것이 바로 '격차'를 어떻게 줄이느냐이다. '격차' 해소를 위해 금지하는 것이 있고, 도입하지 못하는 것도 있다.

일본고교야구연맹은 매년 12월 1일부터 3월 8일까지를 '대회 시합 금지 기간'으로 정해 다른 학교와의 연습시합을 금지하고 있다. 겨울시합 금지는 일본 고교야구만의 독자적인 규정으로 리틀야구와 포니리그 같은 소년 야구, 대학야구, 사회인야구는 해당되지 않는다. 또한 고교축구나 고교럭비 등에서도 겨울시합 금지 규정은 없다. 오히려 고교축구 같은 경우는 가장 중요한 대회가 주로 1월에 열리고 있다. '대회시합 금지 기간'을 설정한 이유는 바로 지역 간 격차를 줄이기 위해서이다.

일본은 홋카이도와 혼슈, 시코쿠와 큐슈 등 네 개의 큰 섬으로 이루어져 있으며 큐슈 남단 오키나와 지역에는 수많은 섬들이 존재한다. 1년 내내 추운 지역인 홋카이도와 1년 내내 더운 곳인 오키나와가 공존하고 있다. 큐슈나 오키나와 지역은 일본 프로야구 구단이나 국내 프로야구 구단이 전지훈련지로 주로 사용할 만큼 추운 겨울에도 온화한 날씨와 쾌적한 훈련 여건을 갖추고 있다. 반면 홋카이도 지역은 겨울에 눈이 많이 내리기 때문에 정상적인 훈련이 쉽지 않다. 지역에 따라 훈련 환경이 달라지고 실력 차이가 생기는 것을 최소한으로 줄이기 위하여 전국적인 대외시합 금지 기간을 설정한 것이다.

지역 격차 해소 이외에도 선수들의 부상 방지나 학생들의 휴식 및 학업 준비 등의 이유도 있지만 대외시합 금지 기간을 만든 가장 근본적인 이유는 '격차'를 줄이기 위해서이다.

여기에서 오해하지 말아야 할 것은 다른 학교와의 시합을 금지하는 것이지 훈련 자체를 금지한 것은 아니라는 것이다. 실제로 학교에서 자체 홍백전을 하거나 OB들을 추가해서 시합을 하는 것은 가능하다. 일부 국내 지도자들은 일본은 겨울에 부상 방지를 위해 연습도 금지하고 있다고 주장하지만 이는 사실과 다르다. 지난 2018년 돌풍을 일으켰던 가나아시농업고등학교 같은 경우는 1월에 눈밭에서 2주간 합숙훈련을 하는 장면을 매스컴에 공개하기도 했다.

이런 격차 해소를 위한 방법이 눈 가리고 아웅 하는 것이 아니냐는 비판도 존재한다. 공립교와 사립교의 차이, 야구 명문고와 동아리 수준의 단순 참가교가 공존하는 상황 자체에서 격차가 더욱 크게 발생한다는 것이다. 실제 부원 수가 많은 학교는 대외시합 금지 기간에도 1, 2군으로 나눠 연습경기 등을 할 수 있지만, 부원이 절대적으로 부족한 학교의 경우는 겨울에 할 수 있는 것이 거의 없기 때문이다. 또한 최첨단 장비와 트레이닝 시설, 2면 이상의 야구장 그라운드를 갖춘 학교와 정식 야구장 규격의 운동장도 없는 학교의 차이는 이미 크게 벌어져 있기 때문이다.

일본과 달리 우리나라는 겨울훈련이 어려운 상황이면 해외로 전지훈련을 떠나는 것이 유행처럼 번진 적이 있다. 지난 2015~16년 무렵엔 상당수 고등학교가 겨울에 해외 전지훈련을 선택했다. 대부분의 학교들이 일본이나 타이완에서 전지훈련을 했고, 동문회의 지원을 받는 모 학교는 미국 캘리포니아로 매년 전지훈련을 가기도 했다. 일본이 3개월에 가까운 기간 동안 대외시합을 금지하는 것으로 격차를 줄이고자 한 반면, 우리나라는 격차를 줄이기 위해서 대부분의 학교가 해외훈련을 선택하게 된 것이다.

서로 다른 방법으로 격차를 줄이고자 했지만, 여기에 드는 비용은 고스란히 학부모의 몫이 될 수밖에 없다. 문체부와 대한야구협회 등에서 해외 전지훈련 자제를 요청했지만, 대다수 학교가 해외 전지훈련을 강행하기도 했다. 양측의 갈등은 2020년부터 자연스레 해소되었는데, 타협에 의해서가 아니라 코로나 때문이라는 사실은 씁쓸한 뒷맛을 남긴다.

일본 고교야구에서 뜨거운 감자로 떠오르는 문제는 바로 '투구 수 제한'이다. 마쓰자카와 사이토 등 고교야구의 최고 스타들은 모두 혹사 논란에서 자유롭지 못했고 2018년 가나아시농업고등학교의 요시다는 고시엔 본선에서 혼자 881개의 공을 던져 주위를 안타깝게 했다. 일본 고교야구가 혹사 불감증이라는 비판이 높아지면서 어린 선수들의 혹사 방지를 위하여, 투구 수를 제한해야 한다는 목소리가 일본에서도 높아지고 있다.

지난 2019년 니가타현에서는 투구 수를 100개로 제한하는 안을 발표했지만 일본고교야구연맹은 니가타현에 이 조치를 유보할 것을 요청했다. 또한 2020년부터 투구 수를 일주일에 500개로 제한하는 안도 나왔지만 투구 수 제한이 구체적으로 결정된 것은 없다. 일본고교야구연맹이 현실적인 이유를 들어 반대하기 때문이다. '격차'가 더욱 커질 것을 우려해서라는 것이 공식 입장이다. 일본 고교야구팀 가운데 야구부원이 20명 이하인 학교가 4분의 1에

이르기 때문에 이런 학교의 경우는 한 명의 투수에만 의존할 수밖에 없어 투구 수 제한을 할 경우 던질 투수가 없다는 것이다.

실제 후쿠오카 지역에서 일본 고등학교 감독과 선수를 상대로 설문 조사를 한 결과 87퍼센트가 투구 수 제한에 반대했다는 결과가 나왔다. 그 이유를 보면 투구 수 제한을 할 경우 파울 유도와 일부러 거의 스윙을 하지 않는 방법으로 상대 에이스를 끌어내릴 수 있는데 이것은 교육적이지 않다는 것이다. 또한 투구 수를 제한할 경우 두 명 이상의 에이스를 보유한 명문 사립교에게 일방적으로 유리할 수밖에 없다는 점을 들기도 한다.

우리나라 고교야구는 투구 수를 105개로 제한하고 있다. 2020년 첫 우승을 눈앞에 두었던 강릉고는 에이스 김진욱이 투구 수 제한에 걸려 마운드를 내려온 뒤 거짓말 같은 역전패를 당한 적이 있다. 실제 에이스 투수가 교체되면서 역전이 되는 사례는 굉장히 많이 나타나고 있어, 한 명의 에이스에 의존하는 팀보다는 두 명 이상의 수준급 선수를 보유한 팀에게 유리하다는 것이 사실로 나타나고 있다.

국내 야구에서도 그렇고, 일본 방송에서도 미국 야구 역시 투구 수를 100개로 제한한다는 내용이 방송되기도 하는데 사실과 조금 거리가 있다. 미국에서는 고등학교 수준에서 미국 전역에 통용되는 규칙은 없다고 해도 과언이 아니다. 일부 주에서 100개의 투구 수 제한 규정을 두고 있지만, 일반적인 투수가 아니라 부상 경력이 있는 선수에 한해 투구 수 제한을 두는 경우이다.

우리나라는 고교야구 선수들의 목표가 대부분 프로 진출이기 때문에 투수들이 어깨를 다칠 경우 치명적일 수밖에 없다. 선수 생명이 짧아지면서 인생 전체의 계획이 어긋나기 때문에 어린 선수들의 부상 방지를 위해 노력하는 것이 필수적이다. 반면 일본은 '고시엔에 가자'라는 구호에서 나타나듯 고시엔 출전, 또는 고시엔 우승이 목표이다. 심하게 말하면 고시엔 우승의 목표를 이룬 이후 어깨 부상을 당하더라도 인생에 끼치는 영향은 우리나라 선수만큼 크지 않다. 대부분의 선수들의 목표는 고시엔이지 프로가 아니었기 때문이다.

실제로 지난 2007년 이른바 사가기타의 기적을 이룬 사가기타 고등학교의 경우 멤버 중 단 한 명도 프로에 진출하지 못했고, 매년 탄생하는 고시엔 우승팀에서 프로에 진출하는 선수는 많아야 한두 명에 불과하다. 이처럼 야구에 대한 지향점이 다르기 때문에 부상에 대한 생각도 달라질 수밖에 없다. 일본 야구계의 입장에서는 극소수의 프로 진출 희망자보다 절대다수의 학생을 위한 제도를 운영할 수밖에 없기 때문이다. 한두 명의 선수들이 혹사로 쓰러지더라도 일본 고교야구는 유지되지만, 지역 야구 기반이 무너질 경우 역사와 전통을 자랑하는 고시엔 대회가 더이상 유지될 수 없을지도 모르기 때문이다.

유니폼과 교복의 차이,
학생야구의 지향점 차이의 상징

×

고교야구 취재를 가서 고등학교 야구선수들을 인터뷰할 때 앞으로 어떤 선수가 되고 싶은지 묻는 경우가 많다. 그러면 대부분 '류현진 같은 뛰어난 선수가 되고 싶어요' '제2의 이승엽이 아니라 제1의 ○○○라는 이름을 알리고 싶습니다' 같은 대답을 자주 듣게 된다. 우리나라 선수들에게 프로 입단이란 어린 시절의 꿈을 이루는 아주 중요한 요소이다.

일본 고등학교 야구선수들의 꿈은 대부분 '프로 입단'이 아니라 '고시엔 출전'이다. 고시엔 본선에 나가는 것 자체가 매우 어려운데다, 대부분의 선수들이 야구를 취미로 하고 있기 때문이다. 일본에서 프로를 꿈꾸는 고등학생들은 기본적으로 초등학교 고학년부터 야구를 시작해, 중학생 때는 리틀야구나 보이스리그, 포니리그 같은 리그에서 어느 정도 성과를 올린 뒤 야구 명문고에 특대생으로 입학한 경우가 대부분이다. 이런 선수들의 꿈은 고시엔 출전이 끝이 아니라 '프로야구'가 목표인 경우가 많다. 전체 학생 중 10퍼센트 정도를 차지하는 390개 학교에 다니는 특대생들의 목표는 우리나라와 크게 다르지 않다.

프로야구는 우리나라와 일본, 미국 모두 드래프트 제도를 통해 신인 선수를 뽑는다. 즉 구단의 선택을 받아야만 입단이 가능하다는 것이다. 그런데 드래프트장의 풍경은 우리나라와 일본이 많이 다르다. 가장 큰 차이는 선수들의 복장이다. 한국 프로야구 드래프트 현장에선 야구 유니폼을 입은 선수들의 긴장된 모습을 쉽게 찾아볼 수 있다. 인생이 걸려 있기 때문이다. 자신의 이름이 불리는 순간 환호하고, 끝내 이름이 불리지 않은 선수들은 쓸쓸하게 드래프트 현장을 떠난다.

일본의 드래프트 풍경은 우리나라와 다르다. 현장에는 야구 관계자들이 즐비하지만 당사자인 고등학교 선수들의 모습은 찾아보기 어렵다. 드래프트는 대부분 오후에 열리는데 학교 일과가 끝나지 않은 경우가 많기 때문이다. 드래프트가 진행되는 시간에 수업 중인 학생들도 있고, 수업이 끝난 뒤 평소처럼 부 활동을 계속하기도 한다.

일부 유명한 선수의 경우는 야구부실에서 낮잠을 자다가 프로 지명 소식을 들었다는 일화도 있다. 학교에 있다가 프로구단으로부터 지명되었다는 소식을 들으면 동료들은 헹가래로 축하하곤

프로야구에 지명된 후 축하받는 교복 입은 고교생의 모습(출처: 미시마미나미고교 홈페이지)

한다. 실제 드래프트 1순위 선수들이 동료들에게 헹가래를 받는 장면을 뉴스에서 쉽게 찾아볼 수 있다. 한국 야구 드래프트의 풍경에 익숙한 사람들이 일본의 경우를 낯설게 느끼는 것은 헹가래를 해주는 동료와 축하 헹가래를 받는 사람 모두 교복을 입고 있기 때문이다.

물론 한국 선수들이 드래프트 현장에 있는 반면, 일본 선수들은 학교에 있다는 점에서 어쩌면 당연한 차이일 수도 있지만, 야구부뿐 아니라 일본 학생들은 한국 학생들과 비교해서 교복을 훨씬 자주 입는 편이다. 일본에 가면 평일뿐 아니라 주말이나 심지어 방학 때도 교복을 입은 학생들의 모습을 쉽게 찾아볼 수 있다. 일본은 주말에도 수업이 있는 학교가 꽤 있는데다 수업이 없는 경우라도 부 활동을 위해 학교에 갈 때도 교복을 입기 때문이다. 또한 학교에 가지 않을 때도 많은 학생들이 교복 차림으로 외출한다.

실제로 일본에서는 '예쁜 교복 랭킹' 조사가 매년 이루어지고 있고, 고등학교를 고를 때 조건이 비슷할 경우 교복이 예쁜 학교를 선택하는 학생들까지 있을 정도로 교복에 대한 관심이 매우 특별하다. 이처럼 교복을 즐겨 입는 이유는 교복이 청춘의 상징이기 때문이다. 고등학교를 졸업한 후에는 더이상 입을 수 없기에 '학생 시절에만 입을 수 있는 교복을 입고 청춘을 즐기자'라는 마음으로 교복을 특별하게 여긴다는 것이다.

일본은 학생뿐 아니라 전 국민이 제복을 입는다고 해도 과언이 아닐 정도로, 어쩌면 전 세계에서 제복을 가장 많이 입는 나라이기도 하다. 필자는 학교생활 기간에 단 한 번도 교복을 입은 적이 없다. 1983년도에 중학교에 입학했는데 공교롭게도 그해부터 중고등학교 교복이 폐지되었기 때문이다. 우리나라는 교복 폐지 이후 부활이라는 과정을 겪었지만 일본에서 필자처럼 교복을 한 번도 입어본 적 없는 사람은 거의 없을 것이다.

일본은 상당수의 유치원이 원복 제도를 시행하고 있는데다 중고등학교는 물론이고 대학교에도 교복이 존재한다. 기본적으로 전통 있는 오래된 대학교에는 제복이 존재하는데 의무가 아니기에 평소에는 거의 입지 않는 편이다. 하지만 대학별 스포츠 경기 응원이나 문화제, 발표회 등을 할 때에는 교복 입은 대학생들의 모습을 볼 수 있다. 실제로 와세다-게이오 같은 대학은 이른바 가쿠란이라는 옷을 교복으로 채용하고 있는데, 과거 80년대 초까지 우리나라 고등학교에서 입었던 교복과 비슷하다. 대학을 졸업한 뒤에는 교복과 작별하게 되지만 일부 회사에서는 기업 제복을 입는 경우도 있다. 심한 경우 유치원부터 시작해서 중고등학교와 대학, 직장까지 오랜 기간 제복 생활을 하는 사람까지 있을 정도로 일본은 제복 대국이다.

프로야구 드래프트 당일에 유니폼을 입는 우리나라와 교복을 입는 일본의 차이는 프로야구 입단식까지 이어진다. 한국 프로야구단 입단식은 대부분 사복 또는 고등학교 유니폼을 입은 선수들에게 야구단 사장이나 단장이 프로 구단 유니폼과 모자를 입혀주게 된다. 반면 일본은 교복 차림으로 입단식에 참가한다.

한일 프로야구는 1월 초 공통적으로 프로야구 신인선수교육이라는 행사를 갖는다. 프로 선수로서의 지켜야 할 행동이나 각종 규정 등을 알려주는 행사인데 우리나라는 대부분 프로 구단 유니폼 위에 프로 구단의 점퍼를 입고 교육을 받는다. 일본은 예상대로 고등학교 교복을 입고 있다. 졸업식이 끝나기 전까지는 학생 신분이기 때문이다.

프로야구 전지훈련 때도 마찬가지다. 프로에 지명된 일본 고등학교 선수들은 2월 1일부터 시작되는 프로야구 전지훈련에 교복 차림으로 비행기를 타고 오키나와나 큐슈 지방으로 가게 된다. 물론 야구 연습을 할 때는 당연히 프로야구단 유니폼을 입지만 다른 선수들이 양복 차림으로 이동할 때 아직 고교생 신분인 선수들은 항상 교복 차림이다. 반면 우리나라에서는 고교야구 선수들이 교복 입은 모습을 좀처럼 보기 어렵다.

지난 2020년 덕수고 3학년이던 나승엽은 메이저리그 진출을 선언했다. 나승엽측은 국내 구단들에게 다소 이색적인 부탁 아닌 부탁을 한 적이 있다. 제발 자신을 지명하지 말아달라는 것이다. 국내 구단들이 나승엽을 지명한 이후 나승엽이 메이저리그에 진출할 경우 드래프트 지명권 한 장을 그냥 놓치게 되기 때문이다. 그러나 나승엽은 우여곡절 끝에 롯데자이언츠에 입단하게 되었다. 나승엽처럼 메이저리그와 국내 프로야구 입단을 고민하는 경우는 일본에도 꽤 많은 편이다. 그러나 일본 고등학교 선수가 '나를 지명하지 말아달라'고 말하는 경우는 없다. 드래프트 제도가 다르기 때문이다.

우리나라는 프로야구 입단을 원하는 고등학교나 대학교 선수들이 드래프트 신청서를 따로 제출할 필요가 없다. 모든 야구선수들이 자동적으로 드래프트 대상이 되기 때문이다. 프로야구 구단은 그동안 눈여겨본 선수를 그냥 뽑으면 된다. KBO리그가 2022년 신인 선수 드래프트부터 드래프트 신청제로 바꾼 것은 긍정적인 변화다.

반면 일본은 프로야구 선수가 되기 위해서 드래프트 신청서를 제출해야 한다. 아무리 뛰어난 선수라고 하더라도 드래프트 신청서를 내지 않으면 프로야구 선수가 될 수 없다. 우리나라에서는 절대다수의 고교 선수들이 프로 입단을 꿈꾸지만, 일본 고등학교에서는 일부 선수만이 프로 입단을 꿈꾸기 때문이다.

실제 2020년에 프로야구 드래프트를 신청한 일본 고교생은 216명이다. 4,000개에 가까운 고등학교 수를 감안하면 굉장히 적은 수이다. 한 학교에 한 명씩만 제출해도 4,000명의 지원자가 있어야 하는데, 드래프트 숫자만 보면 오히려 우리나라 고3 야구선수들 수보다도 적다.

초등학교 때부터 야구 엘리트로 성장해온 야구 명문고 출신이라 하더라도 한 학교에서 세 명 이상 드래프트 신청서를 제출하는 경우는 드물다. 일본 고교야구의 명문인 요코하마고와 도카이사가미, 리세이샤 같은 학교의 지원자는 세 명뿐이었고, 2000년대 최강팀인 오사카토인고에서도 프로야구 드래프트 지원자는 두 명에 불과했다.

일본의 프로야구 드래프트 신청서 제출은 실력과 관계없이 누구나 할 수 있다. 하지만 프로야구 구단 스카우트에게 최소한의 언질도 받지 않은 상태라면 뽑힐 확률이 없기 때문에 극소수의 선수들만 드래프트 신청서를 제출하는 것이다.

일본 취업도 프로야구 드래프트와 과정은 비슷하다. 엔트리 시트라고 불리는 취업 신청서를 제출한 이후 1차 면접과 실무 면접, 최종 면접을 거치면 '내정'이라는 통지를 받게 된다. 그리고 '내정식'을 진행하게 되는데 내정식에 참가하는 고등학생들의 옷차림은 물론 교복이다.

일본 시각으로 보면 프로야구 선수는 직업이고 취업의 한 형태이기 때문에 취업 신청서를 제출하지 않았는데 취업이 된다는 것은 조금 이상할 수 있다. 그렇기 때문에 일본은 취업률 조사를 할 때 취업을 원하는 사람들 중에 실제 취업을 한 사람을 계산한다. 유학이나 대학원 진학 등 학업을 계속하거나 개인 사업을 하려는 경우는 취업률 산정에서 제외된다. 반면 우리나라는 취업률을 산정할 때 전체 졸업자 수 가운데 취업을 한 사람의 수를 통해 계산한다. 이처럼 계산 방식이 다르기 때문에 우리나라와 일본의 취업률을 단순 비교하면 오류를 범할 수밖에 없다. 이런 취업 문화는 프로야구 전체가 드래프트 대상이 되는 우리나라와 신청서를 내야만 가능한 일본의 차이와도 어느 정도 닮아 있다.

우리나라는 신인 드래프트를 통해 10개 구단이 10명의 선수를 지명한다. 과거에 비해 대졸 선수들이 지명되는 경우가 줄어들면서 총 100명의 선수 중 80여 명이 고졸 선수들이다. 우리나라 고교야구팀이 70개 정도이니 야구부 수보다 프로 입단한 선수의 수가 더 많은 것이다.

반면 일본은 12개 구단에서 평균 6명 정도를 지명하는데 매년 다르지만 대학과 사회인 야구 출신이 많이 뽑히는 점을 감안하면 고교생의 문은 더욱 좁은 편이다. 4,000개에 가까운 일본 고등학교에서 고졸 드래프트로 프로에 선발되는 인원은 30~40명에 불과하다. 학교 수로만 비교하면 일본에서 프로야구 선수가 되는 것이 우리나라보다 확률적으로 어려운 것은 명백하다. 하지만 한일 문화 차이를 감안하면 꼭 그렇게만 볼 수 없는 측면이 존재한다.

일반 회사에서 취업 경쟁률이 높다는 건 분명 입사하기 어렵다는 것을 의미한다. 하지만 서로 다른 기업이나 다른 분야의 경우에서 취업 경쟁률이 높다고 해서 꼭 들어가기 어렵다는 것을 의미한다고 할 수는 없다. 시험삼아 원서 한번 내보는 경우가 많은 직종과 지원자 대부분이 수년간 노력해온 경우는 단순 경쟁률도 비교하기 곤란하다. 우리나라 고등학교 선수들은 거의 대부분이 초등학교부터 야구 하나만을 바라보며 치열하게 경쟁해왔기 때문이다.

이렇게 경쟁하는 것이 최선이냐고 묻는다면 답은 '아니오, 반드시 개선이 필요합니다'이지만 이 선수들이 흘린 땀과 눈물은 단순한 경쟁률 숫자로 평가절하해서는 안 된다. 이런 고등학교 야구선수들의 안타까운 모습은 고교야구만이 아닌 우리 사회의 현실이기 때문이다. 다만 프로지명을 받은 고등학생들이 교복을 애용하는 일본의 모습은 한국 야구 문화에서도 본받을 부분이 있다고 생각한다. 프로 유니폼을 입고 프로 구단에서 프로 선배들과 같이 훈련하더라도 졸업하기 전까지 이들의 신분은 엄연히 학생이기 때문이다.

프로가 지원하는 한국 고교야구,
프로와 거리 두는 일본 고교야구

×

우리나라와 일본 모두 저출산과 고령화에 따른 급격한 인구구조 변동을 겪고 있다. 특히 우리나라는 2020년 합계 출산율 0.84로 사상 최저이자 G20 국가 가운데 가장 낮은 수치를 기록했다. 지난 20년간의 변화를 따져보면 2010년에서 20년까지 출산율은 1.23에서 0.84로 무려 32퍼센트나 감소했다. 저출산 문제로 고민이 많은 일본도 저출산 경향이 이어지고 있지만 출산율을 보면 지난 2010년 1.38에서 2020년 1.35로 떨어진 정도여서 우리나라와 비교하면 감소폭이 그리 크지 않다.

이처럼 저출산 문제에 관한 한 우리나라가 일본보다 훨씬 심각하다. 그런데도 일본에서는 저출산 문제를 해결하지 못한다면 고교야구의 미래도 어두울 수밖에 없다는 전망까지 나온다. 실제로 일본의 고교야구부 수는 16년 연속 감소하고 있다. 지난 2005년 4,253개의 학교가 야구부를 운영했지만 학령인구의 감소와 함께 야구부 수도 매년 줄어들어 2021년에는 야구부를 유지하고 있는 학교는 3,890개로 줄어들었다.

일본보다 저출산 문제가 더 심각한 우리나라지만 고교야구부 수는 줄어드는 것이 아니라 매년 늘어나고 있다. 고교야구가 절정의 인기를 자랑하던 80년대에 한국 고교야구는 50여 개 학교로 운영되었는데, 지난 2016년 70번째 학교가 고교야구부를 창단했고, 2021년 현재 고교야구팀의 수는 80개에 이른다. 고교야구의 인기가 떨어진데다 '저출산 사회'라는 시대의 흐름과는 반대로 한국 고교야구팀이 늘어나는 비결은 바로 KBO한국야구위원회의 지원이 뒷받침되었기 때문이다.

KBO는 지난 2012년부터 아마추어야구 활성화를 위해 노력하기 시작했다. 야구에 관심을 높이기 위해 야구보다 쉽게 접할 수 있는 T볼을 초등학교에 적극적으로 보급하고, 프로야구 출신 선수들을 T볼 강사로 활용하기도 했다. 또한 매출액과 포스트 시즌 이익금의 일부, 그동안 누적된 야구발전기금으로 재원을 마련해서 야구부 창단을 위해 적극적으로 나섰다.

새롭게 야구팀을 창단하면 초등학교는 3,000만 원, 중학교는 1억 5천만 원, 고등학교는 4억 원을 창단 지원금으로 받게 된다. 2012년에 창단 지원 사업을 추진할 때는 2020년까지 70개의 고등학교 야구부를 만드는 것이 목표였지만 지난 2016년 이미 70번째 야구팀이 탄생했고 2021년에는 80개 시대를 맞게 된 것이다.

이처럼 한국 프로야구가 고교야구를 적극 지원하는 것은 고교야구가 프로야구의 젖줄이기 때문이다. 마치 메이저리그 구단이 선수 수급을 위해 트리플 A와 더블 A, 싱글 A 구단과 마이너리그 계약을 맺는 것과 비슷한 상황이다. 마이너리그에서 좋은 인재를 많이 보유한 팀이 장기적으로 팀을 효과적으로 이끌 수 있는 것처럼, 고교야구팀이 늘어나고, 좋은 선수들이 많이 탄생해야 국내 프로야구가 존재할 수 있기 때문이다.

80개 학교에 평균 10명의 고3이 있는 한국 야구는 매년 10개 프로구단이 10명씩 신인 선수를 뽑는다. 프로에서 선발하는 100명의 선수 중 고교생의 비중이 80퍼센트 이상을 차지하는 현실을 감안하면 800명의 고3 선수 가운데 10퍼센트가 프로 지명을 받을 수 있다. 반면 일본의 고등학교 3학년 학생은 5만5천여 명에 달한다. 일본의 12개 구단이 평균 6~7명의 선수를 뽑는데다 대학과 사회인야구 비중이 높은 일본의 현실을 감안하면 고3 학생이 프로에 뽑히는 경우는 40명 정도라고 보면 된다. 5만5천 명 가운데 40명은 1,000분의 1에도 미치지 못하는 희박한 확률이다. 이런 상황이기에 일본 고등학교 야구선수의 절대다수는 프로야구를 꿈꾸지 않는다. 그러다보니 일본 야구는 자연스럽게 프로 선수 양성소가 아닌 고교야구의 독자적인 길을 갈 수밖에 없는 것이다.

고교야구를 적극 지원하는 KBO와는 달리, 일본은 프로야구에서 고교야구 창단을 지원한다는 건 상상하기 어렵다. 실제로 NPB

일본야구기구는 고교야구에 대한 지원을 하지 않는다. 일본 고교야구는 '아마추어' 정신을 지킨다는 명목하에 프로 구단과의 접촉을 일체 인정하지 않고 있다. 고교야구 선수는 프로야구 스카우트와 접촉해서는 안 될 뿐 아니라 강습을 받는 것도 허락되지 않으며 심지어 자신이 가고 싶은 프로 구단의 이름을 공표하는 것까지도 금지하고 있다. 지금은 완화되었지만 프로야구 선수 출신이 고교야구 감독이 되는 것도 사실상 금지했을 정도이다.

이에 대해 2013년 일본고교야구연맹의 오쿠시마 회장은 KBS와의 인터뷰에서 일본 고교야구와 일본 프로야구의 관계는 그리 좋은 편이 아니라고 밝힌 바 있다. 실제 고교야구 관계자들이 프로에 대한 뿌리깊은 소외감을 느끼고 있다는 것이다. 국내에서는 한신타이거즈 구단이 고시엔이 열리는 8월에 3주간이나 원정경기를 떠나는 것을 예로 들며, 일본은 프로가 고교야구를 위해 희생하는 것으로 알려져 있다고 물었더니, 전혀 다른 답을 내놓기도 했다.

"한신타이거즈가 고시엔 대회를 위해서 일정을 양보하는 것이 아닙니다. 고시엔 야구장은 한신타이거즈가 생기기 이전부터 고교야구를 위해서 만들어진 시설입니다. 한신이 양보하는 것이 아니라 원래 고교야구가 사용하는 구장입니다." 그러면서 일본 프로야구로부터 금전적인 지원을 받는 것은 전혀 없으며 오직 헌 공을 받아 사용하는 것이 유일하다고 밝혔다.

야구 경기를 하다보면 많은 공이 사용된다. 홈런공이나 파울볼

등 관중석으로 날아가는 공은 물론이고, 투수의 요구에 의한 공 교체나 파울볼 타구 등은 경기중에 재사용할 수 없다. 프로 경기에서 한 번 사용한 공을 모두 수거해서 일본고교야구연맹에 보내면 일본고교야구연맹은 3,900여 개 학교에 공평하게 배분한다고 한다.

일본 고교야구에선 새 공이 무척 귀하다. 공식 경기에서는 당연히 새 공을 사용하지만 연습할 때에는 대부분 헌 공을 사용한다. 재정 형편이 어려운 공립교나 동호회 수준인 90퍼센트의 학교뿐 아니라 고시엔 우승을 노리는 명문고라고 하더라도 연습할 때 새 공을 사용하는 경우는 매우 드물다. 실제 고등학교 때부터 최고선수로 주목받았던 다르빗슈 같은 선수도 고등학교 때 새 공으로 연습한 적이 거의 없다고 밝힌 적이 있을 정도이다.

그런데 일본 고등학교에서 사용하는 헌 공은 일본 프로야구 구단들이 사용한 공뿐 아니라, 한국 프로야구 구단이 사용한 공도 꽤 있다. 특히 오키나와나 큐슈 지역 같은 경우는 일본 프로야구단보다 한국 프로야구단이 사용한 공을 더 많이 쓰는 것으로 알려져 있다. 국내 구단은 주로 오키나와나 가고시마, 고쿠라 등에서 전지훈련을 해왔다.

국내와 가까운데다 날씨도 온화하고 훈련 환경도 나쁘지 않기 때문이다. 국내 구단은 대부분 해당 지역과 자매결연을 하고 있는데, 전지훈련을 모두 마치고 귀국할 때 전지훈련에서 사용한 공은 대부분 해당 지역 지자체에 기부하게 된다. 그러면 그 공이 해당 지역 고등학교로 전달되는 형태이다.

한국 야구단이 일본 야구의 미래를 위해서 헌 공을 기부하는 것이 아니듯이 일본 프로야구단이 제공하는 헌 공 역시 일본 고교야구를 위해서라고 보기는 어렵다. 프로야구단이 사용한 공을 중고로 파는 것도 모양새가 떨어지고, 어차피 기부할 곳은 아마추어야구밖에 없다. 야구 발전이라는 대의를 위해서라기보단 그냥 사회 환원 차원에 가깝다고 볼 수 있다.

고등학교 야구를 살리기 위해 적극적으로 나서는 KBO는 천사이고, 일본 고교야구 지원을 하지 않는 NPB는 악마일까? 그냥 한일 양국의 고교야구 시스템이 다른 것이다. 한국은 고교야구에서 야구에 중점을 두는 것이고, 일본은 야구보다 고교가 더 앞에 있는 것이다. 그렇다고 한국은 엘리트 야구만을 추구하고, 일본은 야구보다 교육을 중시한다고 말할 수 있을까?

한일 두 나라의 고등학교 생활과 대학 입학 제도는 비슷한 것 같으면서도 많이 다르다. 이런 차이는 한일 양국의 고교야구 문화와도 닮아 있다. 양국의 교육 제도를 놓고 우열을 구분하는 것이 큰 의미가 없듯이 한국과 일본의 야구 문화가 다른 것도 서로 차이가 있을 뿐, 어느 한쪽이 우월하다고 생각해서는 곤란하다. 교육 제도는 그 사회의 반영이며, 야구 문화는 사회와 교육 제도의 틀 안에서 존재하기 때문이다.

| 7 | '일본 고교야구는 교육의 일환'이라는 오래된 주장

일본 고교야구 관계자들은 한국 취재진을 만나면 입버릇처럼 '일본 고교야구는 교육의 일환'이라는 말로 일본 고교야구의 우월성을 강조하면서 한국 고교야구를 폄하하는 경향이 있는 것을 여러 차례 경험했다. 일본 야구가 학생야구의 순수성을 추구하는 것은 사실이지만, 좀더 깊이 들어가면 일본 학생야구에도 여러 가지 허점이 존재한다. 일본 학생야구의 장단점을 정확하게 알지 못하고 그들의 일방적인 주장을 무분별하게 받아들여서는 곤란하다. 일본 고교야구로부터 배울 점이 많긴 하지만, 일본 고교야구가 무결점의 완벽한 야구는 분명 아니기 때문이다.

일본이 자랑하는 부카츠의 명암, 위험한 부카츠 만능론

×

80, 90년대 우리나라 대학생들에게 여름을 대표하는 단어가 농촌 활동, 줄여서 농활이었듯이, 일본에서 고시엔은 여름을 대표하는 고유명사이기도 하다. 실제로 고시엔 대회가 끝나면 "여름이 끝났다夏のおわり"고 표현하는 말을 자주 들을 수 있다. 고시엔 대회가 여름 대회만 있는 것이 아니라 봄 대회도 있고, 현 단위로 열리는 여러 대회들이 있지만 여름 고시엔이 최고인 것처럼, 농활 역시 겨울이나 봄에도 짧게 진행하는 경우가 있었지만 대부분은 한여름에 일주일에서 열흘 정도 농촌 활동을 하는 것이 일반적이었다. 농활만큼 활성화되지는 않았지만 공장에서 하는 공활, 경제적으로 어려운 분들을 도와주는 빈활 같은 활동도 있었다.

처음에는 농활이 농촌봉사활동을 줄인 말로 알려졌지만, 시간

이 지나면서 '봉사'라는 말을 빼고 농촌활동이란 단어로 정착되었다. 어느 한쪽에서 일방적으로 도와주는 시혜적인 차원의 활동이 아니라 '활동'을 통해 서로 도움을 받고, 배울 수 있는 상호 보완적인 관계를 추구했기 때문이라는 설명이 있었다. 2000년대를 지나면서 우리나라에서는 농활 같은 활동이 많이 줄어들었지만, 일본에서는 ○○활동으로 불리는 단어들이 여전히 성행하고 있는데 인생 전반에 걸쳐 ○○활동이라는 용어가 있을 정도로 일본은 활동活かつ의 나라이기도 하다.

중고등학교에서는 학과 수업 못지않은 비중을 차지하는 부 활동을 하면서 청춘기를 보낸 뒤 대학을 졸업할 즈음에는 취업활동을 의미하는 취활就活을 통과해 회사생활을 하다가, 결혼활동을 의미하는 혼활婚活을 통해 가정을 꾸린 뒤에 자녀가 보육원에 들어갈 때가 되면 치열한 보육원 구하기 경쟁인 보활保活이 이어지고, 초등학교에 입학할 때가 되면 초등학생 가방으로 인기가 높은 란도셀ランドセル을 사기 위해서 이른바 란카츠ラン活라고 불리는 란도셀 구입 활동을 하기도 한다. 노년기를 맞이해 인생을 정리할 시기에 오면 취활과 발음이 같은 다른 종류의 슈카츠가 기다리고 있다. 생의 마지막 활동이라고 불리는 이런저런 종활終活이 그것이다. 일본인의 삶을 규정하는 여러 활동 가운데 가장 유명하고 영향력이 큰 것은 바로 주로 중고등학교에서 활발하게 진행되는 부활동인 부카츠部活다.

부 활동은 중고등학생들이 수업 활동 이외에 다양한 취미 활동을 하는 것을 말한다. 부 활동은 야구부나 축구부 같은 운동 계열과 밴드부나 서도부 같은 문화 계열로 구분되는데, 일본 학생들은 학교생활에서 부 활동이 차지하는 비중이 학과 수업 못지않게 높으며 방과후나 주말에도 등교해서 부 활동을 준비하는 등 부 활동이 아주 활성화되어 있다. 만화 『하이큐』에 나오는 배구부의 모습이나 우리나라 배우 배두나가 출연했던 영화 〈린다 린다 린다〉의 밴드부처럼 부 활동은 다양한 장르에서 여러 모습으로 소개되고 있어 국내에도 친숙한 편인데, 일부에서는 미화를 넘어서 신비화되고 있기도 하다. 특히 운동 계열의 경우 엘리트 스포츠에만 집중되어 있는 국내와는 다른 모습을 보이고 있기에, 국내 스포츠계가 나아갈 이상적인 방향으로 제시되면서 부카츠 만능론으로 이어지기도 한다.

운동계의 경우에는 야구나 축구 같은 인기 종목뿐 아니라 학교별로 다양한 부 활동이 이루어지고 있다. 일본의 운동계 부 활동 가운데 주목해야 할 종목은 궁도부이다. 여기서 말하는 궁도는 올림픽 종목인 양궁과는 다른 종목으로, 우리나라로 따지면 전통 활쏘기인 국궁에 가깝다고 보는 것이 정확하다. 일본에서 궁도는 생활체육으로 인기가 높아 만화의 주요 소재로 등장하기도 하는데, 실제로 고등학교 궁도부가 2,000여 개에 달할 만큼 부 활동으로서 높은 인기를 유지하고 있다.

스포츠를 통해 건강한 육체 활동을 하는 것은 매우 중요하다. 특히 한 개의 운동을 평생 취미로 삼는 데에 중고등학교가 큰 역할을 하고 있다는 것은 교육적으로도 의미 있는 일이다. 일본 고교야구계에서 가장 많이 쓰는 표현을 빌려 '부 활동은 교육의 일환'이라 해도 무리가 없다. 일부에서는 지나친 부 활동으로 인해서 학습 능력이 떨어진다는 우려가 있을 정도로 일본 학생들은 활발한 부 활동을 하고 있으며 이것은 청춘의 추억이자, 평생의 자산으로 손색이 없는 부러운 모습임에 분명하다.

실제 일본 중학생의 90퍼센트, 고등학생의 70퍼센트가 부 활동에 소속되어 있는 것으로 나타났다. 중학교의 부 활동 비율이 높은 것은 상당수의 중학교가 부 활동을 의무로 규정하기 때문인데, 스포츠전문지 〈number〉에 따르면 중학교 30퍼센트, 고등학교는 15퍼센트 정도의 학교가 부 활동을 선택이 아닌 의무로 규정하고 있다고 한다. 국내에선 일본이 부 활동을 법으로 지정했다는 잘못된 보도를 하는 경우가 많은데, 실제 일본 헌법이나 교육기본법을 비롯한 법률에 '부 활동을 해야 한다'라는 규정은 어디에도 없다. 다만 학습 지도 요령에 '생도의 자주적이고 자발적으로 실시되는 부 활동'이라고 표기되어 있을 뿐이다.

이런 잘못된 내용이 퍼지는 데는 이유가 있다. 일본어를 전혀 모르는 사람들이 다른 사람들의 말을 그대로 받아적는 경우가 많아서다. 그들은 원문을 찾아볼 수 없기에 2차 자료에 의존할 수밖에 없는데, 문제는 그 2차 자료가 왜곡되어 있다는 것이다. 일본어를 잘하는 사람들의 경우에는 본인들의 뜻에 따라, 대부분 원하는 결과를 정해놓은 상태에서 자신들의 이익에 맞게 해석하기 때문에, 사실을 왜곡할 가능성이 높다.

일본 현지의 체육계 부 활동을 소개한 각종 보고서에는 일본 학생들이 너무도 행복한 학교생활을 하고 있는 듯 묘사돼 있다. 국내 학교는 대다수의 학생들이 공부에 찌들어 있는데다 소수의 엘리트 스포츠 선수들은 운동만 하는 상황인데, 부 활동이 활성화된 일본 학생들은 학교생활에 별다른 문제가 없으며 우리나라도 일본처럼 부 활동을 활성화시킨다면 학교생활에 존재하는 여러 문제점을 없앨 수 있을 것이라는 전망까지 제시돼 있다. 안타깝게도 그런 종류의 보고서는 미리 정해놓은 결론의 정당성을 뒷받침하는 근거 자료로 활용된다.

예를 들면 일본 고등학교 야구부는 대부분 교사가 감독을 맡고 있다고 서술하는데, 이 자체에는 오류가 없으나 90퍼센트의 교사 감독 외에도 전문 감독이 10퍼센트 가까이 존재하며, 야구 명문교는 전문 감독 비중이 더 높다는 사실은 언급하지 않는다. 일본 고교야구는 특대생을 뽑는 10퍼센트의 야구부와 특대생을 한 명도 뽑지 않는 90퍼센트의 진짜 부 활동 수준의 야구부가 공존하고 있다. 숫자만 보면 부 활동 수준인 학교가 압도적이지만, 고시엔의 역사를 이끌어온 영향력을 감안하면 10퍼센트가 절대적인 위상을 가지고 있다. 어느 한쪽만 보아서는 안 된다는 말이다.

국내 스포츠에선 취미로 부 활동을 접한 이후에 프로로 성공하거나 올림픽 메달을 획득하는 일본의 일부 사례를 통해 일본 부 활동을 예찬하는 경우가 많은데, 그런 경우는 드문 사례로서 일반화하기는 어렵다. 일본 부 활동과 엘리트 스포츠의 관계에서 '강화'라는 단어를 빼놓고 말할 수 없다. 올림픽 메달을 노리는 학생들은 크게 두 가지의 경우로 나뉜다. 특히 수영 같은 종목에서 고등학교 부 활동에 소속되어 있지만 실제로는 스포츠클럽에서 활약하는 경우이다. 박태환이 경기고 소속이라고 해서 경기고가 키운 수영선수이고, 김연아가 수리고를 나왔다고 수리고 피겨부의 성과라고 말하기 어려운 것과 같다.

다른 경우는 종목별로 뛰어난 학교를 찾아 진학하곤 한다. 탁구 천재로 유명했던 후쿠하라 아이가 나온 아오모리의 야마다고등학교는 일본에서 가장 탁구를 잘하는 학교로 유명하다. 후쿠하라 아이를 비롯해 수많은 국가대표 탁구선수들을 배출했는데, 그 이유는 이 학교가 탁구 종목을 '강화' 종목으로 지정해서 일본 각지에서 인재들을 스카우트할 수 있었기 때문이다. 실제 야마다고등학교는 2010년대 이후 탁구를 강화 종목에서 제외했고, 그 이후에는 유명 선수를 배출하지 못했다.

이처럼 다양한 부 활동이 있음에도 부 활동을 하지 않는 학생들을 일명 귀택부라고 표현한다. 방과후 수험 준비를 위해 학원에 다니거나, 운동이나 문화 쪽에 특별한 취미가 없거나, 부 활동의 인간관계에 부담을 느끼는 등의 이유로 부 활동을 하지 않는 비율이 점점 늘어나고 있는데 일본청소년교육진흥기구의 2017년 조사에 따르면 이른바 귀택부의 비율은 고등학생 20.3퍼센트에 달하는 것으로 나타났다. 부 활동중에서도 도서부나 컴퓨터부 같은 일부 클럽의 경우는 이름만 올려놓고 실제로 활동하지 않는 경우가 많은 것으로 알려져 있어, 실제 귀택부의 비율은 더 높은 것으로 보인다.

이처럼 귀택부가 늘어나는 것은 사회의 변화와도 관련이 크다. 한자녀 가정이 늘어나면서 단체 운동부의 경우 팀을 꾸리지 못해 통폐합되는 경우가 늘어나고 있다. 90년대 번창했던 컴퓨터부의 경우는 스마트폰의 등장으로 사실상 설 자리를 잃었으며, 개인주의 경향이 더욱 심해지면서 문화 활동 역시 클럽보다는 개인 위주로, 학교보다는 인터넷 동호회 위주로 꾸려지는 경향이 커졌기 때문이다. 사회가 급격하게 변화는 가운데, 학교가 그 변화 속도를 따라잡지 못하는 것 중에 부 활동 역시 포함되어 있는 셈이다. 부 활동은 대부분 책임 교사가 있어야 하는데, 교사들 역시 급변하는 시대를 따라가는 것이 분명 쉽지 않다.

경제협력개발기구OECD의 조사에 따르면 일본 교사들의 근로 시간은 가입국 가운데 가장 길었으며, 가장 큰 이유는 부 활동에 쏟는 시간이 길기 때문인 것으로 나타났다. 근무 시간이 긴 가운데 교사에 의한 폭력과 폭언 사건이 끊이지 않고 있으며, 1983년부터 2016년까지 부 활동 가운데 '유도' 종목에서만 121명이 사망할 정도로 문제점도 많다.

일본어 공부를 시작하다보면 우리나라에는 없는 '부등교不登校'라는 단어를 배우게 된다. 부등교는 글자 그대로 학교에 가지 않는 것을 말하는 명사인데, 2014년 문부과학성의 조사에 따르면 중학생 중 10만 명이 부등교라는 충격적인 결과가 나온 적이 있다. 부등교의 이유는 공부가 싫거나 이지메나 폭력 등 다양한데, 이런 문제는 어느 나라나 존재하겠지만 '부등교'라는 명사가 존재할 정도로 일본의 '부등교' 문제는 심각하다.

부 활동이 세계에서 가장 활발한 일본 학교에서 '부등교'라는 단어가 생길 만큼 여러 문제점을 노출하고 있는 것에서 나타나듯, 부 활동은 분명 긍정적인 면이 많지만, 부 활동이 활성화되면 엘리트 스포츠도 활성화될 뿐 아니라, 학교의 여러 문제점을 줄일 수 있다는 부 활동 만능론은 위험한 시각이다. 사회의 축소판인 학교는 사회의 문화가 바뀌어야만 변화할 수 있다.

일본은 대학 진학률이 50퍼센트 정도에 머물고 있다. 75퍼센트를 웃도는 우리나라와 비교하면 대학 진학률 자체가 낮다. 실제 일본 고등학생들은 우리나라에 비해 부 활동을 훨씬 많이 하는 반면, 절대적인 공부 시간은 우리나라보다 적은 편이다. 또한 일본 고등학교의 부 활동이 활발한 것은 이처럼 대학진학률이 우리나라보다 낮고, 대다수 학생들의 공부 시간이 적은 것도 하나의 이유가 될 수 있다. 그렇다고 해서 일본 고등학생들은 공부를 하지 않는다고 하면 과연 맞는 말일까?

일본의 대입 제도는 느슨한 편이지만 초등학교와 중학교 입시 경쟁이 치열한 것에서 나타나듯이 공부에 집중하는 학생들도 많다. 느슨한 고교 생활을 보이는 다수의 학생들뿐 아니라, 어린 시절부터 경쟁에 익숙한 10퍼센트 정도의 학생들의 모습을 모두 보아야 진짜 일본 학생의 모습을 알 수 있는 것과 마찬가지이다.

부 활동 역시 마찬가지이다. 일반 학생들이 다양한 스포츠를 즐기는 것과 엘리트 선수들이 프로나 올림픽을 지망하는 것이 부 활동이라는 이름으로 묶여 있다보니 여러 가지 오해가 발생하게 된다. 일본 부 활동은 긍정적인 부분이 많지만 부정적인 부분도 분명 존재한다. 사람들은 본인이 보고 싶은 것만 보려 하지만, 실제로는 밝은 면과 어두운 면 모두 존재한다. 부 활동을 통해 건전하게 스포츠를 즐기는 것과 '강화' 지정된 종목이나 '특대생'이 이끄는 야구 명문고를 같은 선상에서 봐서도 안 된다. 일본 요식 업계에 100엔 스시와 고가의 파인다이닝이 공존하는 것처럼 어느 한쪽만이 전부가 될 수 없다. 이 두 가지는 서로 연결되어 있기 때문이다.

협찬 없는 고교야구와 현금 없는 파칭코의 공통점

×

일본 고교야구를 취재할 때 가장 많이 듣는 말이 '야구는 교육의 일환'이라면, 그다음은 '고교야구는 상업주의를 철저하게 배격한다'는 내용일 것이다. 이것은 일본이 자랑하는 고교야구의 순수성을 강조하는 근거로 사용된다. 이런 말을 들은 외국 취재진들은 대부분 일본 야구의 순수성에 감탄하게 된다. 프로와 비슷한 장비를 사용하며 겉멋이 든 국내 고교야구의 현실과 비교하면서, 여전히 순수함을 지키고 있는 일본 고교야구를 학생야구의 이상향 반열에 올려놓기도 한다.

외국 사례를 제대로 취재하기 위해선 그 나라의 언어와 배경 지식을 갖고 있어야만 가능하다. 특히 일본의 경우는 더욱 그렇다. "그런데 고시엔 경기를 보면 협찬이 의심되는 경우를 많이 볼 수 있는데, 어떻게 된 것인가요?"라고 추가 질문을 하거나, 취재가 끝난 뒤 일본 인터넷 사이트 등을 뒤져서라도 관계자들의 말을 검증해야만 한다. 그러지 않으면 외신에게 일본 고교야구의 우수성을 자랑하고 싶은 관계자들의 발언을 그대로 전하는 앵무새 역할밖에 못하고 만다. 우리나라에서 일본 고교야구가 실제보다 과대 포장된 측면이 많은 데는 분명 언론의 책임이 있다. 상업주의에 관한 것도 좀더 깊게 들어가면 관계자들의 주장과는 다른 면을 발견할 수 있다.

일본 고교야구팀은 장비에서도 격차가 심하다. 고시엔 중계방송을 보면 대부분 새 글러브를 사용하는 것을 알 수 있다. 일본고교야구연맹이 공식적으로 야구용품 업체의 무상 제공을 금지시킨 것은 맞다. 이에 대해 질문하면 일본 고교야구 관계자들은 대부분 고시엔에 진출하면 동문들 등으로부터 각종 기부금이 쏟아지는 경우가 많기 때문에, 학교측에서 기부금을 이용해 구입하는 경우가 대부분이라는 답변이 돌아온다.

그런데 국내 용품 업체를 통해서 접한 일본 용품 업체와 고교야구의 관계는 예상대로 그들의 주장과 차이가 있었다. 일본의 야구 용품 업체가 고교생들에게 용품 무상 제공을 하지 않는다는 말 자체는 분명 사실이다. 무상 제공을 할 경우 문제가 될 수 있기 때문이다. 그런데 무상 제공을 하지 않으면서도 용품을 제공하는 편법이 있다.

일본의 괴물 투수 마쓰자카가 봄과 여름 고시엔에서 모두 우승했을 때 일본에선 마쓰자카 열풍이 불었다. 얼굴과 투구 자세를 집중 조명하는 중계방송의 특성상 마쓰자카의 글러브는 계속해서 방송에 노출되었고, 그 용품 회사의 매출은 급격히 상승했다. 용품 회사의 경우 일본의 야구 잡지를 비롯해서 여러 매체를 통해 광고를 하고 있는데, 광고비를 전혀 내지 않는 TV 중계방송의 효과가 가장 큰 것으로 나타났다.

용품 업체 입장에서는 고시엔 출전 학교를 상대로 글러브나 배트를 제공하는 것이 비용 대비 가장 효율적인 방법이다. 그런데 일본고교야구연맹은 용품 업체의 무상 제공을 금지시켰다. 그렇다면 용품 업체는 고교야구연맹의 조치에 수긍하면서 용품을 전혀 제공하지 않을까? 어쩌면 당연하겠지만 용품 업체와 학생들 모두 방법을 찾았다.

결론은 무상 제공을 피해서 초저가 제공은 가능하다는 것이다. 만일 3만 엔 상당의 장비를 1천 엔에 판다면 어떨까? 무상 제공이 아니기 때문에, 용품 업체와 학교, 선수 입장에서 모두 만족할 수 있는 절묘한 방법임에 틀림없다. 고시엔 본선에 진출하는 학교는 향후에도 야구부에 대한 투자를 계속할 가능성이 높다. 용품 업체 입장에서는 초저가에 글러브나 배트 등을 제공하면서 학교측과 좋은 관계를 쌓을 경우 아주 비싼 장비인 피칭 머신 등을 판매하는 데 성공할 가능성이 높다.

평소에도 이런 형태의 할인은 있지만, 고시엔에 출전할 경우 '고시엔 특별 할인'의 형태로 더욱 낮은 가격에 판매하는 것이 가능하다. 용품 업체로서는 고시엔을 통해 홍보를 하면서, 더 비싼 장비를 팔 수 있는 가능성도 높이는 그야말로 일석이조라고 할 수 있다. 학교나 선수 입장에서도 이익만 있을 뿐 손해볼 일은 전혀 없다. 결국 이해당사자 모두를 만족시키는 방법인 것이다.

초저가 제공이 일반적인 경우라면 몇몇 학교는 특별한 방법으로 배트나 스파이크 협찬을 받기도 한다. 명목은 '신상품의 샘플링'이다. 무상으로 제공하는 것이 아니고, 새로운 상품을 실제 시합을 통해 시험해보는 것이기 때문에 문제가 없다고 한다. 규정에 어긋나지 않으면서 실제로는 서로 이익을 보는 절묘한 편법인 것이다.

일본에서는 야구뿐 아니라 일상생활에서도 이런 편법을 쉽게 찾아볼 수 있다. 야구처럼 많은 일본인들이 좋아하는 문화가 바로 '파칭코'라고 할 수 있다. 어느 곳이건 쉽게 발견할 수 있는 파칭코는 일본인들에게는 편의점과도 같은 주위에 꼭 있어야만 하는 것이라고 할 수 있을 것이다. 일본 파칭코에서 현금을 주는 것은 금지되어 있다. 그런데 모두가 현금을 받는다. 마치 고교야구의 무상 제공 금지와 비슷하다.

파칭코에선 구슬을 경품으로 교환할 수 있다. 파칭코에서 제공하는 경품 자체가 대부분 실생활에 큰 도움이 되지 않는 물건일뿐더러, 경품을 갖기 위해 파칭코에 오는 사람은 없다. 파칭코 가게에서 현금을 주는 것은 법으로 금지되어 있다. 그래서 선택한 것이 파칭코 내부가 아닌 파칭코 가게 외부에서 현금으로 교환하는 것이다. 실제 일본 파칭코에서 현금을 주는 곳은 없다. 하지만 파칭코를 나와서 후문 쪽 으슥한 곳으로 가면 반드시 현금 교환소가 있다. 이곳에 가면 현금으로 바꿀 수 있다. 파칭코 경품을 현금으로 바꿔준다는 사실을 일본에서는 누구나 알고 있지만, 단속하는 경우는 거의 없다. 모두에게 이익이 되는 구조이기 때문이다.

또한 새로 개업한 파칭코를 이용하기 위해 길게 줄이 늘어선 모습을 쉽게 찾아볼 수 있다. 물론 새로운 장소에서 하고 싶은 마음도 있지만, 상당수 사람들은 새로운 기계를 마련한 새로운 파칭코는 당첨률을 조작하지 않는다는 믿음을 갖고 있기 때문이라고 한다. 파칭코 업체가 당첨률을 조작하는 것은 금지되어 있고, 실제 당첨률을 공개하고 있지만 이를 100퍼센트 믿는 사람은 거의 없는 편이다. 상당수 업체가 당첨률을 어느 정도 조작한다는 게 정설로 받아들여지고 있다.

파칭코 세계에서 법과 현실이 다른 것처럼 일본 고교야구의 용품 제공도 법과 현실의 차이가 분명 존재한다. 일본에는 이런 사례가 꽤 많다. 국제적으로 금지하는 고래잡이에 대해서도 일본은 상업적인 포경이 아니라 과학 조사이기 때문에 다르다는 입장을 내세우기도 했다. 또한 일본 편의점에 보면 맥주와 비슷한 발포주나 제3의 맥주까지 다양한 맥주를 볼 수 있다. 맥아 비율에 따라 세금이 부과되는 상황에서 세금을 줄이기 위한 편법을 사용하다 보니 역설적으로 다양한 종류의 맥주가 탄생하게 된 것이다.

용품 업체의 글러브 초저가 판매는 투수들에게 집중되는데, 두

가지 이유가 있다. TV 중계방송 중 투수가 가장 쉽게 노출되기 때문이다. 투수의 글러브는 의도하지 않았더라도 중계방송 시간의 대부분을 차지하게 된다. 반면 야수의 글러브는 크게 보여줄 이유가 없다. 글러브로 공을 잡는 순간을 클로즈업하는 일도 거의 없다. 슬라이딩하는 주자를 태그할 때 정도에만 야수의 글러브가 노출되는데, 그 크기는 투수의 투구 자세에 비해서 적을 수밖에 없다. 또다른 이유는 야수의 경우 새 글러브를 사용하기가 부담스럽기 때문이다.

야수는 글러브를 충분히 길들인 뒤 자신에게 익숙한 글러브로 만들어야 하는데, 고시엔 예선이 끝나고 3주 남짓한 기간에 새 글러브로 교체하게 되면 수비에 어려움을 겪을 가능성이 높고, 심리적으로 부담을 느끼기 때문이다. 이런 이유 때문에 야수의 경우는 시즌 초에 학교에서 기부금을 모아서 사는 경우가 많다고 한다.

고교야구 헌장의 내용대로 일본 고교야구 선수는 어떤 형태의 금품 지원도 받아서는 안 되는데, 실제로는 고교생이 프로구단인 세이부라이온즈로부터 영양비를 받아 문제가 된 적이 있다. 모두가 알고 있었지만 침묵하고 있었던 일이 수면 위로 떠오르자 이로 인해 야구 특대생 제도가 공식적으로 탄생하게 되었다. 여기서 주목할 부분은 '영양비'라는 명목이다.

그 액수가 분명 크지는 않았지만, '식사비'라고 하면 불법 금품처럼 여겨지는 반면 '영양비'라는 절묘한 이름은 '뒷돈'의 느낌 대신 건전하게 사용되는 것 같은 느낌마저 들 정도이다. 선수들의 영양을 증진하기 위해 사용하라는 게 무슨 문제인가, 라고 항변하는 듯한 명칭이다.

일본 고교야구는 상업주의를 배격하는 데 지나치게 집착하는 듯하다. 사실 일본 고시엔은 완전한 상업주의 배제가 불가능한 구조이다. 봄 고시엔은 마이니치신문사, 여름 고시엔은 아사히신문사가 주최하는 것에서부터 이미 상업주의에서 벗어날 수 없다. 한신 고시엔 야구장을 고교야구연맹이 무상으로 이용하는 것도 사실 상업적인 제공을 받는 것이라고 할 수 있다. 학생이라서 상업주의에 물들지 말아야 한다는 말은 당연해 보이지만, 학생이 연예인을 하거나 바둑 기사를 하면서 돈을 버는 것이 잘못이라고 말하기 힘든 것처럼, 학생과 상업주의가 공존할 수도 있다.

유튜버들도 협찬을 받는 시대에, 상업주의 대신 학생야구의 순수성을 지키려는 일본고교야구연맹의 노력 자체는 분명 긍정적인 부분이 많다. 그렇다고 해도 편법을 통해 서로 이익을 보는 용품 회사와 학교, 선수를 비난할 수만도 없다. 일본 고교야구는 마냥 순수한 야구도 아니지만 상업주의에 물들어 프로2군 같은 모습을 보여주는 야구는 더더욱 아니다. 일본 고교야구 상업주의와 일본 파칭코 업계가 놀라운 공통점을 갖고 있는 것처럼, 일본 고교야구와 일본 사회는 '상업주의'를 어떻게 현실에 맞게 적용할 것인지의 기로에 서 있다.

휴일에 행사가 많은 일본,
휴일 문화에 영향받은 야구 문화

×

한국의 선거 방송은 화려한 그래픽과 박진감 넘치는 진행으로 전 세계에서 화제를 불러모으고 있다. 후보자의 이름을 실제로 글자로 써야 할 정도로 아날로그 선거의 절정을 이루는 일본이기에 한국의 선거 방송에 대해 놀라는 것은 어쩌면 당연하다. 여기에 일본인들이 더욱 놀라는 것은 한국은 평일에 투표를 하며 공휴일로 지정된다는 점이다. 일본은 일요일에 선거를 한다. 일본인들은 모두 놀러가거나 쉬느라 투표일이 저조한 측면도 있다며, 한국의 선거 문화를 부러워하기도 한다.

일본은 중요한 행사가 일요일인 경우가 많다. 선거 못지않게 중요한 행사인 대학입학시험센터시험도 토요일과 일요일, 이틀에 걸쳐 진행된다. 초등학교 운동회뿐 아니라 고등학교 생활의 꽃이라고 불리는 문화제도 일요일에 열린다. 학생들은 부 활동을 위해 주말에도 교복을 입고 학교에 가는 것이 일반적이다. 부 활동의 하나이자 '교육의 일환'으로 진행되는 고교야구 역시 주말을 우선시하고 있다.

일본 고교야구 관련 관계자들은 외신을 상대로 자주 하는 말이 있다. 그런데 사실 일본 고교야구를 취재하는 외신의 대부분은 바로 한국인데, 그들은 마치 한국과는 다르다는 것을 강조하는 듯이 말한다. "우리는 주말과 방학을 이용해서 야구를 해서 수업 결손이 발생하지 않습니다."

선거와 센터 시험 등 국가적인 행사부터 시작해서, 학교 행사의 중요한 축인 운동회나 문화제, 부 활동을 주말을 이용해 하는 것은 맞다. 실제 일본 고교야구는 매 주말마다 연습경기를 치른다. 그리고 대회 역시 주말을 최대한 이용하려는 것도 사실이다. 이런 사례를 통해 국내 체육계도 일본처럼 평일 대회를 금지하고 주말에만 경기를 열어야 한다는 주장까지 나오고 있다.

하지만 일본이 평일과 방학에만 대회를 연다는 것은 사실과 다르며 일부 사실의 왜곡이자 전형적인 침소봉대라고 할 수 있다. 일본 역시 여러 가지 사정으로 고교야구는 평일에도 상당수 경기가 열린다. 고교야구뿐 아니라 다른 종목 역시 마찬가지이다. 최대한 수업 결손을 줄이기 위해 노력해야 하는 것은 맞지만 평일 대회 개최를 마치 범죄시해서는 안 된다. 오로지 주말에만 대회를 여는 것은 현실적으로 불가능하기 때문이다.

우리나라 포털사이트의 '지식in'에 해당하는 것을 일본에서는 '지혜주머니'라고 부른다. 실제 2019년 7월 8일자 질문에는 이런 내용이 올라와 있다. "오늘 고교야구 지방 대회가 각지에서 열리는데, 평일 시합인 학생들은 학교를 쉬는 것인가요?"

여기에 대한 답변은 굉장히 많이 달려 있는데 이를 인용하면 "부 활동으로 인한 시합 출전은 공휴 공결 결석으로 카운트되지 않음이라는 형태로 인정됩니다. 야구부의 후보 부원이나 악기연주부, 응원부도 행사의 일환으로서 결석으로 카운트되지 않습니다. 다른 일반 학생들은 전교 응원의 경우 결석이 아니라 행사의 일환으로서 인정됩니다. 그렇지 않은 경우는 무단결석이 원칙이지만, 보통의 경우 교사가 눈감아주곤 합니다."

우리나라의 지식in이 100퍼센트 사실이 아니듯이, 일본의 지혜주머니 역시 참고사항일 뿐 실제로 취재해야 더 정확한 사실을 알 수 있다. 일본 고등학교에서 야구를 했던 한 야구인에 따르면 평일 대회 참가의 경우 당연히 출석이 인정된다고 한다. 학교 대표로 출전하는 야구 대회가 평일에 열린다는 이유로 출석이 인정되지 않거나, 수업을 받아야 한다는 이유로 대회에 불참하는 일은 있을 수 없다는 것이다.

일본 학생들이 고등학교를 선택할 때 부 활동 여부를 참고하는 사례가 있는 것에서 나타나듯, 일본에선 수업보다 부 활동을 우선시하는 경향이 있고, 이에 대해 찬반양론이 존재하는 것이 사실이다. 일본 고교야구 관계자들은 일본 학생들이 주중에 열심히 수업을 듣고, 주로 주말을 이용해 경기에 참가한다고 주장하지만, 이를 100퍼센트로 받아들여서는 곤란하다.

'고교야구는 교육의 일환'이라는 그들이 자주 사용하는 표현은 그렇기 때문에 대회 참가도 '교육의 일환'으로 받아들이는 근거로 사용된다. 교육의 일환이라는 것은 야구뿐 아니라 응원도 교육의 일환이고 소풍도 그렇다. 수업 대신 야구를 하더라도 아무 문제가 없는 것이다.

일본의 부 활동은 학교 교육이라는 틀에서 진행되지만 교육 과정 바깥에 있다는 이질적인 특성을 가지고 있다. 미국처럼 교육과 전혀 상관없는 학교 외부의 스포츠클럽 형태로 운동할 경우 주말에만 진행하는 것이 합리적이다. 우리나라 리틀야구도 마찬가지이다. 그런데 일본 고교야구는 학교 교육이면서, 교육 과정에서는 제외되어 있기에 주말에만 강요하기에는 곤란한 문제가 있다.

학교 정규 교육 과정을 평일에 진행하듯이, 야구나 다른 부 활동 역시 학교에 등교하는 평일에 진행하는 것이 합리적이라는 의견도 있다. 하지만 주말에만 경기하는 것이 어려운 것처럼, 평일에만 경기하는 것도 여러 가지 문제점을 안고 있다. 그래서 주말과 주중을 골고루 섞어서 진행할 수밖에 없다.

평일에 경기하는 경우 학교에서 수업이 제대로 진행되기 어렵다. 야구를 비롯해서 여러 종목의 학생 선수들이 대회에 참가하게 되면, 남아 있는 학생들로만 수업을 하는 것도 불공평한 측면이 있다. 이럴 경우 대부분 자습의 형태로 진행되는 경우가 많다고 한다. 부 활동에 인솔 교사가 있어야 하는 관계로 인솔 교사가 대회에 출전하는 경우에도 수업이 정상적으로 진행되기 어렵다. 과목이 많은 영어나 수학 같은 주요 과목 교사가 외부 대회 참가가 많은 종목의 부 활동을 맡기 어려운 이유도 바로 이런 점 때문이다.

　주말에만 경기하기 어려운 또다른 이유는 경기장 확보의 어려움 때문이다. 일본에서는 2021년 현재 3,890개의 학교가 야구부를 운영하고 있는데, 이 숫자는 정확히 말하면 야구부가 아니라 경식 야구부를 의미한다. 프로와 같은 딱딱한 공을 사용하는 경식 야구부가 물론 일반적이지만 일본에는 부드러운 공을 사용하는 고등학교 연식 야구부도 399개나 된다. 연식 야구부는 경식 야구부에 비해 고등학교 비중은 10분의 1에 불과하지만 초등학교나 중학교는 더욱 비율이 높다.

　일본 유소년야구는 초등학교, 중학교 야구와 함께 리틀야구, 포니리그, 보이스리그같이 다양한 리그가 발달해 있다. 대학야구와 사회인야구 역시 엄청나게 활성화되어 있다. 우리나라의 사회인야구에 해당하는 쿠사야구를 하는 인구도 꽤 많다. 이 사람들을 모두 주말에 수용하는 것은 불가능하다. 또한 대회를 하는 야구장은 일정 정도 기준을 넘는 시설이어야 한다. 다양한 유소년리그부터 고교야구, 대학야구, 사회인야구에 쿠사야구를 주말에 모두 치르는 것은 불가능하다. 주말에만 야구를 하고 싶어도 실제로 그렇게 하면 대회 진행이 되기 어려운 구조이다.

　야구뿐 아니라 다른 종목도 마찬가지이다. 종합운동장의 경우는 축구장 밖에 육상 트랙이 존재한다. 그렇다고 해서 축구 대회와 육상 대회를 동시에 치를 수는 없다. 그래서 첫 주 토일월화수에는 육상이 열리고, 그다음 주 토일월화수에는 축구 대회를 진행하는 방식이 주로 사용된다. 같은 체육관을 공유하는 핸드볼과 배구의 경우도 마찬가지 방법이다. 이론적으로 핸드볼은 핸드볼 경기장에서만, 배구는 배구장에서만 열면 되겠지만 이런 시설을 모두 갖추는 것은 현실적으로 불가능하기 때문이다.

일부에선 일본은 대회 수가 적기 때문에 큰 문제가 없을 것이라는 의견이 나올 수도 있을 것이다. 우리나라에서는 일부 야구 전문가들조차 일본은 봄 고시엔-여름 고시엔 두 차례만 대회를 치르는 것으로 알고 있는 사람들도 꽤 있다. 하지만 전국 단위의 큰 대회가 두 번일 뿐 현 대회, 지구대회까지 감안하면 대회 수가 적다고는 할 수 없다. 물론 우리나라의 대회가 지나치게 많은 것도 사실이다.

일본 고교야구부는 여름 고시엔을 중심으로 1년을 시작하게 된다. 고시엔 본선에 진출한 49개 팀은 8월 고시엔에 출전하는데, 고시엔 진출에 실패한 대부분의 팀들은 7월 말부터 이른바 지옥의 여름방학 훈련을 하게 된다. 목적은 9월에 펼쳐지는 추계 현 대회를 위해서이다. 대부분의 대회가 전국 대회인 우리나라와는 달리, 일본은 현 대회나 지구대회만 해도 수백여 개의 학교가 출전하기 때문에 결코 적지 않은 규모이다.

추계 현 대회에서 좋은 성적을 내는 팀은 10월에 열리는 긴키 지역, 간토 지역, 도카이 지역, 홋카이도 지역 같은 추계 지구대회에 출전하게 된다. 여기에 11월 열리는 전국 대회인 메이지진구 대회가 있고, 국체에도 출전한다. 12월부터 2월까지 동계훈련 기간을 거치면 3월 봄 고시엔인 선발고등학교야구대회가 열리게 된다. 3월 하순부터 4월 초에는 춘계 현 대회가 예정되어 있으며, 5월에는 춘계 지구대회가 기다리고 있다.

이 밖에도 현마다 다양한 번외 대회가 있는데, 주로 시장배 대회나 지역 NHK배가 중간중간에 열린다. 일본 고교야구대회 수는 결코 적다고 할 수 없으며, 매 주말 열리는 연습경기까지 감안하면 부담이 꽤 큰 편이다. 이렇게 경기 수가 많기 때문에 평일과 주말을 함께 이용해야만 1년 스케줄을 모두 진행할 수 있는 것이다.

일본이 일요일에 선거를 치르는 반면, 영국은 시장의 전통에 따라 목요일을 투표일로 정하고 있고, 우리나라는 수요일이 투표일이지만 공휴일이다. 이처럼 큰 행사를 진행하는 나라의 문화에는 차이가 있으며 이것은 서로 다름이지 옳고 그름의 문제가 아니다.

학생야구를 등교하는 날에 하느냐 휴일에 하느냐 역시 문화적인 차이부터 교과 과정까지 여러 가지를 종합적으로 고려해야 한다. 물론 경기가 많은 야구의 특성과 한정된 운동장을 감안하면 주말이나 주중 어느 한쪽이 아닌 주말과 주중을 동시에 합리적으로 이용하면서 수업 결손을 최소화하는 방향으로 가는 것밖에는 대안이 없다. 중요한 건 주말이나 주중이나 특정 이익집단을 위해서가 아닌 철저하게 학생을 위한 제도를 만들어야 한다는 점이다.

과로사회 일본과 밤을 잊은 야간훈련

×

2003년 박찬호의 텍사스 이적 후 두번째 시즌 스프링캠프에는 꽤 많은 한국 기자들이 몰렸다. 이적 첫해인 2002년 2월은 2002년 한일월드컵이라는 특수 상황이 있었기에 대부분의 취재진이 축구에 집중한 관계로 메이저리그를 전담하는 스포츠신문 기자들이 대부분이었지만 2003년엔 달랐다. 스포츠신문과 방송 3사에 종합일간지까지 이른바 유력 언론 가운데 박찬호 취재를 가지 않은 곳은 없었다.

필자는 2001년 박찬호가 LA다저스에서 뛰던 시절에 베로비치에서 열린 훈련을 취재한 적이 있어서 메이저리그 스프링캠프가 어떻게 진행되는지를 경험한 바 있다. 그런데 2003년에는 애리조나에서 열린 텍사스레인저스의 메이저리그 캠프에는 처음 온 기자들이 꽤 있었다. 아침에 시작된 훈련이 12시를 전후해서 종료되자 몇몇 기자들은 의아하게 생각했다. "벌써 끝난 거야? 생각보다 별거 없네."

1년 뒤 국내 프로야구 최고 스타였던 이승엽이 일본 프로야구 지바롯데로 이적했다. 56호 홈런 신기록의 주인공이자, 미국보다 해외 출장 비용이 적게 드는 일본의 특성까지 겹치면서 지바롯데 가고시마 스프링캠프에는 한국 취재진으로 가득했다. 물론 일본 취재진들도 꽤 있었지만 지바롯데가 요미우리나 한신 같은 인기 구단이 아니다보니, 일본 언론보다 한국 언론의 숫자가 더 많았다.

이승엽은 상기된 표정으로 첫 훈련을 소화했는데, 오후 4시를 넘겨서까지 훈련이 이어졌다. 점심식사도 훈련장에서 간단히 우동으로 때우는 모습이었다. 국내에서 매년 해외 전지훈련을 경험했던 그이지만 일본에서의 첫 훈련에선 힘들어하는 기운이 역력했다. 이승엽은 훈련 시간이 긴 것도 그렇지만, 훈련 강도가 높고, 중간중간 쉴 시간이 부족해서 한국 시절보다 훨씬 힘들었다고 말하기도 했다.

박찬호의 메이저리그와 이승엽의 일본 프로야구 스프링캠프의 모습은 미국 야구와 일본 야구의 차이를 상징적으로 보여준다. 한국에서 건너간 이승엽뿐 아니라, 메이저리그 출신 외국인 선수들이 일본 프로야구에 진출해서 첫 훈련부터 당황하는 이유는 바로 훈련에 대한 가치관의 차이 때문이다.

미국 훈련은 단체훈련이지만 개인이 알아서 해야 하는 부분이 많은데다, 훈련 시간 자체가 일본에 비하면 매우 짧다. 일본은 절대적인 훈련 시간이 길다. 여기에는 기술적인 훈련뿐 아니라, 훈련을 통한 정신력 강화라는 일본 특유의 문화가 숨겨져 있다. 외국에서 볼 때 이해하기 어려운 일본 프로야구의 훈련 시간처럼 일본 고교야구의 훈련 시간도 상당히 길다.

일본 〈asahi.com〉이 보도한 일본 고교야구 평균 훈련 시간을 보면 2018년 기준 3시간 미만이 50.4퍼센트, 3시간 이상이 49.5퍼센트로 나타났다. 이 조사는 지난 2003년부터 5년 단위로 실시되어왔는데, 평균 훈련 시간은 계속 줄어드는 경향이 이어지고 있다. 실제 3시간 이상 훈련하는 학교 비중은 2003년 56.3퍼센트에서 2018년에는 49.5퍼센트를 기록해 조사 이후 처음으로 절반 이하로 떨어졌다.

일주일 중 하루도 쉬지 않고 매일 훈련하는 학교는 2003년 33.4퍼센트에서 2018년에는 12.6퍼센트로 큰 변화를 보이고 있다. 일본 고교야구 헌장에서 주 1회 휴식을 권장한데다, 유토리 교육 등 사회 전체가 변하기 시작하면서 훈련 시간이 짧아지고, 휴식 시간이 늘어나는 방향으로 변화하고 있음을 알 수 있다.

이중 매일 훈련하는 12.6퍼센트의 숫자는 야구를 그저 취미로 하는 것이 아니라 고시엔에 자주 출전하는 이른바 강호교일 확률이 높다. 물론 강호교 중에서도 주 1회 휴식을 철저히 지키는 경우도 있지만, 대부분 자율훈련이라는 명목으로 매일 훈련하는 것이 일반적이다.

유튜브 닛칸스포츠 야구 채널을 검색하면 '고교야구선수의 1일 高校球児の1日'이라는 제목의 영상이 여럿 올라와 있다. 실제 일본 고등학교의 하루를 보여주는데, 이를 통해 고시엔 대회 출전을 목표로 하는 이른바 강호교 선수들의 하루를 알 수 있다.

이와테현에 있는 모리오카대학부속고등학교 야구부는 봄 고시엔 5회, 여름 고시엔에 10회 출전한 경력이 있는 팀인데, 타 지역 현 출신들이 많다. 유난히 눈이 많이 내려 야구를 하기 쉽지 않은 환경에서, 어린 나이에 부모와 떨어져서 기숙사에서 단체 생활을 하면서 전국 굴지의 타격 강팀으로서 열한번째 고시엔 출전을 목표로 하는 팀이라는 설명이 이어진다.

기숙사생 48명의 아침을 여는 사람은 뜻밖에도 감독의 부인이다. 감독 부인은 5시 30분부터 기숙사 생활을 하는 야구부 선수들의 아침을 준비하기 시작한다. 오전 6시 30분 기상 점호를 마치면 식사조와 청소조로 나뉘어 번갈아 식사와 청소를 하는데, 눈이 많이 오는 지역의 특성상 눈 청소할 일이 많다. 사용한 식기는 자신이 씻어야 하며, 8시 등교 시간까지는 각자 정리의 시간을 갖는다.

기숙사에서 학교까지는 자전거로 6분 걸리는데, 야구부는 전원 같은 반에 편성되어 있는 것이 이 학교의 특징이기도 하다. 점심 식사 이후 학교에서 차로 10분 거리에 있는 야구 연습장에 도착해 12시 50분부터 훈련을 시작하는데, 눈이 많이 오는 관계로 장화를 신고 훈련하는 경우가 많다. 2~3월에는 눈이 쌓인 그라운드에서 훈련하는데, 눈 위에서는 수비훈련이 불가능하기 때문에, 타격 연

일본항공고등학교의 22시 야간훈련 종료 모습(출처: 닛칸스포츠 유튜브〈高校球児の1日〉)

습 위주로 진행한다고 한다. 그래서 수비에 비해 타격이 강하다는
특징을 갖고 있다.

　타격 연습 이후에는 근육훈련 등을 진행하며 17시까지 연습
을 계속한다. 18시에 저녁식사를 마치면 저녁 점호가 있는 21시
30분까지 자율 연습이나 공부, 목욕, 세탁 등을 하는데, 대부분은
자율훈련을 하게 된다. 23시에는 6인 1실로 이루어진 기숙사 전체
의 소등 시간이다. 아침 6시에 기상해 밤 11시까지 일정이 이어지
는 셈이다.

　또다른 학교는 '압도적인 연습량'이란 제목으로 소개된 야마나
시현의 일본항공고등학교이다. 일본항공고등학교는 1960년에 야

구부를 만들었는데, 봄 고시엔 출전 1회, 여름 고시엔 출전 5회를 기록한 학교이다. 야구부 기숙사는 학교 근처에 있는 운동장 옆에 자리한 관계로 아침 6시부터 아침 자율 연습이 활발하게 진행된다. 실내 연습장이 세 개나 있어서 투수조와 야수조가 동시에 훈련할 수 있다.

7시 15분에 아침식사를 한 뒤 등교해 4교시 수업을 한 뒤 점심식사를 마치고 14시 10분부터 연습을 시작한다. 18시 정각에 오후 연습이 끝나면 18시 15분부터 기숙사에서 저녁을 먹고, 19시부터는 야간훈련이 예정되어 있다. 이후에 자율훈련이 22시에 끝나면 23시 전체 소등 전까지 목욕이나 세탁을 끝내야 한다. 3인 또는 4인이 이층 침대를 두고 한방에서 생활한다. 이 학교의 감독은 이렇게 연습을 많이 하는 것에 대해서 "큰 무대에 가게 되면 싸우는 것은 자신뿐"이라며 훈련의 중요성을 이야기한다. 프로그램 마지막에는 '3년 24시간'이라는 자막이 나와 이런 하루가 특별한 날이 아니며 3년 내내 이어지는 평범한 하루라는 것을 알려준다.

그런데 위의 두 학교는 고시엔 우승 경쟁을 할 수준에는 미치지 못한다. 2000년대 최고의 야구 명문으로 꼽히는 오사카토인고등학교는 엄격한 규율과 장시간의 훈련 시간으로 유명하다. 오사카토인고등학교처럼 고시엔 우승을 노리는 학교는 대부분 평일 7시간, 휴일 12시간 훈련이 일상화되어 있다. 이런 강도 높은 훈련이 일본 야구의 전통으로 받아들여지고 있다.

일본 프로야구와 고교야구의 훈련 시간이 긴 것은 일본 사회의 노동 시간이 긴 것과 무관하지 않다. 일본은 주요 선진국 가운데 노동 시간이 긴 것으로 유명하다. 2010년 조사에 따르면 일본의 노동 시간은 1,978시간으로 경제협력개발기구OECD 35개 회원국 평균보다 334시간이나 많았다. '과로사'라는 단어가 일본에서 만들어졌다는 게 당연해 보인다. 최근에는 월 80시간 이상의 시간외노동을 의미하는 '과로사 라인'이라는 신조어까지 탄생했을 정도다.

이처럼 과도한 일본의 노동 시간은 철학자 이시다 바이간의 '제업즉수행諸業卽修行'에서 영향을 받으면서 시작된 것으로 알려져 있다. 이시다의 이론에 따르면 노동은 단지 돈을 벌기 위한 수단이 아니라 노동 그 자체가 수양을 쌓는 것이며 자기완성에 이르는 길이다. 자본주의가 발달하기 전부터 유행하기 시작한 이시다 바이간의 사상은 일본 자본주의의 발달에도 큰 영향을 미쳤다. 별다른 대가 없이 오랜 시간 노동을 하더라도 결국 본인의 수양을 위한다는 믿음이 퍼져 있었기에 초과노동에 대한 거부감이 거의 없었고, 이런 풍조는 고도성장기 일본의 발전을 뒷받침하는 힘이 된 것이다.

일본이 고도성장기를 넘어선 이후에 초과노동 문제는 과로사를 낳았고, 사회 문제로까지 확대되고 있다. 2015년 일본 사회에 큰 충격을 준 '덴츠' 신입 사원의 자살은 그가 한 달에 무려 105시간의 초과근무를 했으며, 퇴근한 것처럼 한 뒤 다시 회사에 돌아와 일을 했다는 사실까지 알려져, 일본 사회의 고질적인 문제점을 노출했다.

일본 교사 역시 과로사했다는 뉴스가 주기적으로 나오고 있다.

월 80시간 이상의 시간외근무를 하는 '과로사 라인'에 해당하는 교사가 전체의 절반을 넘는다는 분석이 나온 적도 있다. 특히 부활동을 담당하는 교사의 경우 아침 7시부터 밤 10시까지 연습하는 야구부와 마찬가지로, 아침부터 저녁까지 근무하고 휴일에도 또 근무하는 악순환이 이어지고 있다.

앞서 전한 경제협력개발기구의 2019년 조사에서 일본이 1,978시간을 기록했을 때 우리나라는 2,060시간을 근무해, 일본보다 훨씬 노동 시간이 길었고 멕시코에 이어 2위에 올랐다. 2020년에 일본이 1,598시간을 기록할 때, 우리나라는 1,908시간으로 여전히 일본보다 월등히 긴 노동 시간을 기록했다. 고교야구부의 훈련 시간은 과연 어떨까?

4,000개에 가까운 일본 고교야구부 가운데 앞서 소개한 모리오카부속고등학교나 일본항공고등학교처럼 강도 높은 훈련을 하는 학교는 전체 5퍼센트 정도인 200여 개 미만으로 추정된다. 반면 우리나라는 80개 고등학교 대부분이 하루 7시간, 휴일 12시간의 훈련을 소화하고 있다. 역시 야구 문화는 그 사회의 문화를 그대로 반영한다는 걸 알 수 있다.

| 8 | 마음의 고향,
야구의 성지라는 이름

일본에게 야구는 마치 종교와도 같다. 야구장은 신성한 장소로 여기기 때문에 입장할 때부터 예의를 갖추어야 한다. 평범한 행사였던 시구는 예의를 갖추게 되면서 지금의 모습으로 정착되었고, 일본 1위를 가리는 고시엔은 우승컵을 주는 평범한 대회가 아닌 우승 깃발을 얻기 위한 특별한 대회가 되었다. 고시엔의 흙을 가져가는 것은 패배의 의식이면서, 승리에 대한 다짐이기도 하다. 세계 야구장을 통틀어 봐도 '성지'라고 불리는 곳은 고시엔이 유일하다.

야구라는 이름의 종교, 성스러운 장소 야구장

×

처음으로 일본 야구를 직접 취재했던 1999년 한일슈퍼게임 당시, 가장 인상 깊었던 것은 일본 선수들의 마치 교과서를 보는 것 같은 정교한 야구 실력이나, 세상 어디에서도 보기 힘든 일본 야구 팬들의 열정이 아니라, 일본 선수들이 야구를 대하는 태도였다.

모든 선수들이 야구장에 입장할 때 인사하는 장면을 볼 수 있었다. 인사하는 방법은 가벼운 목례부터 손을 모으는 동작이나, 말로써 인사하는 선수까지 다양했지만 모든 선수들이 인사하는 대상이 야구 선배나 야구팬 같은 사람이 아닌 '야구장'이라는 사실은 너무나 놀라웠다.

당시 한일슈퍼게임은 1차전부터 4차전까지 진행되었는데, 일본 선수들을 유심히 지켜본 결과 대부분 입장할 때뿐 아니라 경기가 끝난 뒤 야구장을 떠날 때에도 인사하는 모습을 볼 수 있었다. 일부 투수들의 경우는 마운드에서도 인사를 하고, 타석에 들어설 때마다 인사하는 선수도 있었을 정도이다.

이승엽의 요미우리 시절 감독을 맡아 우리나라 야구팬들에게도 친숙한 하라 감독은 야구장에 들어설 때뿐 아니라 심지어 유니폼을 입기 전 유니폼에도 예의를 표시하는 것으로 알려져 있기도 하다. 일본에서 뛰는 외국인 선수들은 이런 자세를 취하지 않지만 일본에서 오래 뛴 외국인 선수의 경우는 다른 일본 선수들이 행동하는 것처럼 가볍게 인사하는 선수를 본 적도 있다.

이런 모습을 봤을 때 일본 선수들은 정말 예의바르다는 생각을 할 수밖에 없었다. 야구를 대하는 마음이 특별하다고 여겨졌다. 프로야구 선수들뿐이 아니었다. 일본 대표로 출전하는 사회인야구 선수들이나 고교야구 선수들 역시 똑같이 야구장에 들어설 때 인사하는 모습을 볼 수 있었다. 심지어 언젠가 한국에 거주하고 있는 일본인과 야구 시합을 할 때, 이른바 동네야구를 하는 사람들에게서도 예의 그 남다른 모습이 눈에 띄었다.

흥미로운 사실은 야구가 아닌 다른 종목 선수들은 조금 달랐다는 것이다. 야구선수들처럼 경기장에 들어설 때 인사하는 선수를 거의 본 적이 없다. 2002년 부산아시안게임 특집을 위해 일본 유도 대표팀을 취재했을 때 일부 선수들이 유도장에 들어오면서 인사를 했지만 야구선수들처럼 모든 선수가 인사를 하지는 않았다. 육상이나 수영의 경우도 입장할 때 특별하게 예의를 표시하는 모습을 보지 못했다. 축구나 배구 같은 구기 종목의 경우도 사정은 비슷했다.

여기서 당연히 들 수밖에 없는 생각은 일본에서 야구선수만 특별한 존재인가? 꼬박꼬박 인사하는 야구선수는 다른 종목 선수들에 비해서 '예의'에 대한 의식이 높은 것인가? 궁금증은 리틀야구 관계자를 통해서 어느 정도 해답을 찾게 되었다. 일본은 리틀야구 선수들도 야구장에 입장할 때 인사를 하는데, 감독이나 코치로부터 그렇게 하도록 교육받는다는 것이었다.

어린 시절부터 야구장에 인사하도록 교육받은 선수들은 고등학교를 거치면서 자연스럽게 인사 자세가 몸에 밴다는 것이다. 선수들에게 예의를 가르치는 것은 결코 나쁜 일이 아니다. 어린 선수들은 물론이고 지금은 은퇴한 노년의 전직 야구선수가 모교 야구장에 들어설 때 인사하는 모습은 분명 감동적이다. 그런데 일부에서는 야구가 종교도 아닌데, 지나치게 종교적인 느낌을 주는 것에서 위화감을 느낀다는 시각도 있다.

일본에서 야구는 종교와 비슷한 점이 많다. 일본에서는 종교가 생활 속에 자연스레 녹아들어 있으며 동네마다 작은 신사를 쉽게 찾아볼 수 있다. 한적한 시골을 가더라도 야구장을 쉽게 발견할 수 있는 것과도 비슷하다. 일본에는 그라운드와 관중석을 갖춘 정식 야구장만 해도 800개가 넘는다. 일본 사이타마에 있는 야큐이나리신사箭弓稲荷神社는 야구와 발음이 같은 '야큐'가 들어간다는 이유로 야구 관계자들이 즐겨 찾는 신사가 되었을 정도이다.

마치 성지를 다니는 순례자처럼 모든 야구장을 찾는 야구팬들
도 많다. 사이토 신이치로라는 사람은 '전국 야구장 순례'라는 제
목의 일본 877개 야구장 방문 관전기를 책으로 내기도 했을 정도
이다. 성지 순례는 분명 종교에서 나온 단어이다. '성지'는 예루살
렘이나 바티칸, 메카 같은 도시를 말하는데 국교가 없는 일본에는
'성지'라는 표현을 쓰는 곳이 존재한다. 바로 일본 야구의 성지라
고 불리는 고시엔 야구장이다.

　　여기서 드는 궁금증 하나. 일본 야구의 성지가 고시엔이라면 한
국 야구의 성지는 과연 어디일까? 잠실이라고 말하기에는 너무 역
사가 짧다. 잠실야구장은 1982년에 만들어졌기 때문이다. 그럼 야
구 종주국인 미국 야구의 성지는 과연 어디일까? 가장 유명한 양
키스타디움은 신축 구장이 만들어졌고, 보스턴 팬웨이파크나 시
카고 리글리필드가 아주 오래되었지만 특별히 성지라기에는 뭔가
부족한 면이 있다. 다른 종목에서도 고시엔 야구장처럼 '성지'라는
단어와 어울리는 곳을 찾기는 어렵다.

　　일본 고교야구 선수들은 '성지'라는 단어에서 느껴지는 종교적
인 색채에 어울리는 모습을 하고 있다. 일본 고시엔 본선에 진출
한 대부분의 선수들이 '빡빡머리'를 하고 있다. 고교야구부라는 종
교 단체에 가입한 학생들이 '야구의 성지'라는 종교 시설에서, 고
시엔 대회라는 종교 활동을 하는 것과 비슷하다.

　　생각해보면 고교야구 선수들은 구도자같이 수행하는 모습으로
묘사된다. 8월 고시엔의 뜨거운 태양 아래서 쏟아지는 땀방울을

힘겹게 닦아내며 매 순간 최선을 다하는 모습을 분명 학생야구다운 긍정적인 부분이지만 비현실적인 느낌이 들기도 한다. 심판 판정이 아무리 잘못되어도 항의를 할 수 없다. 억울하게 모든 것을 감당하는 모습에선 박해받는 종교인의 모습이 겹쳐 보인다.

이런 고교야구의 인기가 높은 것은 시청자들 역시 종교 활동을 통해 얻는 감정과 비슷한 위안을 야구 소년들로부터 얻기 때문일 수도 있다. 인간이기에 많은 잘못을 범하지만 종교를 통해 용서받는다고 믿는 것처럼, 봄-여름 고시엔이 열릴 때는 돈을 위해서 야구를 하는 프로야구가 아닌 순수한 학생야구를 보면서 위로받는다고 믿을 수 있기 때문이다.

어쩌면 일본 고교야구가 프로의 지원을 거부하고 일체의 상업적인 요소를 배제하는 것도 고교야구를 순수의 상징으로 신성시하는 풍토 때문일 수 있다. 돈 때문에 야구를 하는 것이 아닌 어린 학생들은 세속에 물들지 않은 종교인과 비슷하다고 볼 수 있기 때문이다. '신성'을 유지하기 위해서는 어린 학생들을 끊임없이 담금질해야 한다. 있는 그대로의 모습을 보여주게 되면 더이상 신성을 유지할 수 없기 때문이다.

또한 흡연이나 음주 등이 발각되었을 때 해당 선수뿐 아니라 학교 전체에 대한 징계를 내리는 것 역시 종교적인 순수성을 훼손했다고 보는 것과 비슷하다. 마치 파계를 했을 경우, 종교에서 제명되는 것에 해당된다. 파계한 종교인이 끼치는 해악은 종교를 믿지 않는 사람보다 크다고 생각하는 것과 다르지 않다.

사실 일본인들은 생활이나 직업 자체를 수행이라고 본다는 생각이 강하다. 그래서 도道라는 말을 자주 사용한다. 붓글씨를 우리는 서예로, 중국은 서법이라 부르지만 일본에서는 서도라는 명칭을 쓴다. 스포츠 역시 궁도나 검도, 유도처럼 도를 많이 쓰는데 야구는 미국에서 유래한 종목인데다 팀 스포츠여서 '야큐'로 정착되었지만 일본인들은 야구를 '야구도'라고 부르고 싶었을 것이다.

그런데 이런 '야구도'의 개념은 일본의 군국주의가 한창이던 시절 만들어진 것이다. 21세기와는 어울리지 않는다. 1924년 탄생한 고시엔 야구장은 몇 해 지나면 완공 100주년을 맞이하게 된다. 그동안 꾸준히 시설 보완을 해왔지만 오래된 야구장을 언제까지 사용할 수 있을까? 종교의 성지는 바뀔 수가 없는데 야구의 성지라는 이름을 가진 고시엔 야구장을 허물고 양키스타디움처럼 새로운 구장을 지으면 그곳이 여전히 성지라는 이름을 유지할 수 있을까?

일본의 직장인들, 특히 영업직에 종사하는 사람들에게 금기시되는 것이 세 가지가 있는데, 바로 야구와 정치, 종교 이야기를 하지 말라는 것이다. 야구는 응원팀이 다를 가능성이 높고, 정치적인 견해는 갈등을 유발하기 쉬운데다, 종교 역시 무엇보다 민감한 문제이기 때문이다.

직장인들에게 금기시되는 세 가지 가운데, 야구와 종교가 들어 있다는 점은 흥미롭다. 특히 야구를 종교로 여기는 사람이 많은 일본에서 나온 이야기이기 때문이다. 이런 가운데 종교적인 색채가 강한 고교야구가 여전히 사랑받는 것은 더욱 특별하게 느껴진다.

상대를 존중하는 학생야구에서 탄생한 시구 문화

×

메이저리그 템파베이레이스 구단은 아버지가 아프가니스탄에서 파병 근무를 하고 있는 아홉 살 소녀를 시구자로 초청했다. 전광판에는 긴장하지 말고 잘 던지라는 아버지의 영상 메시지가 흐르고 힘차게 던졌지만 공은 생각보다 멀리 가지 못했다.

이 모습을 바라보던 포수가 마스크를 벗었는데, 놀랍게도 아버지가 그 자리에 있었다. 아버지 애덤스 중령은 이 특별한 행사를 위해 일주일 전 가족 몰래 귀국했던 것이다. 눈물을 흘리며 껴안고 있는 부녀의 모습은 메이저리그의 대표적인 감동적인 시구로 소개되었다.

이 시구는 메모리얼 데이를 맞아서 군의 지원 속에 치러진 특별한 이벤트이고, 메이저리그의 시구는 우리나라나 일본에 비해서 굉장히 소박하게 치러진다. 세계적인 축구 스타 호날두가 다저스 타디움에서 시구를 해도 중계방송에선 볼 수 없을 정도다.

미국에서 축구의 인기가 높지 않아서가 아니라, 포스트 시즌이나 특별한 이벤트를 제외하면 메이저리그 야구에서 시구 영상은 대부분 방송되지 않는다. 시구를 하는 시간이 우리나라나 일본과 다르기 때문이다.

메이저리그에서는 경기 시작 직전이 아니라, 선수들의 연습 시간에 시구 행사가 진행된다. 메이저리그 시구 장면에서 타자를 볼 수 없는 것은 상대팀 타자가 그 시간에 연습을 마치고 덕아웃에서 쉬고 있기 때문이다.

타자가 없기 때문에 시구자의 공에 맞춰 헛스윙을 하는 모습도 볼 수 없다. 경기가 시작되기 전까지 시간이 꽤 남은 상황에서 시구가 진행되기 때문에 관중석에는 빈자리가 훨씬 많다는 것을 알 수 있다.

우리나라와 일본의 시구는 선발 투수가 모두 몸을 풀고 난 뒤에, 모든 수비수들이 수비 위치에 자리한 가운데 치러진다. 장내 아나운서가 오늘의 시구자를 소개하면 관중들의 박수를 받는 가운데 시구자가 등장해 마운드에서 시구를 한다. 타석에 들어선 타자는 대부분 헛스윙을 하는 것이 관례이다.

1800년대 후반 시작된 미국의 시구는 마운드가 아닌 관중석에서 경기장으로 던지는 것을 의미했다. 지금같이 마운드에서 시구를 시작한 것은 1908년 일본이 처음이다. 당시 일본 와세다대학과 미국 선발팀이 와세다대학 야구장인 토츠카 구장戸塚球場에서 친선경기를 가졌는데, 와세다대학 창설자이자 총장이며, 총리를 역임한 정치가인 오오쿠마 시게노부가 마운드에 등장해 시구를 했다.

야구선수 출신도 아닌데다 당시 70세의 고령이던 오오쿠마의 시구는 스트라이크 존에서 한참을 벗어났지만 당시 타석에 들어선 야마와키는 헛스윙을 해서 오오쿠마의 시구를 스트라이크로 만들었다. 오오쿠마에 대한 존경의 표시로 헛스윙을 했고, 이것은 시구자를 존중하는 의미로 받아들여져 아시아 야구에서 관례로 정착되었다.

일본에선 시구를 시구식이라고 부르는데, 여름 고시엔 대회의 시구식은 세계 야구에서 유례를 찾기 힘들 정도로 많은 준비를 거쳐 진행된다. 사전 준비를 철저하게 하는 일본답게 시구 관련 행사도 예행 연습까지 실시한 후에 진행된다. 이런 모습은 실제로 마치 올림픽 개막식에서 성화 점화를 하는 것을 연상시킬 정도이다.

2012년 런던올림픽 개막식에서는 엘리자베스여왕의 대역이 비행기에서 뛰어내리는 장면을 보여준 뒤, 관중석에 여왕이 직접 등장해 화제를 모은 적이 있다. 그런데 여름 고시엔 대회에서는 이것과 비슷한 장면을 아주 오래전부터 진행해왔다.

여름 고시엔은 헬기에서 소형 낙하산에 담겨 내려온 야구공으로부터 시작되는 전통을 갖고 있다. 그런데 여름 고시엔의 이런 방식은 실제 고시엔 야구장이 만들어지기 전부터 존재했다.

1923년 나루오 구장鳴尾球場에서 열린 9회 대회에선 개막식에 복엽기가 경기장 상공에 처음으로 등장해 경기장을 찾은 관중들의 궁금증을 자아냈다. 그런데 복엽기에서 아사히신문사의 깃발로 감싼 야구공을 떨어뜨렸고 이 공을 이용해서 시구를 시작했다. 미군정시대에는 미군기에서 야구공을 투하하기도 했고, 1956년부터는 헬기를 이용해서 시구에 사용될 야구공을 전달하는 방식을 사용하고 있다.

헬기에서 투하되는 야구공의 목표는 2루 베이스 근처이다. 아사히신문 유튜브에 나오는 '고시엔 시구식'이란 제목의 영상을 보면 헬기에서 야구공을 투하하는 과정을 볼 수 있다. 최첨단 기계를 이용해서 치밀한 계산 끝에 2루 베이스를 향해 정조준해서 야구공을 투하하는 것으로 생각할 수 있지만, 유튜브 영상을 보면 특별한 장비나 계산 없이 담당자가 그냥 던지는 장면을 볼 수 있다.

이러다보니 목표에 한참 어긋나는 경우도 발생한다. 실제 초창기에는 복엽기에서 던진 공이 야구장 밖으로 떨어지면서 지나가던 사람이 이를 발견해 야구장에 전달해주었다는 기록도 있다고 한다. 야구공이 야구장을 벗어날 경우를 대비해 야구공을 감싼 종이에 '이 공을 야구장 밖에서 발견하면 야구장에 전달해주길 바랍니다'라는 메모를 적어놓았다고 한다.

2019년 여름 고시엔 개막전에서는 헬리콥터로부터 내려온 공이 좌익수 방향으로 떨어졌는데 좌익수가 깃발에 포장된 공을 직접 잡아내는 장면을 연출하기도 했다. 고시엔 역사상 선수가 헬기에서 투하된 공을 직접 잡은 것은 2019년이 처음이라고 한다. 필자가 고시엔 개막식을 취재했던 2013년에는 공이 야구장 2루 쪽 중앙에 살포시 내려앉아 관중들의 환호가 이어지기도 했다.

일부에서는 아무리 주최측이라고 해도 아사히신문사의 헬기를 이용해서 아사히신문 깃발로 야구공을 감싼 가운데 시구 행사를 진행하는 것은 지나친 자사 홍보라는 비판을 하기도 한다. 이뿐 아니라 마운드 옆에는 아사히신문사 깃발이 개막식 내내 꽂혀 있기도 하다. 가능성은 희박하지만 관중들로 가득찬 고시엔 개막식에 안전을 100퍼센트 장담할 수 없는 헬기를 사용해 행사를 진행하는 것은 불상사가 일어날 경우, 대형 사고로 이어질 수 있다고 우려하기도 한다.

이런 비판에도 불구하고 헬기까지 동원해 시구를 진행하는 것은 일본 야구에서 그만큼 시구가 큰 비중을 차지하고 있기 때문이다. 아사히신문은 야구공 낙하뿐 아니라 여러 대의 헬기를 동원해 축하 비행에 나서기도 하고, 여름 고시엔 대회 본선뿐 아니라 지역 대회 개막식에도 헬기를 동원한다. 이 같은 아사히신문의 시구를 향한 열정은 세계적으로 유례를 찾기 힘들 정도이다.

시구자 역시 초창기와는 다르게 다양한 분야에서 의미를 담아 실시한다. 초창기 고시엔 야구는 아사히신문사 사장이나 지역 시장이 주로 담당했고, 이후에는 문부대신이 진행하는 것이 관례였다. 그러다가 80년대 후반부터 행사 취지에 맞는 시구자를 선정하고 있다.

일본 야구의 영원한 홈런왕 왕정치가 시구자로 마운드에 올랐고, 왕정치의 동료이자 라이벌인 나가시마가 병으로 시구가 어려워지자 나가시마의 딸을 초대하기도 했다. 100회 대회에선 고시엔을 빛낸 레전드 스타들을 한자리에 모으는 특별 이벤트를 진행하기도 했다.

야구광으로 알려진 고이즈미 총리가 현역 총리로는 처음으로 시구자로 나섰고, 나루히토 현 일왕도 과거 고시엔 시구를 담당하기도 했다. 2021년에는 고등학교 야구부 출신으로 의과대학에 재학중인 학생 두 명을 시구자로 선정해, 코로나 시국에 가장 적합한 시구자라는 평가를 받기도 했다.

화려하게 진행되는 여름 고시엔의 시구 행사와는 달리, 마이니치신문이 주최하는 봄 고시엔 대회는 헬기를 이용하지 않고 소박하게 진행하는 편이다. 봄 고시엔 1회 대회가 시작되기 1년 전부터 아사히신문사에서 진행한 야구공 낙하 행사를 굳이 따라하는 대신, 봄 고시엔 나름대로의 의미를 담아 시구자를 선정하는 것이 낫다는 판단을 내렸을 것이다. 봄 고시엔 대회는 개막식 이후에도 매일 리틀야구 선수들을 초청해 시구를 담당하는 전통을 만들어가고 있다.

시구자와 포수만 등장하는 메이저리그와는 달리, 고시엔 시구에서는 진짜 경기가 시작되는 것처럼 시구자를 위해 사이렌까지 울려준다. 심판은 시구자 옆에 위치해 있다가 시구 시작을 알리는 동작을 취하고, 타석에 들어선 타자는 헛스윙으로 화답한다.

야구에서 대부분의 행사는 종주국 미국으로부터 시작되었지만 이런 시구 문화는 일본이 가장 먼저 만들었다. 일본 프로야구가 탄생하기 전부터 시작된 시구 문화는 학생야구답게 상대에 대한 존중을 표현한다. 학생야구의 중심에 있는 일본 고교야구는 시구에 관한 한 역사와 전통, 규모까지 모든 면에서 단연 최고라고 할 수 있다.

우승컵 대신 우승 깃발을 주는 대회

×

티베트 출신 스님들의 월드컵에 대한 이야기를 다룬 영화 〈더 컵〉은 축구를 보고 싶은 젊은 승려들과 축구에 관심이 없는 나이 지긋한 승려들의 이야기로 시작된다.

주지스님이 노스님에게 월드컵 축구에 대해 설명하며 아마 자정쯤 경기가 시작된다고 말하자 노스님은 싸우기에는 정말 이상한 시간이라고 답하면서 진지한 표정으로 질문한다.

"그런데 싸워서 이기면 무엇을 얻게 되지?"

주지스님이 "컵을 받습니다"라고 대답하자 당황한 모습을 감추지 못한 노스님은 찻잔에 물을 부으며 "컵이라니"라고 도저히 이해할 수 없다는 표정을 짓는다.

실제 월드컵에서 우승하면 컵 말고도 막대한 우승 상금을 받을 수 있다. 2018년 월드컵 우승을 차지한 프랑스는 430억 원을 받았으며, 16강 진출에 실패한 우리나라 역시 91억 원이라는 적지 않은 금액을 받을 수 있었다. 또한 나라뿐 아니라 개인으로서는 월드컵이라는 최고의 무대에 서는 것 자체가 영광일 뿐 아니라, 월드컵에서 활약할 경우 천문학적인 연봉을 받을 수 있다.

월드컵처럼 대부분의 대회는 우승을 차지할 경우 우승컵을 수여한다. 우승 뒤에 우승컵에 입맞춤하면서 우승컵을 힘차게 들어올리는 모습은 오로지 챔피언만이 누릴 수 있는 영광이다. 선수들은 그 영광의 순간을 위해서 오랜 기간 땀과 눈물을 흘리는 것을 주저하지 않는다.

그런데 세계 아마추어 학생스포츠 최대의 축제라고 불리는 고시엔 대회에서는 우승컵을 들어올리는 모습을 볼 수 없다. 후발주자인 봄 고시엔 대회의 경우는 우승컵을 수여하지만, 전통과 인기에서 단연 압도적인 여름 고시엔 대회는 우승컵 자체가 존재하지 않는다. 오로지 우승 깃발을 수여할 뿐이다.

여름 고시엔 제1회 대회에서는 우승 학교 선수들에게 사전과 만년필을 부상으로 준 적이 있다. 하지만 아무리 학생이라고 하지만 야구대회에서 우승했는데 야구와 관련이 적은 사전과 만년필을 준 것에 대해 반응이 별로 좋지 않았다고 한다. 야구용품을 주었다면 역사가 달라졌을 수 있겠지만 2회 대회부터 부상이 사라지면서, 여름 고시엔 대회 우승팀은 순수한 깃발 쟁탈전이 되었다.

봄 고시엔의 경우는 우승컵이 존재하고, 깃발은 우승팀뿐 아니라 준우승팀에게도 수여한다. 여름 고시엔 대회가 오로지 우승팀에게만 깃발을 주는 것과 차별화하기 위해서 그렇게 만들었을 것이다. 사실 여름 고시엔 대회는 깃발을 앞세우고 전쟁하던 일본 전국시대의 모습을 닮아 있다. 일본의 47개 도도부현을 대표하는 팀만이 여름 고시엔에 출전할 수 있다.

실제 개막식에는 각 현의 우승 깃발을 들고 입장한다. 이 많은 깃발 가운데 일본에서 오로지 한 팀만이 우승할 수 있고, 우승의 상징으로 여름 고시엔 우승 깃발을 받는다. 여름 고시엔 우승 깃발에는 라틴어로 'Victoribus Palmae'라고 적혀 있다. '승자에게 영광을'이라는 뜻이다.

우승 깃발은 다음 대회까지 우승 학교가 1년간 보관하게 된다. 그런데 고시엔 우승 깃발이 도난당한 적도 있었다. 학교 교장실에 있었던 우승 깃발이 갑자기 사라졌는데, 몇 개월 뒤 전혀 다른 장소에서 발견된 적이 있다. 우승 깃발을 훔쳐간 자가 일정 기간 보관하다 반환한 셈인데, 범인이 누구인지, 왜 이런 일을 했는지는 영원히 알 수 없게 되었다.

그런데 여름 고시엔 대회에는 월드컵 축구처럼 전 대회 우승팀 자동 출전 조항이 없다. 아무리 우승팀이라고 하더라도 다음 대회 본선 진출을 장담하기 어려운 것이 고시엔 무대이기 때문에 지난 대회 우승팀이 본선 무대를 밟지 못하는 경우가 더 많다. 지난 대회 우승팀이 탈락했을 때는 학교 주장만이 개막식에 참가해서 우승기를 반환한다. 우승팀이 출전 자격을 얻은 경우에는 출전 선수

고시엔 대회 역대 우승 학교의 깃발

전원이 깃발을 같이 들고 입장하는 영광을 누릴 수 있다.

일본에서 깃발은 가문을 상징한다. 전국시대에는 전투를 할 때 반드시 깃발을 앞세웠다. 패자의 깃발은 승자의 깃발 아래로 들어가게 된다. 가문마다 깃발이 있고, 가문이 모시는 주군 깃발도 함께 챙겨야 한다. 무사들이 전쟁을 할 때 총이나 칼뿐 아니라 반드시 준비해야 하는 것은 바로 하타사시모노旗指物로 불리는 깃발이다.

전투중에 우리 편과 적을 식별하기 위해서 같은 편만이 공유하는 깃발이 존재하고, 군대별 역할을 구분하기 위한 깃발 역시 별도로 있다. 여기에 집단이 아닌 개인의 개성을 나타내기 위한 깃발까지 대부분 갖고 있었다. 전쟁은 곧 깃발 대결이었던 것이다.

오늘날에도 일본에선 깃발이 중요한 역할을 한다. 일본 상점에서는 대부분 상점 출입구에 '노렌'이라고 불리는 깃발을 걸어놓는다. '노렌'에는 가문을 상징하는 문양을 그려넣기도 하고, 상점 이름을 적어놓기도 한다. 이런 노렌은 그 가게의 신용이나 품격을 상징하는 것이다. 가게에 문제가 생길 경우에는 "노렌에 흠집이 났다"라는 말을 듣게 된다. 전국시대 깃발이 군대별 역할 구분을 했던 것처럼, 상점의 노렌이 걸려 있으면 자연스럽게 '영업중'이라는 의미도 담고 있다.

일본은 회사 깃발도 굉장히 많다. 여름 고시엔 대회를 주최하는 아사히신문사는 대회장 곳곳에 아사히신문 깃발을 배치해놓았다. '이 대회는 학생야구의 축제이기도 하지만, 사실 우리 회사가 주최하는 대회야'라고 과시하는 듯, 아사히신문사는 지나칠 정도로 많은 곳에 '사기社旗'를 꽂아놓았다. 하긴 아사히신문사 로고가 새겨진 헬리콥터에서 아사히신문사 깃발로 감싼 야구공을 떨어뜨려 시구를 한다는 것에서도 일본인들이 깃발을 얼마나 중요하게 생각하는지 알 수 있다.

그렇기 때문에 일본은 2006년 월드베이스볼클래식에서 깃발에 대해 민감하게 반응했다. 미국에서 열린 2차리그에서 우리나라는 일본에 승리를 거뒀고, 마운드에 작은 태극기를 꽂았다. 마운드에 꽂힌 태극기를 본 일본인들은 흥분을 감추지 못했다. 스포츠에서 승자가 누릴 수 있는 특권이라고 해도 지나친 것 아니냐는 반응이었다. 우리나라는 승리를 자축하며 태극기를 흔드는 것과 비슷한 의미로 인식했지만, 일본은 굴욕적인 장면으로 받아들였다. 일본 특유의 깃발 문화로 인해 벌어진 해프닝이라고 할 수 있을 것이다.

봄 고시엔 대회 우승기는 자곤기紫紺旗라고 불리며 여름 고시엔 대회 우승 깃발은 대심홍기大深紅旗라는 고유명사를 갖고 있다. 일본에서도 우승 깃발은 야구나 배구, 유도와 검도 등 일본에서 특별하게 인기 종목이거나, 일본의 고유한 스포츠인 경우가 대부분이다. 일본을 상징하는 스포츠인 스모에서는 혼바쇼 우승자에게 깃발을 수여하는 전통을 갖고 있다. 이른바 일본 1위라는 상징이 바로 깃발인 것이다.

우리나라 고교야구대회는 과거 4대 일간지가 주최한 대회가 메이저 대회였다. 가장 먼저 대통령배 대회가 열리고, 청룡기와 봉황대기를 거쳐서, 황금사자기 대회로 마무리되는 것이 일반적이었다. 그런데 청룡기나 봉황대기, 황금사자기는 굉장히 익숙한데, 대통령배는 대통령기라고 잘못 알고 있는 경우도 많다. 고시엔의 영향 때문인 듯 우리나라 고교야구도 대부분 깃발을 받기 위한 대회로 구성되어 있다. 물론 우리나라는 깃발과 함께 우승컵도 수여하지만, 한국 문화와 깃발이 과연 얼마나 연관성이 있는지는 의문이다.

우리나라도 과거 깃발이 없었던 것은 아니지만 일본만큼 깃발을 중요하게 생각하지는 않았다. 한국 고교야구대회가 대부분 깃발 쟁탈전으로 구성된 것은 일본 고시엔의 영향이 절대적이었을 것이라고 생각된다. 일본의 영향 때문이라고 해도 수십 년의 전통을 가진 한국 고교야구대회 명칭을 한순간에 바꾸는 것은 바람직하지 않다. 문제는 2013년에 처음 만들어진 대회 역시 '대한야구협회장기' 대회라는 점이다.

2013년 취임한 이병석 대한야구협회장은 취임식 당일에 대한 야구협회 깃발이 존재하지 않는다는 것을 알았다. 서둘러 깃발 제작을 지시했고, 대한야구협회장기 대회까지 만들었다. 정치인 출신이라서 깃발을 중요하게 생각했을 것으로 보이지만, 왜 꼭 깃발이어야만 하는지에 대한 고민은 부족했던 것으로 여겨진다. 반드시 깃발을 써야 하는 상황에서는 쓰는 게 맞지만 한국 고교야구와 깃발의 관계는 고시엔을 일방적으로 받아들인 것에 불과한 것 같아 아쉬움이 남는다.

영화 〈더 컵〉의 티베트 스님들은 무더운 여름에 선수들은 왜 이렇게 열심히 싸우고, 관중들이 뜨거운 응원을 보내는지 이해하기 어려울 것이다. 노스님은 아마도 질문할 것이다.

"그런데 싸워서 이기면 무엇을 얻게 되지?"

"깃발을 받습니다"라고 대답하면 "깃발이라니"라고 말할 가능성이 높다. 영화의 제목은 '더 컵' 대신 '더 플래그'가 될 것이다.

올림픽 방식인 고시엔에
동메달이 존재하지 않는 이유

×

올림픽 시상대에 올라선 선수들의 목에 걸려 있는 금은동 메달은 국제 스포츠 대회의 표준으로 정착되었다. 대부분의 스포츠 대회에서는 3위까지 시상을 진행하며 메달 색깔 역시 금은동 메달로 정해져 있다. 그렇기 때문에 국제 기준에서 벗어나는 시상 방식이 이루어지는 대회는 오히려 특별하게 여겨진다.

필자가 방송에서 몇 차례 소개한 적이 있지만 미국피겨선수권은 세계 주요 스포츠 대회 중 유일하게 4위까지 메달을 수여하는데, 4위에게는 납으로 된 납메달을 주는 전통을 갖고 있다. 4위까지 메달을 주는 이유는 미국피겨선수권의 방식에서 유래된 것으로, 미국은 주별로 상위권 선수들을 추린 뒤에 지역예선을 거쳐 출전하는데 상위 라운드로 가는 기준이 주별로 4명이었기 때문에, 미국피겨선수권에서 네 명이 메달을 받는 전통이 만들어진 것이다.

미국피겨선수권이 4위까지 메달을 준다면, 일본 고시엔 야구대회는 우승, 준우승팀에게만 메달을 수여한다. 봄-여름 대회 모두 결승전이 끝나고 폐회식을 할 때 우승기와 함께 우승팀 선수와 준우승팀 선수 모두 메달을 받게 된다. 메달은 감독이나 코치, 매니저 등은 받을 수 없고 엔트리에 등록된 18명만 메달을 목에 걸게 된다.

선수 한 명 한 명이 메달을 받을 때마다 중계방송 아나운서는 선수에 대한 간략한 소개를 한다. 주전 선수들의 경우는 당연하게 활약상과 기록을 이야기하지만, 비주전으로 경기에 뛰지 못한 선수들에게도 정성스런 멘트로 소개하는 것이 인상적이다. "경기에 출전하진 못했지만, 3루 코치로서 정확한 주루 플레이를 지시해 우승에 공헌했다." "시합에선 볼 수 없었지만 전령 역할로 위기 상황에서 에이스를 격려하는 중요한 역할을 담당했다."

가끔은 메달 수가 달라 메달 수여 행사가 지체되는 경우도 있다. 주최측의 실수로 메달 하나가 빠졌을 때인데, 대부분 메달을 찾아 정상적으로 시상식을 진행된다. 이처럼 선수들의 목에 걸린 메달은 결승에 진출한 두 팀만의 누릴 수 있는 영광의 증표라고 할 수 있다. 4강전에서 져 결승 진출에 실패한 두 팀 선수들은 폐회식에 참가하지 않고, 메달도 받지 못한다. 고시엔 야구대회에서는 동메달이 존재하지 않는 것이다.

고시엔 대회는 교가 연주부터 시작해 선수 선서 등 여러 부문에서 올림픽의 영향을 받아 올림픽 방식으로 치러지는데 메달 수여 대상이 올림픽과 다르다는 것은 예상 밖의 결과라고 생각할 수 있다. 그런데 올림픽과 고시엔의 과거 역사를 돌이켜보면 이해가 되는 측면이 있다. 사실 1896년에 열린 제1회 근대 올림픽대회와 1915년에 펼쳐진 제1회 고시엔 야구대회에는 놀랄 만한 공통점이 있다. 1위가 금메달이 아닌 은메달을 받았다는 점이다.

1896년 1회 올림픽에서는 1위가 은메달, 2위가 동메달을 받았으며 3위에 대한 특별한 시상은 없었고, 1900년 2회 올림픽의 경우에는 메달 대신 우승컵이나 트로피를 수여했다. 1회와 2회 올림픽에서 여러 챔피언이 탄생했지만 금메달을 받은 선수는 아무도 없었던 것이다. 지금처럼 금은동 메달을 수여하는 것은 1904년 미국 세인트루이스올림픽부터 시작된 전통이다.

만일 미국에서 3회 올림픽을 개최하지 않았다면 올림픽 메달의 역사가 달라졌을지도 모른다. 미국은 1884년부터 미국 아마추어선수협회가 1, 2, 3위에게 금은동 메달로 구분해 시상했는데, 이런 관습이 1904년 올림픽으로 이어진 것이라고 할 수 있다. 금은동 메달은 그리스신화에서 '인간의 시대'를 구분할 때 나오는 골든 에이지, 실버 에이지, 브론즈 에이지에서 유래된 것이었다.

1904년부터 1912년까지 열린 올림픽에서는 순금으로 된 금메달을 제작했는데, 메달의 크기는 지금보다 훨씬 작았기 때문에 가능했다. 당시에는 올림픽이 만국박람회 행사의 일환으로 열릴 정도로 위상이 높지 않았기 때문에 금은동 메달 구분은 스포츠 대회의 일반적인 시상 방식으로 정착되지 못했다. 이런 상황에서 1914년 1차세계대전까지 발발한 가운데 열린 1915년 1회 고시엔 대회에서는 우승 학교에게 은메달로 시상하게 된 것으로 여겨진다.

일본 위키피디아에 나오는 제1회 고시엔 대회 항목에 따르면 '우승 학교에는 우승기와 은메달, 선수에게는 스탠더드 대사전과 50엔 도서상품권, 손목시계가, 준우승 학교에는 영어사전이 상품으로 주어졌다'고 나온다. 사실 고시엔 야구장은 1925년 갑자년에 완공되었기에 1회 대회 당시에는 당연히 고시엔 대회라는 명칭조차 존재하지 않았고, 정식 대회 이름은 제1회 중등학교우승야구대회였다.

1회 대회 명칭에 들어 있는 '우승야구대회'라는 부분에 주목하면 왜 고시엔에서 동메달을 주지 않는지 알 수 있다. 우승팀을 가리는 대회로 일본인들이 자주 쓰는 표현인 '일본 1위'를 놓고 경쟁하는 대회이기 때문에 3-4위전을 통해서 3위를 가리거나 준결승 진출 팀에게 공동 3위 자격을 주는 것이 큰 의미가 없다고 보는 것이다.

고시엔 메달은 초창기에는 개인에게 주는 것이 아니라 팀에게만 주는 방식이었고, 개인에게는 참가 기념 메달을 부상으로 주었다. 2018년에는 교토 지역 유적지 발굴 조사에서 1938년의 고시엔 참가 기념 메달이 발굴된 적이 있다. 당시 고시엔 참가 기념 메달은 백자 방식으로 만들어진 원형 메달에 글러브와 공을 든 천사의 모습이 새겨져 있다. 하지만 배경으로는 군함과 전투기가 새겨져 있어 침략 전쟁을 벌이던 당시 일본의 시대상을 반영하고 있다.

고시엔 메달은 매년 제작되는데 둥근 모양이나 사각형 모양이 대부분이다. 드물게는 야구의 홈플레이트 모습을 본떠 오각형 모양으로 만들어진 것도 있다. 과거에는 우승팀에게 은메달이 주어졌지만 1967년 우승팀인 나라시노고등학교부터 우승팀에게 금메달을 시상했는데, 도쿄올림픽을 1년 앞둔 시점이라는 점이 흥미롭다.

사실 여름 고시엔 대회에 출전한 선수들은 모두 지역 대회 우승팀이기 때문에 지역 대회에서 메달을 목에 걸어본 경험이 있다. 지역마다 다르긴 하지만 지역 대회에서는 폐회식에 준결승에서 탈락한 두 팀이 공동 3위 자격으로 참가하는 지역도 있다. 가나가와 현 같은 지역 대회 폐회식을 보면 우승팀과 준우승팀에게만 메달을 주고, 공동 3위팀에게는 상장만 줄 뿐 동메달은 수여하지는 않는다. 고시엔 본선에서 동메달을 주지 않는데, 모든 것이 고시엔 본선과 같은 방식으로 치러지는 지역 대회에서 굳이 동메달로 시상할 필요가 없을 것이다.

봄-여름 고시엔뿐 아니라 메이지진구대회 역시 3-4위전을 치르지 않는다. '일본 1위'를 결정하는 것이 목표인 일본 고교야구대회에서는 3위를 가리는 문화가 존재하지 않는 것이다. 그런데 가끔 3-4위전을 치르는 경우가 있다.

지역 대회는 3위 결정전이 있는 지역이 존재하는데, 예를 들면

추계오사카대회는 3위 결정전을 치러 3위를 결정한다. 오사카 대회 3위까지가 긴키 지역 대회에 출전 자격을 얻기 때문이다. 긴키 대회 성적에 따라 내년 봄 고시엔 대회의 출전 여부가 결정된다.

일본 고교야구에서도 이처럼 3위가 필요할 때 3위 결정전을 한다면, 고시엔 본선에서도 3위 결정전을 치르면 어떨까? 일본 1위를 가리는 대회에서 3위에 별다른 매력을 느끼지 못한다면 올림픽처럼 3위에게 동메달을 준다면 어떨까? 아니면 월드컵 축구처럼 3-4위전을 치른 뒤 메달은 3, 4위 팀 모두에게 주는 방식도 가능할 것이다.

고시엔 결승전은 전통적으로 오후 2시에 열린다. 3-4위전을 오전 10시쯤 치르게 되면, 이후 결승전이 열리는 데 아무런 문제가 되지 않는다. 주최측 입장에선 선수단 체류 비용이 늘어나는 부담이 있지만, 동메달이 없었던 고시엔 대회에서 동메달이 탄생한다는 그 자체만으로도 고시엔 역사를 더욱 풍성하게 만들지 모른다. 또한 1회 대회 우승자에게 올림픽과 고시엔 모두 은메달을 주었던 것처럼, 이제는 똑같이 금은동 메달을 수여하는 방식은 다시 한번 올림픽과 나란히 설 수 있는 기회가 될 수도 있을 것이다.

밟고 싶은 무대, 다시 오겠다는 약속
—고시엔 흙

×

기자 생활 첫해였던 1997년, 고려대 학생이던 김선우가 미국 프로
야구 보스턴레드삭스와 계약하게 되었다는 소식이 전해졌다. 필
자는 고려대 야구부 훈련장부터 김선우 선수의 집까지 쭉 동행하
며 메이저리그를 준비하는 모습을 카메라에 담았다.

당시 김선우의 집에서 가장 눈에 띈 것은 바로 보스턴 구장의
흙이었다. 1995년 세계청소년야구대회에 출전했을 때 보스턴 구
장에서 퍼온 것이었다. 김선우는 몇 년 뒤 반드시 이곳에 돌아오
겠다고 다짐하며 흙을 가져왔고, 그의 꿈은 결국 실현되었다.

김선우가 흙을 가져온 것은 고시엔의 전통으로부터 영향을 받
았기 때문이다. 고시엔 본선 경기가 끝나면 덕아웃 근처에서 흙을
퍼가는 모습을 볼 수 있다. 패한 팀 선수들이 퇴장하는 입구에 카

메라 기자들이 진을 치고 준비하고 있으면, 선수들은 신발주머니에 흙을 퍼담아간다.

담담하게 흙을 가져가는 선수도 있고, 어떤 선수들은 뜨거운 눈물을 흘리며 흙을 담는데, 이렇게 흙을 담는 모습은 TV를 통해 계속 노출된다. 아쉽게 패하거나, 이른바 스토리가 있는 선수의 경우에는 흙을 담아가는 모습을 집중 조명한다.

이런 장면을 예전부터 일본 TV를 통해 접한 관계로, 고시엔에서는 모든 선수가 흙을 퍼간다고 알고 있었지만, 실제 고시엔 현지에서 취재해보니 고시엔의 흙을 퍼가지 않는 선수도 상당수 있었다. 동료들이 흙을 퍼갈 때 그냥 가방을 들고 퇴장하는 선수들의 모습 역시 쉽게 발견할 수 있었다.

일본 기자들에게 흙을 퍼가지 않는 선수들이 생각보다 많은데, 그 이유가 뭐냐고 질문하자 "사실 일본 매스컴이 만든 문화이다. TV에서 흙을 퍼가는 모습만 집중적으로 부각시키기 때문인데, 많은 학생들이 흙을 가져가지만, 흙에 전혀 관심이 없는 학생들도 분명 있다. 또한 프로를 지망하는 일류 선수 가운데에는 프로 무대에서 다시 고시엔의 땅을 밟겠다는 각오를 다지기 위해 일부러 흙을 가져가지 않는 선수도 있다"라는 설명을 해주었다.

선수의 개인 의사가 아니라 야구감독의 지시에 따라 흙을 가져가지 않는 경우도 꽤 있다. 1, 2학년의 경우에는 내년에도 기회가 있기 때문에 내년에도 꼭 본선에 진출하자는 의미를 담은 것인데, 이런 이유 때문에 봄 고시엔 대회에서는 여름 고시엔 대회에 비해서 흙을 가져가지 않는 비중이 높다. 3학년의 경우에도 마지막 대회인 여름 고시엔이 남아 있기 때문에, 여름 고시엔에 반드시 출전하자는 의지를 흙을 가져가지 않는 것으로 표현하는 것이다.

고시엔 야구장의 흙을 가져가는 전통이 언제 생겼는지는 사실 명확하지 않다. 훗날 요미우리자이언츠의 감독으로 '타격의 신'이라는 별명을 얻었던 가와카미가 1937년 고시엔의 흙을 유니폼 주머니에 담아서 학교 그라운드에 뿌렸다고 한다. 그런데 그 이유는 고시엔과 비슷한 환경에서 훈련하고 싶어서였다는 설도 있지만 다른 구장에서 흙을 퍼가는 모습을 보고 그냥 따라 한 것뿐이라는 이야기도 있다.

현재 고시엔의 문화처럼 패배의 아픔을 되새기는 의미에서 흙을 가져간 것은 1946년부터 기록으로 남아 있다. 준결승전에서 진도쿄고등사범부속학교 감독이 "내년에 졸업하는 상급생을 제외하고 나머지 선수들은 모두 각자의 수비 위치에서 흙을 퍼 가지고 와라. 내년에 여기에 돌려주기 위해서 꼭 오자"라고 이야기했다는 신문 보도가 있다.

그런데 그때는 미군정 통치 시절로 대회는 고시엔 야구장이 아닌 한큐니시노미야 구장에서 열렸다. 엄밀하게 말하면 고시엔 야구장의 흙은 아닌 것이다. 모든 관습이나 전통이 그렇듯이 고시엔 야구장의 흙에 얽힌 전통 역시 명확하게 알려져 있지 않은데 베이스볼 매거진사에서 발행한 『고시엔 명승부 랭킹 100』에서는 이런 전통이 1949년 대회에서 시작되었다고 명백하게 밝히고 있어 눈

길을 끈다.

1949년 대회에 출전한 고쿠라북고등학교의 좌익수 후쿠시마는 8강전에서 연장 10회 끝내기 패배 당시 무의식적으로 흙을 손에 쥐고 유니폼 바지 주머니에 넣었는데, 나중에 짐을 정리할 때 흙을 발견하고 나서, 기념으로 가져가야겠다고 생각해 신발주머니에 넣어간 것이 고시엔의 흙을 정식으로 가져간 최초의 사례라는 것이다.

이런저런 설이 있는 가운데 확실한 것은 1958년 이전부터 흙을 퍼가는 문화가 널리 퍼져 있었다는 점이다. 1958년 고시엔 대회에 처음 출전한 오키나와 슈리고등학교는 1회전에서 패한 뒤 고시엔의 흙을 가지고 고향으로 향했지만, 당시에는 오키나와가 미국령이었기 때문에 검역의 문제로 흙 반입이 허용되지 않았다. 고시엔 기념 흙이라며 자초지종을 설명했지만 "규정은 규정이기 때문에"라는 대답이 돌아왔다고 한다. 야구부원들은 결국 흙을 가져오지 못하고 버려야만 했다.

패한 팀이 고시엔의 흙을 가져가는 전통을 갖고 있다면, 우승팀의 경우는 흙을 가져가지 않을까? 고시엔의 흙은 패자의 의식으로 여겨지고 있지만, 우승팀 역시 시상식이 모두 끝난 후에 고시엔의 흙을 퍼담는다. 이때는 내년에 더 잘하자는 의미도 있지만, 우승 기념 행사의 일환인 측면이 더 강하다고 할 수 있다.

실제 2010년 오키나와 대표인 코난고등학교가 여름 고시엔에서 처음으로 우승을 차지한 뒤, 이들은 우승기와 함께 고시엔의 흙을 기념으로 가져올 수 있었다. 일본 매스컴에서는 1958년 흙 반입도 불가능했던 섬나라 오키나와에 드디어 우승기와 흙이 돌아가게 되었다며 오키나와현과 고시엔 흙에 얽힌 사연을 집중적으로 보도했다.

이렇게 선수들이 퍼가는 흙의 양을 합치면 봄 고시엔과 여름 고시엔을 합쳐서 2톤 정도 된다고 하니 꽤 많은 양이 매년 사라지게 된다. 그런데 고시엔 야구장의 상징이 된 검은 흙은 원래 검은색이 아니었다. 고시엔 야구장 근처가 바다여서 백사장의 하얀 모래를 주로 사용했는데, 하얀 공과 잘 구별이 되지 않는 단점이 있었다고 한다. 그래서 화산재 성분이 많은 가고시마의 흙을 하얀 모래와 섞어서 만든다.

흙과 모래를 섞는 비율은 봄 대회와 여름 대회가 다르다. 봄 대회는 모래를 더 많이 섞는데 비해, 여름 대회는 검은 흙 비중이 높아진다. 봄에는 비가 많이 내리기 때문에 원활한 배수를 위해 모래 비중을 높이는 데 반해, 여름에는 뜨거운 태양이 내리쬐는 관계로 흙을 많이 배합해 하얀 야구공을 쉽게 보기 위해서라고 한다.

코로나바이러스로 인해 2020년에는 봄 고시엔과 여름 고시엔 대회가 모두 열리지 못해 흙을 퍼담는 학생들의 모습 역시 볼 수 없었다. 그러자 한신 고시엔 구장과 한신타이거즈 야구단은 고교 야구연맹에 가입한 야구부 3학년생 전원에게 고시엔의 흙을 담은 열쇠고리를 선물로 증정하는 행사를 마련했다.

야구공 모양의 열쇠고리에 실제 고시엔 야구장의 흙이 담겨 있는데, 고시엔 출전이 좌절된 야구 소년들을 위로할 수 있는 훌륭한 기획이라는 평가를 받았다. 그렇지만 흙을 담은 열쇠고리가 아무리 좋다고 해도 진짜 고시엔 야구장 흙을 담는 것과는 비교할 수 없을 것이다. 야구팬이 스타 선수로부터 직접 야구공에 사인을 받는 것과 그냥 사인볼을 받는 것의 차이라고 할 수 있을 것이다.

김선우가 보스턴구장에서 흙을 가져온 1995년 세계청소년야구대회는 1985년 이후 미국에서 10년 만에 열린 대회였다. 그리고 1995년 이후에는 미국에서 단 한 번도 세계청소년야구대회가 열리지 않았다. 대회 장소가 메이저리그 구장이 아니었다면 굳이 흙을 퍼오지 않았을 것이다. 김선우가 보스턴 구장의 흙을 퍼오고, 그의 다짐대로 보스턴레스삭스에 입단하게 된 것은 어쩌면 운명일지도 모른다.

김선우처럼 다음을 기약하며 고시엔의 흙을 담아가는 야구 소년들 가운데 실제로 다시 고시엔 무대를 밟는 선수들은 소수에 불과하다. 그만큼 고시엔 본선 진출의 벽이 높기 때문이다. 고시엔의 흙은 고시엔을 향한 꿈이란 말과 같다. 어렵다고 해서 꿈을 포기할 수는 없기 때문이다.

우리나라는 대부분의 전국 대회가 목동야구장에서 열린다. 흙을 퍼가는 건 고시엔의 문화여서 굳이 우리나라가 따를 필요는 없지만 '고시엔의 흙'처럼 한국 고교야구를 상징하는 요소가 없다는 것은 아쉽다. 한국 고교야구 전성기와 함께한 서울운동장은 철거되었고, 대체 구장으로 건설한 고척스카이돔은 고교야구가 아닌 프로 구단이 사용한다.

　프로야구와 고교야구가 더불어 인기를 누리는 일본과 프로야구에 인기를 빼앗긴 채 쇠락해버린 한국 고교야구의 현실이 극명한 대조를 이룬다. '청춘'이나 '고시엔의 흙'으로 상징되는 일본 고교야구처럼 한국 고교야구의 문화를 만들지 못한다면 미래는 더욱 어두울 수밖에 없을 것이다.

비와 우산의 나라 일본, 고시엔과 비 이야기

×

일본 영화 〈지금 만나러 갑니다〉에선 가족들에게 비가 내리면 다시 돌아온다는 약속을 남긴 채 세상을 떠난 엄마를 그리워하는 어린 아들의 사연이 마음을 아프게 한다. 약속대로 장마철에 다시 나타난 엄마를 떠나보내지 않기 위해 아들은 '테루테루보즈照る照る坊主'를 거꾸로 걸어놓는다. '테루테루보즈'는 비가 오지 않게 해주는 인형인데, 보통 소풍날 전야에 비가 내리지 않기를 바라며 '테루테루보즈'를 만든다. 영화에서 아들은 계속 비가 내려야만 엄마와 함께할 수 있기에 거꾸로 걸어놓은 것이다.

　비 인형이라 불리는 '테루테루보즈'가 존재할 정도로 일본은 비가 많이 내리고, 비와 관련된 다양한 문화를 가지고 있다. 일본 기상청에서는 장마 시작과 장마 종료를 매년 공식 발표한다. 우리나

비 인형 '테루테루보즈'의 모습(출처: 영화 〈지금 만나러 갑니다〉 캡처)

라도 장마의 시작을 알리긴 하지만 일본처럼 지역별로 정확하게 장마 시기를 예측하지는 않는다. 비를 지칭하는 표현도 많다.

시구레時雨는 직역하면 '때의 비'라고 할 수 있는데 늦가을부터 초겨울까지 내리는 비를 말한다. 나미다아메涙雨는 글자 그대로 '눈물비'라는 표현인데, 눈물이 흐르는 것처럼 조금씩 슬프게 내린 다는 뜻으로 비가 조금씩 올 때를 지칭하는 용어이다. 또한 사미 다레五月雨처럼 5월에 내리는 비를 나타내는 장마 표현도 있고, 소 나기를 말할 때도 상황에 따라 여러 가지가 사용될 만큼, 비에 대 한 단어만 100개가 넘을 정도로 다양하다.

여행이나 이사, 데이트 날짜 등 중요한 날에 비가 오는 사람들 을 일본에선 아메온나雨女, 아메오토코雨男라고 말한다. 우리식으 로 표현하면 '비를 부르는 여자, 비를 부르는 남자' 정도로 번역할 수 있는데, 당연히 과학적으론 근거가 부족하지만, 일본에선 날씨를 화제로 삼을 때 자주 들을 수 있는 말이다.

회화는 서양에서 발달한 문화지만 서양 그림에는 비가 내리는 것을 좀처럼 보기 어렵다. 비를 그림으로 아름답게 표현하기 어렵기도 하지만 서양에서는 비가 슬픔을 나타낸다고 해서 작품 배경으로 사용하는 일이 드물다고 한다. 빈센트 반 고흐가 〈비 내리는 다리〉를 통해 비 오는 모습을 그렸는데, 이 그림의 원작은 일본 작품이다. 일본의 풍속화에선 사계절 내리는 다양한 비를 묘사한 작품을 발견할 수 있다.

비가 워낙 많이 내리다보니 일본은 자연스럽게 우산 문화도 발달하게 되었다. 이어령 선생의 『축소지향의 일본인』에 보면 버튼 한 번만 누르면 펴지는 우산을 처음 만든 것도 일본이고, 3단으로 접는 우산을 개발한 것도 역시 일본이다. 버튼 우산은 시간을 단축하기 위해, 3단 접이 우산은 공간 단축을 위해 만들어진 '축소지향의 일본인'을 상징하는 하나의 도구라고 볼 수 있다는 설명을 덧붙이기도 했다.

이처럼 일본은 우산과 친숙한데다 야구를 사랑하기 때문에 우산과 야구가 결합한 그 무언가가 있을지도 모른다는 생각을 지울 수 없을 것이다. 그렇다. 일본 야구의 성지인 고시엔 야구장에는 실제로 '대형 우산'이 존재한다. 고시엔 야구장은 처음 건설할 때 내야 스탠드를 가리는 구조물을 만들었다. 당시 이 구조물은 철우산鉄傘으로 불렸다. 왜 우산이라는 이름이 붙었을까?

야구는 비가 내리면 할 수 없는 스포츠이다. 물론 다른 야외 종목도 그렇지만, 축구의 경우엔 그야말로 정상적인 상황에서 감당하기 어려운 폭우가 내릴 때에만 그렇다. 반면 야구는 적은 양이라도 오랫동안 내리면 경기를 중단한다. 정상적인 경기가 불가능하기 때문이다.

고시엔 야구장에 '철우산'이 만들어진 것은 야구를 위해서가 아니라 럭비 때문이었다. 비가 많이 내리면 야구는 어차피 하지 못하지만, 럭비는 비가 많이 오더라도 중단 없이 계속할 수 있기 때문에, 비를 피해 럭비 관람을 할 수 있게 내야 스탠드를 덮은 것이다. 당초 목적과는 달리 고시엔 야구장은 럭비 경기 등이 제대로 열리지 않고 사실상 야구 전용 구장으로 사용되면서 '철우산'은 '철양산' 역할을 주로 하게 되었다.

'철우산'이라는 이름을 가진 실제로는 '철양산' 덕분에 8월에 열리는 여름 고시엔 대회를 좀더 편하게 관람할 수 있게 된 것이다. 이런 역할을 하던 '철우산'은 일본의 침략 전쟁으로 인해서 철거되는 운명을 맞게 되었다. 2차세계대전 막판, 일본은 군수 물자 조달을 위해서 고시엔 야구장의 명물이던 '철우산'까지 철거했지만, 결국 비용 문제로 방치되면서 군수품으로 사용되지는 못했다고 한다.

고시엔 야구장은 1951년 알루미늄 합금을 이용해서 지붕을 덮었고, 이 지붕은 철우산과는 달리 반짝반짝 빛나기 때문에 '은우산'이라는 애칭을 갖게 되었다. 고시엔의 새로운 명물이 된 은우산은 보수 작업을 계속하면서 4대 우산으로 명맥이 이어지고 있다.

여름 고시엔 대회는 8월에 열려, 일본의 장마가 끝난 이후에 펼쳐지지만, 그럼에도 불구하고 비가 많이 내리는 일본의 특성상 비 때문에 취소되는 날이 굉장히 많다. 2021년에는 역대 최다 경기가 취소되기도 했다. 이처럼 비가 오면 정상적인 경기가 어렵다. 경기 중간에 비가 오면 우천 노게임이 선언되는데, 큰 점수 차이로 앞서던 학교가 비 때문에 노게임이 된 뒤 다음날 경기에서 패하는 경우를 종종 볼 수 있다. 비로 인해 희비가 교차하는 장면이다.

일본 고교야구 콜드게임 규정은 프로야구와는 조금 다르다. 일본 프로야구와 국내 프로야구 모두 5회를 넘기면 정식 시합으로 인정된다. 이 때문에 비가 내리면 5회초까지 앞서고 있는 팀은 5회를 넘기기 위해서 빨리 아웃되는 웃지 못할 장면을 연출하기도 한다. 그런데 일본 고교야구는 5회가 아닌 7회를 마쳐야 정식 게임으로 인정된다. 토너먼트로 치러지는 고교야구의 특성상 비로 인해 5회만 치르고 승부가 결정되는 것은 잔혹하다는 의견 때문에 만들어진 학생야구만의 규정이다.

일본 고시엔 대회 관계자들은 대회 기간에 비가 오지 않기를 바라며 '테루테루보즈'를 걸어놓는 심정일 것이다. 비 때문에 경기가 계속 밀리면 대회 열기가 식을 수 있고, 숙박비를 비롯해서 경비 또한 늘어나기 때문이다. '테루테루보즈'를 걸어놓아도 비가 올 경우에는 '한신원예'라고 하는 전문 업체가 등장해 경기 진행을 돕는다.

한신원예는 대부분의 진행요원이 자원봉사로 구성된 고시엔 대회에서 유일한 전문가 그룹이라고 할 수도 있다. 평소 고시엔 야구장 관리를 맡고 있는 회사인데 특히 우천 상황에서 위력을 발휘한다. 고시엔 야구장의 배수 시설이 잘되어 있기도 하지만, 한신원예 소속 직원들은 평소의 토양 관리부터 시작해서 긴급 배수와 복구 작업까지 이 분야에서 세계 최고의 전문가들로 꼽힌다. 계속해서 폭우가 쏟아지는 상황에선 아무리 한신원예라도 어쩔 수 없지만 비가 그친 이후라면 이들은 어떻게든 경기를 진행할 수 있도록 최대한 노력하고, 실제로 불가능할 것 같던 경기가 어느 순간 진행되는 마법을 볼 수 있다.

일부에서는 이렇게 비가 많이 내릴 때 인근 오사카에 위치한 '교세라돔'에서 대회를 치르면 어떤가라는 의견을 제시하기도 하지만, 그야말로 일부의 목소리일 뿐이다. 비를 비롯해서 여러 가지 문제점이 발생하더라도 고시엔이 아닌 다른 곳에서의 경기는 최고 인기를 자랑하는 고교야구대회로서의 권위를 갖지 못한다. 일본 야구의 성지는 '고시엔'이기 때문이다.

일본은 도쿄와 오사카, 나고야와 후쿠오카, 삿포로와 도코로자와까지 모두 6개의 돔구장을 가지고 있고 추가로 신축 돔구장을 건설하고 있다. 프로야구 구단이 12개인 일본과 비교하면 미국은 메이저리그 30개 구단이 존재하지만 돔구장은 7개로 그리 많은 편이 아니다. 실제 미국에서 돔구장은 그리 환영받지 못하는 편이다. 건설이나 운영 비용이 많이 드는데다, 야외 구장을 선호하는 등 야구 문화가 다르기 때문이다.

일본 영화 〈지금 만나러 갑니다〉는 국내에서도 리메이크되었는데, 엄마를 보내지 않기 위해 '테루테루보즈'를 거꾸로 거는 장면을 생략했다. '테루테루보즈'라는 문화가 없는 우리나라의 현실을 고려해 대신 네잎클로버를 사용했다. 국내 현실에 맞게 '절묘한 선택'을 한 것이다.

일본은 연평균 강수량이 1,600밀리미터인데 비해 우리나라는 평균 960밀리미터로 일본과 비교하면 많은 비가 내리는 것은 아니다. 일본에 돔구장이 많다고 해서 우리나라까지 꼭 돔구장을 지을 필요는 없고 적절한 건립 비용과 운영 비용으로, 일정 수준 이상의 시설을 갖춘 야구장이면 충분하다. 야구계 역시 우리 현실에 맞는 '절묘한 선택'이 필요하다.

|9| │ 일본 특유의 장인정신과
현미경 야구의 탄생

일본의 장인정신은 일본을 경제대국으로 끌어올린 원동력이었다. 일본은 경제뿐 아니라 각 분야에서 최선을 다하는 장인 문화가 자리잡아왔고, 일본 고교야구 역시 경기에 출전하는 선수뿐 아니라 데이터 분석을 비롯해서 각 분야에서 다양한 전문 인력들이 일본 야구의 저력을 뒷받침하고 있으며, 이런 노력들이 합쳐져서 일본이 자랑하는 정교한 현미경 야구로 발전했다. 장인정신은 최근 창의성을 저해하는 요소로 평가되기도 하는데, 장인정신을 통해 발전해온 일본 분석 야구의 미래가 어떻게 전개될지 주목된다.

맛없는 '야구 절임'과 합숙 문화

×

프로야구가 활성화되어 있는 우리나라와 일본, 미국 모두 2월부터 동계훈련을 하는데 연고지에서 벗어나 따뜻한 장소를 찾게 된다. 미국 메이저리그 구단은 애리조나 또는 플로리다의 따뜻한 지역에 모여 훈련하고, 일본 역시 오키나와 또는 큐슈 지역에서 2월 1일부터 공식 훈련을 시작한다. 겨울철 마땅한 훈련 장소가 없는 한국 프로야구단은 코로나 이전까지 미국이나 일본의 훈련 캠프에서 훈련을 진행했다.

동계훈련을 할 때 우리나라와 일본은 구단이 마련한 호텔에서 묵게 된다. 한국 야구에서는 어쩌면 당연하게 느껴질 정도로 익숙한 풍경이다. 그런데 메이저리그 스프링캠프를 취재할 때 깜짝 놀란 것은 구단이 숙소를 마련하지 않는다는 것이었다. 메이저리그는 선수 개인이 알아서 숙소를 준비해야 한다. 고액 연봉자의 경우는 호화로운 숙소에 가족들과 지인들을 초대해 훈련 기간을 즐기는 경우도 있지만, 숙소 비용을 아끼기 위해 두세 명의 선수가 숙소를 공유하는 사례도 종종 볼 수 있다.

메이저리그 구단과 선수의 관계는 철저하게 계약 중심이어서 우리나라나 일본처럼 같은 이름으로 묶인, 이른바 한솥밥 먹는 동료라는 개념이 희박하다. 선수들 역시 숙소를 같이 쓰는 것에 대해 저항감을 느끼는 경우도 있다. 훈련 시간 이후에는 철저하게 개인의 자유를 추구하는 것이 한국이나 일본과는 다른 미국식 문화라고 할 수 있다.

일본은 합숙이란 단어가 일상화되어 있다. 처음 합숙이 시작된 것은 메이지시대 말기인 1900년대로 알려져 있으며 다이쇼시대인 1912년 이후에 일본의 문화로 정착되었다. 지금은 강화합숙이라는 이름의 각종 스포츠합숙이 연중 진행되고 있고, 합숙을 위한 다양한 장소가 마련되어 있다. 스포츠뿐 아니라 대학의 세미나, 공동연구에서도 합숙이 활성화되어 있고, 일본에서 운전면허 시험을 준비하는 경우는 대부분 면허합숙을 통해서 약 2주간 집중공부를 하는 것이 당연하게 받아들여지고 있다.

합숙은 일반적으로 3박 4일간의 집중훈련이나 집중교육, 집중연구라고 할 수 있는데 합숙에 참가하는 구성원 간의 심리적인 연대감을 강화하는 의미가 더 큰 목적이다. 이런 합숙은 고교야구뿐 아니라 고등학교 부 활동에 소속된 거의 모든 학생들이 진행한다.

또한 부 활동이 아닌 수험 공부를 하는 학생의 경우에도 여름방학 기간에 학원 등에서 실시하는 강화합숙에 참가하는 경우가 많다. 그래서 여름방학 하면 '합숙'이라는 것이 학생들에게 당연한 문화로 받아들여지고 있다.

이런 단기합숙뿐 아니라 1년 내내 료寮라고 불리는 기숙사에서 생활하는 학생도 굉장히 많다. 실제 일본에서는 전국사립료제학교협의회라는 단체가 존재할 정도로 료가 활성화되어 있는데, 전료제학교라고 해서 모든 학생이 기숙사 생활을 의무적으로 해야 하는 학교가 사립학교만 2020년 기준 85개에 달한다.

기숙사 생활이 의무는 아니지만 학교에 기숙사를 운영하는 학교의 숫자는 더욱 많다. 지난 2009년 자료에 따르면 사립학교 274개, 공립학교 147개 학교가 료를 운영하고 있어 모두 422개 학교가 기숙사 생활을 하는 것으로 나타났다. 이 자료에는 현재 최신 기숙사를 시설을 갖춘 오사카토인고등학교와 테이쿄고등학교 같은 고시엔 단골 우승팀이 제외되어 있다. 실제 일본은 기숙사 생활을 하는 학교가 점점 늘어나는 추세를 보이고 있다.

이처럼 기숙사가 있는 학교의 상당수는 야구부 기숙사 제도를 운영하고 있다. 오사카에 위치한 야구 명문 리세이샤처럼 기숙사 대신 전원 통학제로 야구부를 유지하는 경우는 극히 일부일 뿐 대다수 야구 명문학교는 기숙사에서 생활하는 것이 일반적이다. 2017년 자료에 따르면 전체 학교의 10퍼센트를 넘는 475개 학교가 특대생 제도를 운영하고 있는데, 특대생의 상당수가 고향을 떠나 야구에만 전념하는 현 외 유학생이라는 점을 감안하면 특대생 제도를 채택한 학교의 상당수가 야구부 기숙사를 유지하는 것으로 볼 수 있다.

야구부 기숙사는 크게 두 가지 유형으로 구분된다.

첫째는 모든 야구부원들이 기숙사 생활을 하는 경우이다. 이런 학교는 야구 명문이면서도 야구부 지원 자격이 엄격하게 제한되어 있는 경우가 많다. 야구 명문교 중에서도 야구부원이 100명을 넘는 학교의 경우 모든 야구부원을 수용하려면 기숙사 시설이나 운영 비용 등에서 부담이 많기 때문이다.

둘째는 전체 야구부가 아닌 일부 선수들만 기숙사에서 생활하는 경우이다. 다른 현에서 온 학생이나 1군 소속 선수만 기숙사에 들어가도록 자격 제한을 엄격하게 하는 학교까지 존재한다. 마쓰자카를 배출한 요코하마고등학교 같은 경우가 이런 선발제 기숙사를 운영하고 있다.

야구부 기숙사는 대부분 학교에서 자전거로 10분 정도 거리에 있는 것이 일반적이지만 명덕의숙고등학교처럼 산속에 위치해 편의점까지 세 시간 걸리는 고립된 곳에 있는 경우도 있다. 오히려 이런 환경을 선호하는 선수들이 많은 편이다. 야구에만 전념하기 위해서인데 야구에 전념한다는 의미의 야큐즈케野球漬け라는 단어까지 탄생했다.

즈케漬け라는 것은 절인 음식을 말할 때 주로 사용한다. 오이절임을 비롯해서 다양한 절임 음식이 존재하는데, 야구절임이라는

것은 당연히 음식이 아니라 야구에 집중하는 것을 말할 때 쓰는 표현이다. 여기에는 빡빡머리를 한 채 여자친구와의 교제도 전혀 하지 않고 오로지 야구부 생활을 하는 2년 반 동안 야구에 승부를 걸겠다는 의미까지 담고 있다.

일본에서 'no baseball no life'라는 블로그를 운영하고 있는 고교야구부 출신 블로거의 경험담에 의하면 야구부 기숙사 생활이 쉽지 않다는 것을 알 수 있다. 야구부의 하루 생활은 다음과 같다. 오전 5시 30분에 일어나 아침식사를 한 뒤 6시 15분까지 등교해 아침 연습을 하고 오전 수업을 받는다. 수업이 12시 30분에 끝나면 기숙사로 돌아가 14시에 점심을 먹은 뒤 15시부터 오후 훈련을 한 뒤 19시 저녁식사 이후 20시 30분부터 자율훈련에 들어간다. 21시 30분에 연습이 모두 끝나면 22시 30분에 목욕과 세탁 등을 하고 23시에 잠자리에 드는 스케줄이다.

이 블로거의 학교는 야구부의 경우 오전 수업만 하고 오후 수업은 체육 활동이란 이름의 부 활동 시간인데 대부분 훈련을 진행했다고 한다. 집에서 통학하는 학생에 비해서 통학 시간이 짧은 만큼 더욱 야구에 집중할 수 있다는 점을 기숙사 생활의 장점으로 들었다. 반면 식사는 기숙사에서 제공되지만 식사 이외의 빨래를 비롯한 모든 것을 스스로 책임져야 하는 것이 가장 힘들었다고 밝히기도 했다. 일본에서 중학교까지는 기숙사에서 생활하는 경우가 거의 없기 때문에 처음으로 부모와 떨어져 생활하는 것에 부담을 느낄 수밖에 없는 환경임에는 분명하다. 또한 선후배 간 엄격한 상하관계 역시 기숙사 생활의 어려움을 가중시키는 부분이다.

우리나라도 입시를 위한 기숙학원이 존재하지만 일본의 경우에는 재수생의 경우 기숙학원을 이용하는 비율이 더 높은 편이다. 이런 기숙학원의 장단점은 고등학교 야구선수가 경험하는 기숙사 생활의 장단점과 거의 비슷하다. 자신의 꿈을 이루기 위해 열심히 공부하는 것과 최선을 다해 야구 연습하는 것을 다르게 판단할 수 없기 때문이다.

물론 결정적인 차이점은 재수학원에는 야구부 기숙사처럼 선후배 관계가 없다는 점이다. 실제 입시 기숙사에서도 학생들의 다툼은 존재하지만 선후배 간 위계질서에 의한 폭언이나 폭력이 발생할 가능성이 거의 없다. 그런데 중요한 건 이런 폭력적인 문화를 없애는 것이지 기숙사 자체의 문제는 아니다. 학교 운동부 기숙사에서 문제가 발생한다고 기숙사를 없애는 것은 운동부 차량에서 교통사고가 났을 때 차량 운행을 금지시키는 것과 같다.

폭력 문화는 어떻게 근절시킬 수 있을까? 80년대까지만 해도 교통경찰 2년에 집을 못 사면 바보라는 말이 있었다. 학교를 방문하는 학부모는 거의 대부분 선생님께 울며 겨자 먹기로 촌지를 바쳐야 했다. 최근 이런 행위가 급격하게 줄어든 것은 해당 직업 층의 자정 노력과 함께 사회 전체가 투명해졌기 때문에 가능해진 것이다.

일본의 경우 야구부의 폭력이 완전히 사라졌다고 할 수는 없지만, 과거에 비해 많이 줄어드는 추세를 보이고 있다. 우리나라도 학교 폭력이 사회 문제로 떠오르면서 과거에 비해 긍정적인 방향으로 가고 있다. 학교 운동부보다 훨씬 가혹한 조건일 수밖에 없는 군대에서도 구타 등 가혹행위가 예전에 비해 분명 많이 줄어들었다. 학교 운동부의 폭력 문제는 단순한 기숙사 철폐가 아니라 운동부 및 사회 전체의 문화를 바꿔나갈 때 진정한 변화가 시작될 것이다.

일본은 운동부 기숙사가 오히려 늘어나고 있지만 폭력은 줄어들고 있다. 합숙 문화와 거리가 먼 미국에서도 학교 폭력은 발생한다. 학교 폭력의 원인은 잘못된 운동부 문화 때문이지 기숙사와 합숙을 원인으로 드는 것은 달을 가리키는데 손가락을 보는 것과 크게 다르지 않다. 운동부의 안타까운 모습 역시 그 사회를 반영하는 일부분이기 때문이다.

데이터 분석반과 야구선수의 마우스피스

×

일본의 스시 장인을 다룬 다큐멘터리 〈지로의 꿈〉은 무려 75년이나 최고의 스시를 만들기 위해 노력해온 한 스시 장인의 이야기를 다루고 있다. 그는 매일 매일 똑같은 일을 반복해서 수행하며, 스시에 대해 누구보다도 엄격하다. 종교를 위해서 수행하는 모습과도 비슷하다. 〈지로의 꿈〉을 통해 한 가지 일에 최선을 다하는 이른바 장인정신으로 대표되는 일본 특유의 문화를 느낄 수 있다.

장인정신과 일맥상통하는 단어로 집착이나 고집 등으로 번역할 수 있는 고다와리こだわり가 있는데, 일본에선 특정 상표의 맥주만 먹거나, 특정 담배만 피우는 경우에도 고다와리를 갖고 있다는 표현을 쓴다. 또한 장인정신처럼 한 가지 분야에서 쉽게 타협하지 않는 까다로움을 바탕으로 자신의 일에 몰두하는 것을 긍정적으로 표현할 때도 사용한다.

일본 고교야구의 전설적인 감독으로 통하는 이케다고등학교의 츠타 감독은 무명 학교를 일약 일본 최고의 인기 학교로 만든 최고의 감독으로 불리는데, 그의 인생에서 야구 장인의 면모를 엿볼 수 있다. 츠타 감독은 1952년 도쿠시마의 현립학교인 이케다고등학교의 감독으로 부임하는데, 당시 야구부 장비는 공 3개, 배트 2개에 불과했다고 한다.

산골마을 학생들에게 더 넓은 세상을 보여주겠다며 '고시엔으로 가자'를 목표로 땀 흘렸지만, 지역에서 가장 야구를 잘하는 도쿠시마상고의 벽을 넘기엔 역부족이었다. 고시엔 출전을 앞두고 번번이 좌절하던 이케다고등학교가 처음으로 고시엔 무대를 밟은 것은 1971년, 이케다고등학교에서 감독 생활을 한 지 무려 20년 만에 거둔 결실이었다.

1974년 대회에서는 야구부원이 11명에 불과한 가운데, 전국의 강팀들과 당당히 맞서 깊은 인상을 남기더니, 1979년에는 준우승을 달성했고, 1982년에는 꿈에도 그리던 고시엔 무대 우승을 차지하는 강팀으로 거듭난다. 이후에도 이케다고등학교는 츠타 감독 특유의 캐릭터와 맞물려 큰 인기를 끌었고, 일본 고교야구 역사상 최고 인기 학교라는 평가까지 받는다.

감독으로 처음 부임해 고시엔 우승을 차지하기까지 30년이 걸렸고, 그로부터 또 10년이 지난 1992년, 68세의 나이로 감독 은퇴를 선언했다. 일본에서는 츠타 감독처럼 육십대 감독은 꽤 많은 편이며 일흔 살을 넘어서까지 감독직을 수행하는 경우도 종종 볼수 있다.

이처럼 야구 장인으로 인정받는 것은 오랜 세월 한 가지 일에몰두했기 때문에 얻을 수 있는 결과이다. 그런데 일본은 고등학교 학생들도 특정 분야에서 전문가 못지않은 능력을 발휘하는 경우가 많은데 야구 역시 마찬가지이다. 대표적인 것이 일본의 일부고등학교 야구부에 존재하는 데이터 반データ班이다.

데이터 반 소속 학생들은 야구 기록이나 상대 선수의 특성을 파악하는 데 뛰어난 능력을 갖추고 있다. 토너먼트로 진행되는 일본고교야구의 특성상 세이버 매트릭스 같은 통계분석보다는 소속팀투수와 타자의 장단점을 철저하게 분석하고, 상대의 장단점은 물론 심리적인 부분이나, 투구할 때의 버릇까지 파악하는 데 탁월한능력을 발휘한다.

데이터 반은 야구부 출신 중에 주전에서 제외되는 선수들이 담당하기도 하지만, 야구 실력은 다소 떨어지는 학생 중에서 야구에 관심이 많고, 기록 등을 다루는 데 뛰어난 학생들이 지원하기도 한다. 데이터 분석팀은 야구부원들이 보지 못하는 부분까지 세심하게 챙기면서 팀 전력을 극대화하는 데 중요한 역할을 한다. 2000년대 일본 고교야구 최강팀으로 자타가 공인하는 오사카토인고등학교 역시 데이터 분석반이 존재하고, 명성에 맞는 뛰어난데이터 분석 능력을 갖추고 있다.

어린 시절부터 뛰어난 선수를 영입한데다 데이터 분석반까지

있는 오사카토인고등학교에게 2018년 결승전에서 패한 가나아시
농고는 이른바 '잡초군단'으로 불리는 공립학교로 객관적인 전력
에서 토인고등학교와는 비교조차 되지 않았다. 에이스 요시다 한
명의 활약으로 결승전까지 왔지만 결승에서는 무기력하게 무너졌
다. 하지만 가나아시농고는 일본 전체의 응원을 받았는데, 당시 에
이스 요시다가 낀 마우스피스가 많은 이들에게 궁금증을 자아냈다.

처음에는 씩 웃는 모습을 보고 치아가 하얗다고 생각한 사람이
많았는데, 알고 보니 마우스피스를 끼고 있는 것이었다. 그전에도
고교야구에서 마우스피스를 낀 선수들이 꽤 있었지만, 요시다 이
후 마우스피스 착용은 더욱 늘어났다. 그런데 마우스피스를 끼는
이유에 대해 많은 학생들이 치아 보호만이 아닌 다른 이유를 들고
있어 흥미롭다.

일본 고교야구는 웬만한 내야 땅볼을 치더라도 1루에서 머리가
먼저 들어가는 헤드퍼스트 슬라이딩을 하는 것이 일반화되어 있
다. 고교야구를 상징하는 장면이라고 하지만 부상 위험이 너무 크
기 때문에 장려할 만한 것은 아니다. 그럼에도 불구하고 1루 슬라
이딩을 해야만 하는 분위기가 조성되어 있는 것이 사실인데, 이때
마우스피스를 끼면 치아 보호를 할 수 있는데다, 부상에 대한 두
려움을 줄여줄 수 있다는 심리적인 효과까지 갖고 있다.

다른 한 가지는 마우스피스를 통해서 중심축을 잡는 데 도움을
받을 수 있다는 이야기다. 대부분의 사람들은 자신도 모르는 사이
에 좌우 대칭이 무너져 있는 경우가 많은데, 마우스피스를 입에

물게 되면 한쪽에 치우치지 않고 좌우 균형을 잡을 수 있어, 안정된 타격 자세를 갖추는 데 도움을 받을 수 있다는 것이다.

실제로 좌우 균형을 잡는 데 효과적인 것인지, 단지 심리적인 위안일 뿐인지는 명확하지 않지만 선수에게 도움이 된다면 그것 자체로도 분명 의미가 있을 것이다. 일본 남자 피겨스케이팅의 영웅인 하뉴 유즈루는 입장할 때 마치 기도하는 것 같은 동작을 취하는 것으로 유명하다. 이 동작을 처음 보는 사람들은 대부분 시작 전에 기도를 한다고 생각하겠지만, 이런 동작은 하뉴의 오래된 습관이다. 좌우 균형을 잡는 데 큰 도움을 받는다는 것이다.

일본 야구에서만 쓰는 단어 중에 정포수正捕手라는 말이 있다. 우리식으로 하면 주전 포수라고 할 수 있는데, 일본에서 정포수는 단순히 주전 포수를 의미하는 것을 뛰어넘어 팀 전체를 리드하는 역할을 담당하고 있다. 투수의 상태나 구위를 정확하게 분석하는 것은 물론이고, 상대 타자의 자세만 보고도 이 선수가 어떤 공을 노리는지를 파악하는 능력이 아주 뛰어나다. 어릴 때부터 이런 분야에 뛰어난 선수가 주로 포수를 담당하는데다, 포수의 역할을 과대평가하는 일본 야구의 분위기까지 어우러져, 일본 고교야구 포수는 데이터 분석과 상대 타자를 분석하는 데 뛰어난 능력을 갖추고 있다.

문제는 이런 면이 지나치다보니, 상대의 사인을 훔치는 방법 역시 발달한 것도 사실이다. 고시엔 대회에서는 상대가 사인을 훔치느냐 아니냐를 놓고 논쟁이 벌어지기도 한다. 일부에서는 사인을 빼앗기는 쪽이 잘못하는 것이라는 시각도 있지만, 과도한 사인 훔치기는 분명 바람직하지 않을뿐더러, 특히 학생야구의 순수성을 강조하는 고시엔에서는 숨기고 싶은 이야기임에 분명하다. 이런 사인 훔치기 논란은 데이터 분석의 어두운 면이라고 할 수 있다.

〈지로의 꿈〉은 분명 위대한 장인정신의 이야기이지만 이런 방식이 21세기 글로벌 시대에도 어울리느냐는 것은 생각해볼 여지가 있다. 〈지로의 꿈〉을 보면 계란말이 하는 법을 배우는 데 무려 10년이 걸린다. 75년을 스시에 바친 스시 장인의 눈에는 10년도 부족한 시간이겠지만, 오늘날의 현실과 비교하면 고개를 갸웃하게 될 수밖에 없다.

이케다고등학교의 기적을 만든 츠타 감독 같은 사례는 최근에는 거의 나오지 않고 있다. 예전에는 이케다고등학교 같은 공립교가 고시엔에서 좋은 성적을 거두는 사례가 꽤 있었지만, 최근에는 야구에 집중하는 사립학교와 비교하면 공립학교의 수준은 많이 떨어진다. 세상은 빨리 변하고 있고, 시대가 달라진 것이다.

일본 특유의 장인정신은 분명 긍정적인 부분이 많지만 새로운 시대에 맞게 바뀌지 않는다면 많은 단점을 노출하게 될 가능성이 높다. 일본 사회나 일본 고교야구 모두 장인정신을 새로운 시대에 맞게 어떻게 만들어나갈 것인가에 대한 고민이 필요하다. 사립교의 일방적인 우세가 계속되는 최근의 경향을 감안하면 더이상 장인정신만으로 승부할 수 있는 시대가 아니라는 걸 알 수 있기 때문이다.

신중한 초대 문화, 야구 강팀의 특권 '초대시합'

×

인생에서 가장 중요한 순간이라고 여겨지는 결혼식, 처음 하는 경우가 대부분인데다 여러 가지 준비로 정신없는 상황에서도, 결혼식장을 찾아온 사람들을 보면 고마운 마음을 느끼게 된다. 특히 미처 연락하지 못했는데, 찾아준 사람을 만나면 미안함과 감사함이 어우러져 기쁨은 더욱 커진다.

일본 결혼식장에서는 이런 풍경을 볼 수 없다. 결혼식은 초대받은 사람들만이 참가할 수 있기 때문이다. 사전에 초대장을 받으면 참가와 불참을 알리는 표기를 해서 회신을 해야 한다. 일본 문화에선 초대장을 받지 않았는데 결혼식에 가는 것은 예의에 어긋난다고 생각한다.

결혼을 준비하는 입장에서는 초대를 한 뒤 오겠다는 회신을 한 사람에 한해 결혼식장에 좌석을 표시하고, 식사는 물론 답례품도 준비한다. 초대할 사람은 신중하게 선택하고, 초대받은 사람은 초대 자체를 영광으로 생각한다.

일본 고교야구에는 초대받은 학교만이 출전할 수 있는 '초대시합'이라는 것이 있다. 연습경기와 실제 내용은 큰 차이가 없지만, 결코 아무 학교나 초대받을 수 없기 때문에 초대시합에 초청받았다는 것 그 자체만으로도 영광이고, 특별한 학교라는 의미를 갖게된다. 일본의 3,890개 고교야구부 가운데 초대시합을 갖는 학교는 극소수에 불과하다.

일본 고교야구의 시합에는 네 가지 유형이 있다.

첫째는 공식 경기로 봄-여름 고시엔 본선을 비롯해서, 메이지 진구대회나 국체 같은 전국 대회가 대표적인 공식 경기이다. 봄과 가을에 열리는 지역 대회 역시 중요한 대회이며, 지역의 시나 지역 방송국이 주최하는 대회도 공식전으로 인정된다. 공식전의 기록은 모두 공식 기록이다. 특히 홈런의 경우 홈런 공을 회수해서 타자에게 돌려줄 정도로 의미를 가진 것이 공식 경기이다.

둘째는 학교별 자체 홍백전으로 학교에서 1군과 2군이 시합을 하거나, 팀을 섞어서 경기를 하는 방식이다. 이때는 홈런을 치거나 퍼펙트게임을 달성한다고 해도 공식 기록으로 인정받지 못한다. 경기를 하는 이유는 이기기 위해서가 아니라 선수들의 몸 상태 확인이나 실전 감각 등을 위해서 하는 것이 대부분이기 때문이다.

셋째 방식은 연습시합이다. 연습시합은 A학교에서 B학교를 초청해서 열리는 방식인데, 공식 대회가 없는 주말에는 대부분 연습시합이 이루어진다. 연습시합을 주최하는 A학교는 보통 한 경기에 3~4천 엔 정도 드는 심판 비용과 양 학교 감독 코치와 심판의 점심식사 준비를 담당한다. B학교가 심판 비용과 식사비 부담을 하지 않는 이유는 원정팀의 경우 대부분 버스 대절 비용이 더 많이 들기 때문이다. 주심만 정식 심판이 담당하고, 각 베이스 심판은 주전에서 제외된 부원이 맡는다.

넷째 방식이 바로 초대시합이다. 초대시합은 누군가로부터 초대를 받아 치르는 시합을 말하는데, 초대하는 주최가 학교보다는 시나, 야구장인 경우가 많다. ○○시 ○○주년 기념 초대시합, ○○야구장 ○○주년 기념 초대시합 등의 형태가 일반적이다. 초대시합 주최측에선 초대하는 학교의 교통비와 숙박비를 비롯해서 소요되는 모든 비용을 부담한다. 초대받은 학교 입장에서는 금전적인 부담이 전혀 없다.

연습시합의 경우 버스 대절 비용을 비롯해서 숙박비가 드는 경우가 많다. 고시엔 출전을 목표로 하는 일정 수준 이상 학교의 경우 대부분 다른 현 팀과 연습시합을 치른다. 지역예선에서 경쟁하는 학교와 자주 연습시합을 하는 것은 서로에게 부담이 크기 때문이다. 이런 비용은 동문회나 야구부 OB에서 부담하기도 하지만, 대부분은 학부모의 몫이다.

반면 초대시합에 초대되면 비용이 전혀 발생하지 않는다. 이론적으로 연습경기를 모두 초대시합으로 치르는 학교의 경우에는 학부모 부담 없이도 원정시합이 가능한 것이다. 그런데 이런 초대 시합은 고시엔 우승 전력으로 평가되는 이른바 강호교가 단골손 님으로 초대되는 것이 대부분이다. 고시엔에서 이렇다 할 성적을 내지 못한 학교는 초대시합을 하는 것이 어렵다. 초대시합은 야구 명문교나 봄 고시엔 대회에서 좋은 성적을 올린 팀들이 주요 초대 대상이다.

2021년 봄 고시엔 우승팀인 도카이사가미東海大相模고등학교는 6월 12일과 13일에 열린 아이치현고등학교야구연맹 주최의 초대 시합에 초대받아 출전했다. 첫째날인 12일 오전 9시 30분에 첫 경 기를 치른 뒤 12시 30분에 두번째 경기를 진행했다. 둘째날에는 오전 9시에 첫 경기를 하고, 오후 12시에 두번째 시합을 하면 일정 이 모두 종료되는 방식이다. 도카이사가미고등학교 한 팀을 초청 해 아이치현의 네 개 고등학교가 연습경기를 치른 것이다.

21세기 일본 고교야구 최고 명문학교인 오사카토인고는 도쿠 시마고등학교야구연맹이 주최한 초대시합에 초대받았다. 강호 오 사카토인고를 초대해 도쿠시마 아난시 행사인 '고교야구교류페스 티벌' 사업의 일환으로 아난시의 세 학교가 오사카토인과 대결하 는 방식이었다. 이 대회는 코로나의 영향으로 열리지 못했지만, 오 사카토인 같은 학교는 초대시합에서 가장 인기 있는 학교라는 걸 알 수 있었다.

이렇게 강팀이나 지명도 높은 학교가 초대 대상이 되는 이유는 주최측이 관중에게 입장권을 팔기 때문이다. 관중 입장에선 알려

아키다 초대시합에서 등번호 유니폼을 착용한 선수들(출처: 아키다상고 홈페이지)

지지 않은 학교와 시합을 할 때 군이 돈을 주고 관람할 이유가 없을 것이다. 아이치현이 주최한 초대시합은 입장권 가격이 1,000엔으로 고시엔 본선과 비교해도 적은 돈이 아니다. 도쿠시마현 주최 초대시합은 관중에게 600엔을 받을 예정이었다. 주최측에선 입장권 수입과 스폰서 모집을 통해 '초대학교'를 초대하는 데 드는 모든 비용을 담당한다.

학교에서 초대시합을 진행하는 경우도 있다. 아키다상고는 6월 25일 학교 창립 100주년을 기념해 지역 라이벌인 아키다고교를 초대해 초대시합을 진행했다. 초대시합은 두 학교의 OB회 회장이 나란히 시구를 담당하고, 두 학교 3학년 학생들이 메가폰까지 들고 응원을 하는 등 정식 대회 못지않은 분위기 속에서 치러졌다고 한다.

초대시합과 연습시합은 두 학교가 9이닝 대결을 벌인다는 점에선 똑같다. 초대시합이 연습시합과 다른 결정적인 차이는 선수들이 모두 등번호를 착용하고 경기에 임한다는 사실이다. 연습시합은 등번호 착용 없이 일반 유니폼을 입고 진행하지만, 초대시합은 공식 대회와 똑같은 방식으로 이루어진다.

고시엔 대회에서 주전들의 등번호가 1번에서 9번으로 구성되어 있는 것처럼 초대시합 역시 마찬가지다. 초대시합이 여름 고시엔을 앞두고 많이 열리기 때문에 주전 등번호가 아닌 두 자릿수 등번호를 받은 선수들 입장에서는 초대시합이 큰 자극이 된다. 또한 야구 명문학교를 초대해 시합을 치르는 학교의 경우도 고시엔 우승 후보와의 대결을 통해 고시엔에 대해 더욱 강한 의욕을 가질 수 있는 효과가 있다.

초대시합은 연습경기와 달리 네 명의 심판 모두 정식 심판이며, 관중들도 입장권을 사서 경기를 관람하기 때문에 공식 경기와 똑같다고 보면 된다. 그렇기 때문에 초대시합의 홈런 기록을 공식 기록으로 인정하는 것은 어쩌면 당연하다고 할 수 있을 것이다. 고시엔 역사를 대표하는 홈런 타자인 기요하라나 나카타 쇼, 기요미야의 고교 통산 홈런 기록에는 이런 초대시합 홈런이 포함되어 있는 것이다.

초대시합은 중계방송까지 되는 경우가 많다. 지상파 TV 중계방송은 드물지만, 지역 방송이 주로 중계방송을 담당하고 인터넷 생중계도 대부분 이루어지는 편이다. 대부분 명문고가 출전하기 때문에 해당 지역에 별 관심이 없는 고교야구팬이라도 이런 초대시합에 관심이 높은 편이며, 초대시합 결과는 대부분 신문에 보도되곤 한다.

초대 문화가 활발한 서양과는 달리 일본에서는 초대 대상을 고를 때 엄격한 편이다. 그런 만큼 초대를 받았다는 것은 초대자로부터 인정받았다는 것을 의미한다. 고교야구에서도 초대시합을 갖는 것은 큰 의미를 갖고 있다. 선수들은 다양한 시합 경험을 쌓고, 학부모는 비용 부담이 없다는 것 이상으로, '초대시합'에 초대되었다는 것 자체가 일본의 최고 엘리트 고교야구부라는 것을 입증하는 증거이기 때문이다.

달이 참 예쁘네요와 호토코히,
영어와 일본 야구의 관계

×

영어권에서 사용하는 '흰색 셔츠를 입은 직장인이 뜨거운 커피를 마시며 랩톱으로 작업을 하고 있습니다'를 일본어로 직역하면 '와이셔츠를 입은 샐러리맨이 호토 코히를 마시며 노토파소콘으로 작업을 하고 있습니다'로 바뀐다. 일본에선 이처럼 간단한 문장 하나에도 일본식 영어인 이른바 화제영어和製英語가 자연스럽게 사용된다.

영어권에서 흰색 셔츠인 White shirt의 발음을 일본인들이 Y로 이해하면서 Y셔츠라는 단어가 정착되었고, 샐러리맨이나 OL^Office Lady 같은 용어 역시 일본에서 널리 사용되지만 실제 영어와는 다르다. 뜨거운 커피^Hot Coffee를 호토 코히라고 부르는 건 발음상의 문제가 일본화된 것이고, 랩톱 컴퓨터가 노토파소콘이 된 것은 일본식 조어의 경향을 그대로 보여준다.

이처럼 화제영어, 재플리시ジャプリッシュ, Japlish가 성행하는 일본이다보니 야구용어 역시 본고장 미국식과는 많은 차이를 보이고 있다. 분명 영어로 표현하는 것 같은데, 정작 미국에서는 이해하지 못하는 단어들이 꽤 있다. 그 가운데는 다소 엉터리 같은 표현인 것도 있지만, 때로는 일본식 조어의 장점을 최대한 살려, 건조하게 느껴지는 미국식 표현보다 더 직관적으로 이해할 수 있는 부분도 존재한다.

사실 야구라는 말부터 일본식 표현인데, 일본에서 다른 스포츠는 모두 외국어 표기인 가타카나로 표기하지만 야구만은 일본어를 나타내는 히라가나로 사용한다. 야구野球는 들에서 하는 운동이라는 뜻인데, 일본에 처음 야구가 소개될 당시, 필드에서 하는 골프가 없었다는 점을 감안하면 꽤 적당한 표현일 것이다. 물론 야구의 특징인 배트에 중점을 두어 중국에서 쓰는 봉구棒球나 1루, 2루, 3루를 강조하는 루구壘球도 가능했겠지만 일본인들은 야구를 선택했고, 지금도 베이스볼 대신 야구를 사용한다.

일본은 스트라이크 볼을 제외하고, 대부분의 용어를 일본식으로 바꾸어 사용한다. 미국에선 즐기는 사람이란 뜻인 Player가 선발된 사람을 의미하는 선수로 변경되었다. Player와 선수의 차이는 야구 및 스포츠를 바라보는 시각의 차이를 반영하고 있다고 할 수도 있다. 유격수 같은 단어는 초창기 야구에서 고정된 수비 위치가 아니라 마치 유격대처럼 상황에 따라 바뀐다고 해서 일본에서 만든 말이다.

Steal을 도루라고 표기한 것처럼 영어를 그대로 번역한 것도 있다. 반면 Out 같은 경우는 '나가다, 제외되다'라는 뜻을 사용해 외死 같은 단어로 나타낼 수 있는데도 군사용어인 殺을 사용한 것도 당시 일본의 시대상을 나타낸다고 할 수 있다. 사실 스트라이크라는 단어도 일본에서 사용하지 않았던 시절이 있었다. 정확히 말하면 2차세계대전 기간에는 적성국 용어라고 해서 사용이 금지된 경우였다.

야구에서 Strike는 좋은 공이니 '쳐라'라는 뜻을 가지고 있다. 2차세계대전 당시 일본에서 스트라이크라는 단어 사용이 금지되자 '좋아'라는 뜻을 가진 요시よし를 사용해 스트라이크를 표현하기도 했다. 스트라이크가 들어오면 '요시'라고 알려준 뒤 '요시 하나1本'이라고 덧붙인다. 투 스트라이크는 '요시 둘2本'이다. 삼진은 '요시 셋3本'인데 심판이 '요시 셋, 거기까지' 또는 '요시 셋, 물러나'라고 이야기했다는 기록이 존재한다.

우리나라 야구팬들에게도 친숙한 표현이라고 할 수 있는 파인 플레이(멋진 수비), 이지 플라이(잡기 쉬운 뜬 공) 같은 단어는 일본이 만들어낸 일본식 영어로 실제로 미국에서는 파인 플레이 대신에 Beautiful catch를 쓰고, 이지 플라이는 주로 Can of corn이라고 표현한다. 불규칙 바운드 역시 일본의 영향으로 일레귤러 바운드라는 말이 과거에 사용되었지만, 미국에서는 Bad hop이라고 쓰는 것이 일반적이다.

타순을 나타낼 때도 차이가 있다. 일본에서 1번 타자를 지칭하는 표현인 톱타자トップバッター를 미국에선 Lead-off man으로 사용한다. 중심 타선인 3-4-5번을 의미하는 클린업 트리오라는 단어는 우리나라에서도 여전히 사용하는 경우가 많은데 미국에선 Heart of the order라고 해서 그냥 중심 타선을 의미하고, 클린업의 경우는 4번 타자만을 지칭하는 경우가 대부분이다.

이 밖에도 장내 홈런을 의미하는 러닝 홈런이나 기습 번트를 나타낼 때 쓰는 세이프티 번트 같은 단어 역시 대표적인 일본식 영어로, Inside park homerun과 Drag bunt가 미국식 표현이다. 80년대까지 중계방송에서도 주로 사용했던 포볼이나 데드볼 같은 단어 역시 일본에서 유래된 일본식 야구용어였다.

고시엔의 상징이라고 할 수 있는 단어에도 일본어식 표현이 많다. 일본 고교야구에서는 내야 땅볼이 나왔을 때 대부분 머리가 먼저 들어가는 헤드슬라이딩을 하는 장면을 한 경기에서 여러 차례 볼 수 있다. 헤드슬라이딩은 고교야구의 열정을 상징하는 단어로 평가될 정도인데, 미국에서는 존재하지 않는 단어이기도 하다. 미국 야구에선 그냥 Diving이라고 쓴다.

일본 고교야구에서는 코치나 동료 선수가 수비 연습을 위해 공을 쳐주는 것을 노크ノック라고 표현한다. 미국에서는 평고Fungo라고 쓰는 것이 일반적이지만 일본에선 노크로 표현하며, 팀 전체가 정위치한 상황에서 수비 연습을 하는 것을 가리키는 시트노크シートノック라는 말까지 탄생했다.

1924년 갑자년에 만들어져 고시엔甲子園이라는 이름이 붙은 고시엔 야구장은 고교야구 인기가 높아지자 1929년 관중석을 증축하면서 목조 건물 대신 철조 스탠드를 만들었다. 당시 흰옷을 입고 이곳을 가득 채운 학생들의 모습을 본 기자가 철조 스탠드 좌석을 '알프스 스탠드'라고 표현했는데, 이것 역시 대표적인 고시엔의 화제영어로 알려져 있다.

또한 고시엔의 상징 중 하나는 센터 담장 뒤쪽에 위치한 벽인데 일본에선 '백스크린'이란 표현을 사용한다. 일본 프로야구 사상 가장 유명한 홈런은 고시엔 구장에서 나온 바스, 가케후, 오카다가 기록한 이른바 '백스크린 3연발'이다. 이 백스크린 역시 일본식 영어로 미국에서는 Batter's eye라고 쓴다.

2020년 봄-여름 고시엔 대회가 코로나바이러스로 취소되면서, 고시엔 야구장의 흙을 유리병에 담은 키홀더를 제작해서 일본의 모든 고등학교 3학년 야구선수들에게 배포했다는 뉴스가 나왔는데, 이때 사용한 키홀더라는 말 역시 키링이 정확한 영어 표현이라고 할 수 있다.

영어를 아무리 자기들 방식의 일본식으로 바꿔 쓴다고 하지만 가장 이해하기 어려운 야구용어는 바로 고로ゴロ이다. 일본 야구 중계방송을 보면 전 타석에서 어떤 타구를 쳤는지 나오는데 그때 자주 등장하는 말이 고로로 땅볼을 의미한다. Coffee가 코히가 된 것처럼 Ground ball이 고로로 바뀐 것이지만 외국인 입장에선 이해하기 쉽지 않은 표현임에 분명하다.

반면 변화구 같은 단어는 미국의 breaking ball보다 훨씬 직관적으로 이해하기 쉬운 단어이며 Pick off move를 견제구라는 말로 번역한 것 역시 가장 적절한 번역이라고 생각된다. 끝내기 안타를 Walk off 안타라고 쓰는 것보다 사요나라さよなら 안타라고 쓰는 것 역시 뛰어난 번역의 사례라고 할 수 있다.

일본이 노벨문학상 수상자를 두 명이나 배출할 수 있었던 것은 뛰어난 번역 능력이 뒷받침된 덕분이라고 한다. 노벨상 수상자는 아니지만 나쓰메 소세키는 외국 문학 번역에도 뛰어난 능력을 보였는데 영어의 'I Love You'를 번역할 때 '나는 당신을 사랑합니다'가 아닌 '달이 참 예쁘네요'라고 해야 된다고 했다는 일화가 전해져오고 있다. 일본인은 서양인처럼 직접적으로 표현하기 않기 때문에 사랑한다고 하는 것은 늦은 밤 같이 달을 보면서, 달이 예쁘라고 말하는 것과 비슷한 감정일 것이라고 말했다는 것이다. 일본에서도 실제로 나쓰메 소세키가 이런 말을 했는지에 대해 확실한 자료는 부족한 편이지만 그의 작품을 보면 충분히 가능한 이야기라고 생각되는 대목이 있다.

나쓰메 소세키의 소설『그 후』에서 주인공이 '러시아문학에 나오는 불안을 날씨와 정치적 체제 때문이라고 해석하고, 프랑스문학에서의 불안은 유부녀의 간통이 많기 때문이라면서, 일본 문학자가 불안이라는 측면으로만 사회를 묘사하는 것은 서구풍의 모방에 지나지 않는다'라고 말하는 내용이 나오는데 이를 통해 일본 문학과 번역에 대한 생각의 깊이를 엿볼 수 있다.

최근 국내 야구에서는 직구 대신 속구라고 표현하는 경향이 늘고 있다. 실제로 직구가 직선으로 가는 공이 아닌데다, 미국에서도 Fastball을 사용하고 있기 때문이다. 방어율이란 단어 역시 확률이 1을 넘는 것은 모순이라며 미국식인 평균자책점으로 대체하고 있다. 비록 틀린 표현이지만 직구는 변화구의 상대 개념으로 직관적으로 이해할 수 있으며, 방어율 역시 평균자책점보다 훨씬 야구를 쉽게 이해하게 만들어준다.

잘못된 일본식 표현을 사용하지 않는 것은 세계화 시대에 바람직한 방향이다. 하지만 미국의 용어를 그대로 한글로 옮기기만 하는 것 역시 전적으로 옳다고는 하기는 어렵다. 외국에서 유래된 외국어를 어떻게 우리 현실에 맞게 바꿀 수 있느냐, 그것이 얼마나 야구팬들에게 쉽게 다가설 수 있느냐가 중요하다. 야구에서도 '달이 참 예쁘네요' 같은 표현을 찾는다면 더할 나위 없을 것이다.

마츠리의 나라,
전 국민의 축제
고시엔

1년 내내 축제가 펼쳐진다는 마츠리의 나라 일본은 험준한 자연 환경으로 인해 현마다 독특한 문화를 가지고 마치 하나의 나라처럼 발전해왔다. 현 대표가 출전하는 여름 고시엔 대회는 단순한 고교야구대회가 아닌 현의 대표 선수가 출전하는 국가대항전과도 같다. 고시엔을 다루는 미디어는 작은 것 하나도 놓치지 않고 다루며 이런 고시엔의 이야기가 쌓이면서 고시엔만의 역사가 만들어졌다. 2021년 코로나 사태 속에서 1년 만에 재개된 고시엔은 야구의 위기 속에 새로운 전환점에 서 있다.

47개 도도부현의 축제, 작은 국가대항전

×

'국경의 긴 터널을 빠져나오자 설국이었다国境の長いトンネルを抜けると
雪国であった.' 1968년 노벨문학상을 받은 가와바타 야스나리의 소설
『설국』의 첫 문장이다. 이 소설의 첫 문장은 러시아의 대문호 톨스
토이가 쓴『안나 카레니나』의 첫 문장 '행복한 가정은 비슷비슷하게
닮아 있지만, 불행한 가정은 저마다의 이유로 불행하다'와 비견될
정도로 유명하며, 소설 전체를 압축해놓은 인상적인 문장이다.

국경이라는 단어와 설국이라는 말을 들으면, 실제가 아닌 환상
세계로 빠져드는 것 같은 느낌마저 든다. 설국은 비현실에서만 존
재할 수 있는 순수한 아름다움을 만들었다는 평가를 받고 있다.
현실 세계의 일본은 섬나라여서 따로 국경이 없는데다, 나라 간의
경계를 의미하는 국경을 터널로 빠져나온다는 말을 들으면 현실

세계에 대한 묘사가 아닌 것 같은 분위기에 빠져들기 때문이다.

여기서 국경은 지방 간의 경계, 현과 현을 가르는 곳을 의미한다. 국으로 표현된 구니國 역시 마찬가지이다. 구니는 나라를 뜻하기도 하지만 일본에서는 지역을 지칭할 때 사용하기도 한다. 우리나라의 추석에 해당하는 오봉이 되면 고향으로 돌아가는 학생들이 많은데, 그때에도 구니로 돌아간다고 표현한다.

일본은 47개 도도부현마다 지역의 특징을 살린 캐치프레이즈를 갖고 있는데, 지역 캐치프레이즈에도 구니國가 들어가는 경우가 많다. 돗토리현은 '돗토리현 안식의 나라國'를 내세우고, 오카야마현은 '쾌청한 나라國 오카야마'라고 한다. 미에현은 '아름다운 나라國 미에'라고 표현하며, 사이타마현의 경우에는 '빛의 나라國 사이타마'라는 캐치프레이즈를 사용하고 있다.

사실 일본은 도요토미 히데요시가 전국시대를 끝내기 전까지 수백 개의 나라들로 구성되어 있었다. 통일 이후에도 외부적으로는 하나였지만 실제로는 일인자의 손길이 미치지 못하는 지역이 많아 대부분 지역 영주가 영향력을 미치는 형태로 이어져왔다. 메이지유신을 거치며 정치, 경제를 비롯한 모든 면에서 근대화가 이루어진 이후에도 이런 지역 중심 체제는 그대로 유지되어왔다.

일본에는 3,776미터로 가장 높은 산인 후지산을 비롯해서 3,000미터가 넘는 산이 21개나 있다. 이처럼 높은 산이 가로막고 있어 산이 자연스럽게 지역과 지역의 경계선 역할을 하게 되었다. 강의 흐름 역시 완만하게 흐르는 우리나라와는 달리 급격하게 흐른다. 이런 자연환경 때문에 일본은 과거 지역과 지역의 이동이 어려워지면서 마치 개별 국가 같은 형태로 저마다의 특징을 갖춘 지역으로 발전하게 된 것이다.

이런 자연환경과 함께 지역마다 개성을 갖춘 축제, 마쓰리祭가 발달하게 되었다. 일본은 마쓰리의 나라라고 해도 과언이 아니다. 1년 365일 마쓰리가 펼쳐지며, 일본 전역에 무려 30만 개의 마쓰리가 있다고 할 정도로 다양하다. 마쓰리 가운데는 천년을 넘게 이어온 지역 축제까지 존재한다. 일본의 47개 도도부현은 지역마다 지역의 특징을 나타내는 마쓰리가 있는데 이런 마쓰리는 상업적인 면뿐 아니라 지역 공동체 함양을 위해서 중요한 행사로 이어지고 있다.

지역마다 펼쳐지는 마쓰리를 한곳에 모아놓은 것이 바로 고시엔이다. 여름 고시엔은 47개 도도부현을 대표하는 49개 팀이 출전한다. 봄 대회는 초청 대회일 뿐 아니라 참가교가 24개에 불과해, 출전하는 못하는 현이 꽤 많은 편이다. 봄 대회가 아무리 다양한 행사를 준비하더라도, 현마다 한 팀이 대표로 출전하는 여름 고시엔 대회의 인기를 넘어설 수 없는 이유가 바로 여기에 있다.

2002년 월드컵에서 우리나라가 세계를 놀라게 한 것은 단순히 4강에 진출했기 때문이 아니라 응원 문화를 통해 나라 전체가 하나되는 모습을 보였기 때문이다. 축구 인기가 높은 유럽에서도 이런 일은 드물다. 유럽은 대부분 도시 위주로 발달한 문화를 갖고 있기 때문에 국가대표팀에 대한 충성도가 우리나라에 미치지 못한다.

스페인은 앙숙 관계인 바르셀로나와 레알마드리드 선수들의 화합이 되지 않아 오랜 기간 국가대항전에서 어려움을 겪은 바 있다. 바르셀로나 팬들은 스페인 대표로 출전한 레알마드리드 선수가 좋은 활약을 펼치는 것을 바라지 않는 경향이 있었다.

심지어 1990년 이탈리아월드컵 4강전에서 이탈리아와 아르헨티나가 만났는데 준결승 장소인 나폴리 경기장에서 이탈리아 팬들이 아르헨티나를 응원하는 일까지 있었다. 아르헨티나 대표 마라도나가 프로축구 나폴리 구단의 영웅이었기 때문이었다.

유럽의 도시 문화가 프로축구의 발전으로 이어졌다면 일본에선 47개 도도부현 간의 경쟁은 여름 고시엔 대회를 통해 나타나게 된다. 일본 프로야구는 12개 팀으로 주로 대도시 위주로 구성되어 있지만 여름 고시엔 대회는 인구가 적은 현이라도 한 개 학교가 반드시 출전하기 때문이다.

2021년 우승팀이자 일본 고등학교야구의 대표적인 명문교인 지벤와카야마고등학교는 와카야마현의 자랑이다. 프로야구단을 비롯해 제대로 된 스포츠 구단 하나 없는 지역이지만 고교야구에 있어서는 와카야마 지역이 일본 최고라는 자부심을 갖게 된다.

자신이 나고 자란 고장, 현을 대표해 출전하기 때문에 고시엔 출전 학교는 현 내에서 국가대표 같은 위상을 갖게 된다. 고시엔 출전을 위해서 대회 장소인 효고현을 향해 떠날 때 지역 주민들이 배웅을 나가 선수들을 응원한다. 특히 인구가 적은 지역일수록 고시엔 출전 학교에 애착을 보이는 경우가 많다.

그래서 학교 관계자나 학부모 이외에도 보통 지역민 중에서 고시엔 응원을 위해 떠나는 사람도 많다. 우리나라 붉은악마 응원단이 월드컵 원정응원을 가는 것과 비슷한 경우라고 할 수 있다.

응원을 가지 못하는 대다수 지역민들은 각종 지원금을 통해서 지역 대표 학교에 힘을 보태곤 한다. 일본에서는 예전부터 업무를 위해서나 여행을 떠날 때 전별금을 주는 문화가 발달해왔다. 이런 전별금 문화처럼 모교 출신을 중심으로 고시엔 자금을 모집하는 것이 일반적이고, 응원단의 경비는 대부분 이런 전별금으로 충당된다.

지역 대회에서 우승해 여름 고시엔 출전 자격을 얻은 학교는 지역 대회에서 경쟁한 동료 선수들로부터 현을 대표해 잘 싸우라는 의미의 센바즈루千羽鶴를 받는다. 센바즈루는 종이학 1,000마리를 접은 뒤에 실로 연결한 것을 말하는데 예전부터 장수를 기원하거나 다복한 결혼생활을 상징해왔고, 무언가 소원을 빌 때 증정하는 선물이다.

고시엔 지역 대회에서 패한 팀은 이긴 팀에게 센바즈루를 증정하는 것이 관례이자 전통으로 되어 있다. 이길 때마다 센바즈루를 받기 때문에 지역 대회에서 우승한 팀은 굉장히 많은 양의 센바즈루를 보유하게 된다. 일본고교야구연맹에서는 센바즈루가 지역 대회 우승팀에게 부담이 된다며 주지 말라고 권유하지만, 1,000마리 종이학은 일본의 오랜 전통이어서 한순간에 없애기 어려운 문화이기도 하다.

올림픽에 출전하는 국가대표 선수들이 국기를 들고 개막식에 나라를 대표해서 나서는 것처럼 여름 고시엔 출전 선수들은 지역 대회 우승 깃발을 내세우고 여름 고시엔 대회 개막식에 참가하게 된다. 외국에 나가면 애국자가 된다는 말이 있는 것처럼 고시엔에 출전하는 선수들은 지역 대표 선수라는 자부심을 갖고 경기에 임하게 된다.

저마다 지역 주민들의 환송을 받으며 대표로 출전하지만, 실력 차이는 분명 존재하기 때문에 고시엔 성적 역시 차이가 날 수밖에 없다. 여름 고시엔 대회는 오사카 14회를 비롯해서 아이치현이나 도쿄 같은 대도시 팀들이 주로 우승을 차지했다. 8회 우승에 빛나는 와카야마 지역이 특별할 뿐 설국의 무대가 된 니가타현을 비롯해서 도호쿠 지역에선 한 번도 우승팀을 배출하지 못했다.

월드컵에서 우리나라가 우승하지 못했다는 이유로 비판하는 사람이 거의 없는 것처럼, 고시엔 성적이 나쁘다고 해서 분노하고 좌절하는 경우는 좀처럼 보기 어렵다. 분명 우승팀을 가리는 경쟁 무대이긴 하지만, 지역을 대표하는 축제 성격도 강하기 때문이다. 고시엔의 검은 흙을 밟았다는 그 자체로 영광이고, 최선을 다해 뛰는 선수들을 응원했다는 것으로 충분하다고 생각한다.

여름 고시엔이 끝나면 '여름의 끝'이라고 표현한다. 이제 내년의 축제를 준비하면 되는 것이다. 어느 학교가 구니国를 대표하게 될지 알 수 없지만, 지역을 대표하는 학교가 또다시 도전할 수 있다. 고시엔은 모두의 축제이기 때문이다.

야구만이 아닌 축제의 대명사 고시엔

×

한 번 출전하기도 어렵다는 고시엔 무대에 가장 많이 등장한 학교
는 어느 학교일까?

일본 고교야구에 관심을 가진 분이라면 아마도 여러 후보들을
떠올릴 것이다. 한국 팬들에게도 익숙한 요코하마고나 오사카토
인고, 과거 최고 인기 학교였던 PL학원, 또는 최다 우승팀인 주교
대부속고등학교를 생각하는 사람도 있을 것이다. 그런데 위 문제
의 정답은 니시노미야고등학교이다. 사실 위 질문에는 야구선수
나 경기 출전 같은 단어가 빠져 있다. 고시엔 무대를 밟는 것은 야
구선수만이 아니기 때문이다.

니시노미야고 학생들은 1949년부터 매년 학교 이름이 새겨진
나무간판을 들고 야구부 선수들을 선도해서 입장했다. 고시엔 연

고시엔 개막식 올림픽 방식으로 화려하게 치러지는 고시엔 개막식

속 출전 기록은 와카야마중학교가 1915년부터 1928년까지 기록한 14회 연속이고, 최근 후쿠시마의 세이코학원은 13회 연속 출전을 이어가다가 2021년 지역예선에서 탈락하면서 연속 출전기록을 깨는 데 실패했다. 반면 니시노미야고는 입장식에 무려 71회 연속 출전하고 있다.

일본 고교야구 선수에게 꿈의 무대인 고시엔은 이론적으로 재학중에 다섯 번까지 뛸 수 있다. 일본 학교의 학기는 4월부터 시작되기 때문에, 3월에 열리는 봄 고시엔 대회는 신입생과 졸업생 없이 1, 2학년 학생들만 출전할 수 있기 때문이다. 그런데 고시엔 무대를 한 번만 밟을 수 있는 학생들도 있다. 일생에 단 한 번뿐인 무대이기에 어쩌면 야구선수 못지않게 더욱 간절할 수도 있을 것이다. 고시엔 대회 개막식에서 학교 이름이 새겨진 나무간판을 들고 입장하는 플래카드 걸도 당당한 고시엔 무대의 일원이다.

고시엔 대회는 학생들이 출전하는 단일 종목 대회로는 유례를 찾기 어려울 정도로 화려한 개막 행사를 진행한다. 교가 제창을 비롯해서 상당 부분 올림픽에서 유래한 행사를 통해서, 마치 올림픽 개막식과 비슷한 형태로 이루어진다. 올림픽 개막식에서 각 나라의 간판을 들고 입장하는 것처럼, 고시엔 개막식에서도 플래카드 걸이 존재하고, 니시노미야고 학생들이 매년 전담하고 있다.

고시엔에 나서는 학생들은 플래카드 걸뿐 아니라 입장식 진행 아나운서와 음악을 연주하는 취주악부, 지역예선 스코어보드 담당자, 지역예선 장내 아나운서까지 다양하게 구성되어 있다. 플래카드 걸이 드는 학교 이름은 이른바 서도 고시엔이라 불리는 대회에서 지구별 입상자들이 직접 수기로 작성한다.

야구부의 살림을 담당하는 매니저나 기록 담당, 데이터 담당은 물론이고, 18명 명단에서 제외된 뒤 유니폼을 입고 관중석에서 응원하는 비주전 선수들 역시 마찬가지다. 야구선수들의 빛나는 활약 뒤에는 보이지 않는 곳에서 야구선수를 뒷받침하는 다른 학생들의 노력이 숨어 있다.

고시엔 대회는 다양한 학생들의 자원봉사로 이루어지기 때문에, 고시엔은 야구선수들만의 축제가 아니며, 학생들의 축제를 의미하는 대명사로 자리잡았다. 실제로 학생들이 겨루는 스포츠나 문화 계열 행사를 대부분 ○○○ 고시엔이라고 지칭할 정도로 고시엔이라는 단어는 청춘을 상징하는 단어가 되었다.

고교럭비전국대회는 럭비 고시엔이라고 불리는데, 봄 고시엔을 주최하는 마이니치신문사가 후원한다. 아사히신문사는 농구 고시엔을 후원하고, 산케이신문사는 배구 고시엔을 담당한다.

이름만 들어서는 정확히 무슨 대회인지 알기 어려운 대회도 있다. 바다 고시엔海の甲子園은 세일링 대회를 의미하고, 녹색 고시엔綠の甲子園은 스포니치신문이 주최하는 고등학교 골프 대회를 지칭하는 용어이다.

스포츠 대회와 전혀 관계가 없는 행사에도 고시엔이라는 이름이 사용된다. IT 고시엔과 상업 고시엔, 만화 고시엔, 장기 고시엔을 비롯해서 우주 고시엔과 쌀 고시엔에다 카레 고시엔까지 고등학생 대상 행사는 대부분 고시엔이라는 이름을 활용한다. 이 밖에도 칠판 고시엔과 시 고시엔, 사진 고시엔, 수화 고시엔 같은 문화계 행사뿐 아니라 에어 복싱 고시엔이나 에어 기타 고시엔, 웃음 고시엔 같은 재미있는 행사들이 다양하게 고시엔이라는 이름을 사용한다.

이런 각종 고시엔들은 1980년대 후반부터 생기기 시작해서 점점 늘어나고 있다. 고시엔이라는 이름을 사용하는 대회가 수백 개에 달하고, 이를 정확히 집계하기조차 어려울 정도인데, 일본에서 고시엔이라는 이름이 갖는 위상이 어느 정도인지를 알 수 있다.

이런 사례를 통해, 고시엔이란 이름은 청춘들의 축제로 생각할 수 있지만, 한때 청춘이었던, 과거의 야구 소년들이 겨루는 또다른 축제도 있다. 이른바 중년들의 축제, 그 이름은 바로 '마스터즈 고시엔'이다. 마스터즈 고시엔은 전국의 고교야구 선수 출신들이 세대와 성별, 고시엔 출전 경험과 상관없이 팀을 이뤄 고시엔 방식으로 우승을 겨루는 대회이다. 이 경기는 매년 11월 주말에 이틀간 고시엔 야구장에서 펼쳐진다.

마스터즈 대회 선수단은 34세 이상이 14명, 35세 이상이 15명으로 구성된다. 경기는 9이닝 경기로 치러지지만 1시간 30분을 넘을 수 없다. 3회까지는 34세 이하, 4회 이후에는 35세 이상 선수들이 출전하게 된다. 마스터즈 대회에 출전하기 위해서는 팀을 구성해 도도부현 별로 8개 팀 이상을 모아서 지역예선을 거쳐야 한다. 나름대로 경쟁을 거친 32개 팀이 본선 무대에 진출할 수 있다.

마스터즈 고시엔은 개폐회식이 존재하는 미니 고시엔, 추억 고시엔이라고 할 수 있다. 고교야구 고시엔은 부모들의 응원 속에 치러지지만 마스터즈 고시엔은 자녀들의 응원을 받으면서 뛰게 된다. 선수와 자녀, 과거 대회의 자원봉사자가 함께하는 '고시엔 캐치볼'이라는 행사가 같이 열려 축제 분위기를 고조시킨다.

마스터즈 고시엔의 역사는 길지 않다. 지난 2004년 1회 대회가 시작되었는데, 매년 마스터즈 고시엔에 대한 관심이 높아지고 있다. 그뒤에는 바로 자원봉사자들이 있다. 자원봉사자의 역할은 다양하다. 대회 진행과 경기장 정리, 경기 촬영뿐 아니라 선수와 관객 인터뷰를 통한 미디어 및 SNS 홍보, 각종 기념품 판매와 볼보이, 볼걸 역시 자원봉사자의 몫이다.

또한 스코어 및 공식 기록을 담당하는 역할이 있고, 경기 진행에 필수인 심판과 의료진 역시 자원봉사자들이 기꺼이 나서고 있고, 취주악부와 응원단을 지원해 대회 분위기를 고조시키는 것 역시 자원봉사자들의 몫이다.

고시엔 대회 자원봉사는 참가하는 것 자체가 영광이고 경력이지만, 마스터즈 고시엔은 자원봉사가 경력이 되기 어려움에도 불구하고, 많은 자원봉사자들이 나선다는 것은 일본의 저력이라고 할 수 있다. 이런 헌신적인 뒷받침이 있기 때문에, 마스터즈 고시엔이라는 대회가 비교적 단기간에 의미 있는 행사로 자리잡을 수 있었던 것이다.

마스터즈 고시엔과 비슷한 대회로 국내에서는 야구대제전이라는 대회가 있다. 70년대 후반 존재했던 고교야구 올스타전과 비슷한 분위기인데, 현역 고등학생 선수와 은퇴 선수가 함께 뛰는 대회이다. 야구대제전이 전직과 현직 선수들이 출전하는 엘리트 야구선수들만의 축제라면, 마스터즈 고시엔 대회는 고시엔에서 활약했던 선수들보다는 고시엔 무대를 꿈의 무대로 여기고 살아온 평범한 전직 야구선수들이 도전하는 무대이다. 야구대제전과 마스터즈 고시엔은 한국과 일본의 야구 문화 차이를 그대로 보여준다.

고시엔 대회의 주연은 야구선수들이다. 하지만 주연이 빛날 수 있는 것은 주연을 뒷받침하는 조연들이 있기 때문이다. 절대다수의 조연들이 고시엔이라는 이름 아래 하나가 되고, 고시엔의 역사를 만들어가는 한, 지금의 청춘과 과거의 청춘들이 여전히 고시엔이라는 이름을 사랑하는 한, 고시엔의 이름은 계속해서 빛날 것이다.

60억분의 1 신화처럼, 영웅을 만드는 마법의 단어

×

'60억분의 1'과 '얼음주먹'에 이어 '인류 최강'을 넘어 '영장류 최강'까지, 이것은 러시아의 격투기선수 예밀리아넨코 효도르를 지칭하는 단어들이다. 효도르는 한때 명실상부한 세계 최고의 파이터로 국내 방송의 예능 프로그램에도 출연했을 뿐 아니라, 광고 모델로 선정될 정도로 큰 인기를 모았다. 효도르 못지않은 인기를 누렸던 크로캅과 맞대결을 벌일 때는 한국 극장에서 월드컵 응원을 하듯 팬들이 모여 공식 응원전을 벌였을 정도로 효도르는 격투기선수 중 최고의 스타였다.

효도르는 물론 당대 최고의 격투기선수였지만, 그를 지칭하는 '60억분의 1'이라는 말이 없었다면 이 정도까지의 인지도를 갖지는 못했을 것이다. 효도르는 일본이 주최하는 '프라이드'에서 주로 활약했다. 프라이드는 사실 1997년 힉슨 그레이시와 다카다 노부히코의 1회성 대결로 시작되었는데, 점점 인기를 끌면서 1994년 창설된 미국 UFC의 인기를 뛰어넘었다.

UFC가 순수한 격투기 대결로 격투기를 좋아하는 사람들만이 보는 무대였다면, 프라이드는 '60억분의 1'로 상징되는 효과적인 이미지 메이킹을 통해서 격투기 팬만이 아닌, 일반인들의 가슴을 파고들었다. 프라이드의 인기가 최고조에 달할 무렵, 매년 12월 31일 특별 이벤트 대회가 펼쳐졌는데, 일본의 연말 전통 행사와도 같은 NHK의 〈홍백가합전〉의 인기를 위협할 정도였다.

일본은 '60억분의 1'처럼 짧은 단어로 강렬한 인상을 남기는 '캐치프레이즈'가 발달한 곳이다. 치열한 경쟁을 하는 광고는 더하다. 카메라 광고에 나온 '오늘은 내일의 추억입니다', 위스키 광고에 등장한 '별의 숫자만큼 사람이 있고, 오늘밤 당신과 마시고 있다', 시계 광고다운 멘트가 돋보이는 '당신의 1초는 당신의 생명이다' 같은 광고 문구는 일본 광고의 특징을 잘 보여준다.

광고뿐 아니라 일본 고교야구, 고시엔 역시 마찬가지다. 신문과 방송처럼 정통보도를 하는 매체뿐 아니라 각종 만화와 잡지를 통해서 '고시엔'에 대한 다양한 이야기들이 만들어진다.

특히 고시엔 관련 만화는 국내에서도 인기가 높다. 고교야구 이야기를 한 축으로, 빠질 수 없는 연애 이야기가 어우러지면서 완성도 높은 작품을 만들어낸다. 고시엔 관련 일본 만화를 한마디로 표현하면 바로 '너를 고시엔에 데려다줄게'이다.

일본 스포츠 캐스터들이 대부분 그렇지만 그들이 쏟아내는 각종 명언들 역시 고시엔의 풍성한 이야기를 뒷받침한다. 고시엔 역대 최고 스타로 꼽히는 기요하라가 홈런을 쳤을 때 나온 '고시엔은 기요하라를 위해서 존재하는 것인가?'나 패배 위기에서 9회 극적으로 동점을 만들 때 자주 사용되는 '○○학교의 여름은 아직 끝나지 않았습니다'라는 표현은 여전히 야구팬들의 감성을 자극하고 있다.

여름 고시엔을 주최하는 아사히신문사는 1993년부터 매년 고교생을 대상으로 캐치프레이즈 공모전을 진행하고 있다. 여기서 탄생한 명언들은 각종 매체를 통해서 고시엔을 알리는 효과적인 방법이다. 짧고 간결하면서도 강한 인상을 남겨야 하는 캐치프레이즈의 특성상 좋은 작품이 탄생하기가 쉽지 않지만, 고시엔 캐치프레이즈는 매년 비슷하면서도 새로운 명작들이 만들어져 고시엔 인기를 뒷받침하고 있다.

역대 고시엔 캐치프레이즈는 다음과 같다.

1993년 제75회 여름의 인연～고시엔夏の絆～甲子園
1994년 제76회 우리들의 논픽션僕らのノンフィクション
1995년 제77회 너의 용기를 만나러 간다君の勇気に会いに行く
1996년 제78회 역시 야구가 너무 좋습니다やっぱり野球が大好きです
1997년 제79회 여름은 우리들의 꿈의 무대夏ばぼくらの夢舞台
1998년 제80회 고시엔에서 만납시다甲子園で会いましょう

1999년 제81회 네가 있는 고시엔이 좋아君がいる甲子園が好き

2000년 제82회 분명히 있는 너만의 고시엔きっとある君だけの甲子園

2001년 제83회 너와 함께 있는 여름 고시엔君といる夏甲子園

2002년 제84회 계속 만나고 싶은 꿈이었습니다ずっと逢いたい夢でした

2003년 제85회 잊을 수 없는 여름이 된다忘れられない夏になる

2004년 제86회 여름의 드라마가 움직인다夏のドラマが動き出す

2005년 제87회 너에게 보여주고 싶은 여름이 있어君に見せたい夏がある

2006년 제88회 여름의 동료들에게 감사합니다夏の仲間にありがとう

2007년 제89회 고시엔에서 사랑을 했다甲子園に恋をした

2008년 제90회 이 공 한 개에 건 여름この一球にかける夏

2009년 제91회 "여름"이라는 이름의 보물"夏"という名の宝物

2010년 제92회 여름의 꿈, 지금, 달려갑니다夏の夢今走り出す

2011년 제93회 한순간의 여름, 평생의 기억一瞬の夏一生の記憶

2012년 제94회 달려라! 여름의 텟펜駆けあがれ!夏のテッペン

2013년 제95회 야구가 우리를 하나로 만든다野球が僕らを一つにする

2014년 제96회 반짝반짝 빛나는 너의 여름キラキラ輝くキミの夏

2015년 제97회 새로워지는 여름, 플레이 볼新たな夏プレーボール

2016년 제98회 두근두근 고시엔ワクワクドキドキ甲子園

2017년 제99회 내 생애 최고의 여름じぶん史上最高の夏

2018년 제100회 진심의 여름, 100회째本気の夏100回目

2019년 제101회 새롭게 새기는 우리들의 기적新たに刻むぼくらの軌跡

2020년 제102회 자신의 진심과 만나는 여름自分の本気と出会う夏

2021년 제103회 이어지는 기억, 도전하는 여름繋ぐ'想い'挑む夏

2022년 제104회 이번 여름도 응원하고 싶은 네가 있어この夏も'応
援したい'君がいる

2023년 제105회 자, 가자 우리들의 꿈으로さあ行こう'僕らの夢へ

2024년 제106회 여기에 걸고, 여기서부터 시작된다ここにかける'こ
こから始まる

2020년 대회는 코로나로 인해 열리지 못했지만, 1993년 이후 여름 고시엔 대회는 이런 캐치프레이즈와 함께해왔다. '여름' '꿈' '진심' 등의 단어를 주로 사용해서 여름 고시엔에 도전하는 청춘들의 이야기를 한마디로 표현해왔다.

물론 고시엔의 인기가 워낙 높기 때문에 캐치프레이즈 공모전에도 엄청난 숫자가 몰리고, 그러다보니 수준 높은 캐치프레이즈가 탄생할 수 있다. 침체된 한국 고교야구에서 캐치프레이즈를 공모하고, 아무리 멋진 작품이 나온다고 하더라도 고시엔처럼 화제가 될 가능성은 거의 없다. 고교야구의 인기가 너무 떨어졌기 때문에 무엇을 하더라도 관심을 끌지 못한다.

사실 우리나라도 고교야구의 인기가 높은 시절이 있었고, '가나와 함께라면 고독마저도 감미롭다'를 비롯해서 일본에 뒤지지 않는 참신한 광고가 많이 등장했지만, 프로야구의 등장 이후 고교야구는 예전 인기를 되찾지 못했다. 프로야구는 프로야구대로, 고교야구는 고교야구대로 인기를 유지하고 있는 일본과는 다른 상황이다.

일본 고교야구는 별명 역시 멋지게 지어내곤 한다. 70년대 후반 시골 학교에서 단 11명의 선수로 돌풍을 일으킨 이케다고등학교는 '상쾌한 일레븐'이라는 이름으로 소개되었다. 이케다고등학교가 강타선을 구축해 우승권 전력으로 성장한 뒤에는 '메아리 타선'이라는 별명이 탄생했다. 금속배트 타격음 소리가 메아리를 연상케 하는데다 그 학교가 위치한 곳이 실제로 산중턱에 있었기에 두 가지를 모두 의미하는 단어로 아주 적절한 표현이었다.

팀뿐 아니라 개인에 대한 애칭 역시 마찬가지이다. 지난 2006년 일본 최고의 인기 스타로 떠오른 사이토는 '손수건 왕자'라는 어쩌면 세계 스포츠 역사상 가장 황홀한 이름으로 일본 전역에서 '손수건 왕자' 열풍을 일으켰다. 경기중에 땀이 나는 관계로 손수건으로 그저 땀을 닦았을 뿐인데 이렇게 멋진 수식어가 만들어진 것이다. 물론 사이토가 당시 팀 우승을 이끈 최고의 실력을 갖춘데다 외모까지 뒷받침되었기에 가능한 별명이었다.

고시엔은 이처럼 청춘만화와 감각적인 캐치프레이즈, 완성도 높은 방송이 합쳐지면서 세계 학생스포츠 사상 유례가 없을 정도로 높은 인기를 유지하고 있다. 하지만 시대가 바뀌면서 고시엔도 과거 기요하라나 마쓰자카, 사이토, 최근의 요시다 같은 그해의 스타가 나오지 않은 경우도 있다. 2020년 1년간 중단된 뒤 2년 만에 재개된 2021년 고시엔도 특별한 스타 없이 대회가 마무리되기도 했다.

'60억분의 1'로 상징되는 효도르는 일본 프라이드가 망한 이후 미국 무대를 두드렸지만 기대에 미치지 못한 채 격투기팬들에게 실망을 안겨주었다. 나이가 든 탓도 있지만 효도르보다 더 나이가 많고 체급도 낮은 선수에게 KO패 당하기도 했다. 이 때문에 일부 격투기 팬들은 프라이드 시절 '60억분의 1'이라는 멋진 문구 속에 효도르의 실력이 과대포장 되었다는 의견을 나타내기도 한다.

고시엔이 프라이드처럼 망한다는 것은 상상하기 어렵고, 일본 고교야구는 UFC 같은 다른 경쟁 상대가 없는 독자적인 무대여서 효도르처럼 명성에 금이 가게 될 가능성은 거의 없다. 독점이라고 할 수 있는 일본 고교야구, 고시엔은 다양한 조력자들이 언제든지 새로운 스타를 만들어낼 것이기 때문이다.

다마짱과 손수건 기념관
― 일본 미디어와 고시엔

×

국내 고교야구의 황금기였던 1980년대, 고교야구 스타들은 현재 아이돌 못지않은 인기를 끌었다. 군산상고의 에이스였던 조계현 KIA단장은 고교 시절 군산에서 밥값을 내려고 해도, 식당 주인이 돈을 받은 적이 한 번도 없다고 회상할 정도로, 군산의 영웅이었다. 1980년대 광주일고는 전국 대회 우승 이후 카퍼레이드를 자주 해서 나중에는 익숙해졌다는 이야기까지 있을 정도이다.

고시엔 우승은 21세기에도 지역 최대의 경사로 꼽히지만, 일본에서는 카퍼레이드 행사가 열리지 않는다. 일본고교야구연맹에서 이를 규정으로 금지하고 있기 때문이다. 학생들은 결코 영웅이 아닌데, 지나친 영웅 대우는 문제가 있다는 것이다. 이런 내용 자체는 학생 신분에 어울리는 것으로 아무런 문제가 없지만 실제로는 많이 다르다. 겉으로는 영웅 대우 금지를 내세우지만, 실제 고시엔 스타들은 영웅 대접을 받고 있기 때문이다.

실제 일본고교야구연맹은 야구선수가 뉴스 보도를 제외한 예능 프로그램에 출연하는 것을 금지하고 있다. 방송 출연을 위해서는 고교야구연맹의 허가를 얻어야 하는데, 기본적인 원칙은 뉴스 보도만 출연할 수 있다는 것이다. 실제 NHK 방송에서 클럽 활동을 응원하는 방송에 야구부원이 출연했다는 이유로, 해당 고등학교 감독이 2개월간 근신처분을 받기도 했다.

하지만 직접 출연하지 않는다고 해서, 미디어가 다루지 않는 것은 아니다. 2006년 손수건 왕자 신드롬을 일으켰던 사이토의 경우에는 당시 TV만 틀면 사이토가 나올 정도로, 미디어의 집중 취재 대상이었다. 본인 출연이 어려운 관계로 어쩌면 더욱 시시콜콜한 것까지 방송의 주제로 다루어졌다. 사이토가 고시엔에 머물던 숙소를 찾아가, 숙소에서 어떤 행동을 했는지, 무슨 음식을 잘 먹었는지, 동료 선수와 어떤 말을 주고 나누는지 등을 연이어 방송하기도 했다.

이런 사이토 신드롬은 여름 고시엔이 이후, 국체에서 다시 한번 라이벌 다나카와 대결하면서 더욱 고조되었다. 사실 고교야구에서 국체는 관심의 대상이 아니어서, 중계방송을 하는 경우가 없지만, 사이토를 카메라에 담기 위해 중계방송이 긴급 편성되었고, 사이토는 다나카를 상대로 한 점 차 승리를 거뒀다.

그러자 경기가 열렸던 다카사고시 야구장高砂市野球場측에서는

세계적으로 유례를 찾기 힘든 결정을 내렸는데, 경기장의 애칭을 '항카치메모리얼스타디움ハンカチメモリアルスタジアム'이라고 정한 것이다. 고교야구 선수를 기념해서 '손수건 왕자 기념 야구장'이라는 기상천외한 이름이 탄생한 순간이었다.

일본 미디어는 한국 미디어에 비해서 오랜 시간을 들여 취재하는 경향이 있다. 한국 방송이 1년 정도 걸리는 정도의 다큐멘터리를 제작한다면 일본은 최소한 3년에서 5년 이상을 투자해 제작하는 관행을 갖고 있다. 뉴스의 한 꼭지 분량 자체가 한국이 1분 30초 내외라면 일본의 경우는 4~5분 정도가 기본이고, 미니 다큐 형식으로 10분 정도의 뉴스와 다큐멘터리의 중간 형태 구성물을 제작하는 경우가 많다.

일본 TV의 뉴스 형식 프로그램에서는 한국 방송에서는 보기 힘든 뛰어난 작품이 종종 나온다. 특히 고시엔을 다룬 미니 다큐의 경우 고시엔에 대한 보도뿐 아니라, 당시의 주역들이 10년 뒤, 20년 뒤에 어떤 모습으로 살고 있으며, 어떻게 고시엔을 추억하는지를 다루는지를 오랜 제작 기간을 거쳐 방송한다.

일본 야구팬들이 뽑은 역대 최고의 명승부 1위로 꼽히는 1979년 미노시마 대 세이료 연장 18회 승부는 40년이 지난 지금도 방송을 통해 당시 주역들의 회고를 볼 수 있다. 마쓰자카라는 당대 최고 스타가 연장 17회 대결을 벌인 1998년 요코하마 대 PL학원의 대결은 여전히 고교야구의 전설로 남아 있으며, 당시 선수들이 대학을 거쳐 야구를 그만둔 뒤에도 여전히 화제의 주인공으로 방송에 소개된다.

이처럼 한국 방송에서 본받고 싶은 사례도 있지만 일본 언론의 지나친 침소봉대와 작은 이슈를 집중적으로 다루는 모습은 이해하기 어려운 측면도 있다. 일본 스포츠에서는 '괴물'이나 '100년에 한 번 나올까 말까 하는 선수'라는 표현이 각 종목에 걸쳐 다양하게 나온다. 그러나 실제 괴물이란 별명을 부여받았던 선수 중에 '괴물'이란 별명에 어울리지 않는 모습을 보이며 사라져간 선수들이 많다. '100년에 한 번 나올 만한 선수' '천재'라는 말을 들은 선수 역시 마찬가지이다.

2005년 12월, 일본에서 열린 피겨그랑프리 파이널에서 15살 아사다 마오가 세계선수권 우승자이자, 올림픽 메달리스트인 러시아의 이리나 슬루츠카야를 제치고 금메달을 획득하자 당시 일본 TV에서는 매시간 아사다 마오가 등장했다. 아사다 마오가 2006년 2월에 열리는 토리노올림픽에 나이 제한으로 출전할 수 없다는 소식이 전해지자 일본 총리뿐 아니라 모든 미디어들이 나서서 최고선수가 최고의 무대에 나서지 못하는 것은 말이 되지 않는다며, 아사다 마오는 반드시 올림픽에 출전해야 된다고 IOC를 압박하기도 했다.

결국 아사다 마오는 토리노올림픽에 출전하지 못했고, 공교롭게 아라카와가 피겨 금메달을 따냈지만, 천재소녀라는 명칭은 아사다 마오에게만 허락되었다. 일본 언론은 시니어 1인자 슬루츠카야를 이긴 주니어 아사다 마오에 그치지 않고, 아사다 마오를 피겨 역사상 역대 최고선수 반열에 올려놓았다.

영웅 대접을 받으며 가벼운 마음으로 마지막 주니어 대회인 2006 주니어세계피겨선수권에 출전했던 아사다 마오는 같은 나이의 주니어에게 져 2위로 밀려났다. 모두가 알고 있는 대로 당시 아사아 마오를 이긴 선수는 김연아다. 김연아와 아사다 마오는 이제 숙명의 라이벌이 되었지만, 시니어 무대에서의 성적은 라이벌이라고 하기 어려울 정도로 차이가 났다. 2006년 라이벌로 불렸던 사이토와 다나카의 행보와도 비슷한 측면이 있다.

이런 일본 언론의 과열보도는 스포츠 분야에만 국한된 것은 아니고, 일반 뉴스 역시 비슷한 모습을 보인다. 2002년 8월, 부산아시안게임 특집 방송 취재를 위해 2주간 일본을 찾았을 때 일본 방송에서는 연일 '다마짱'의 이야기만 나왔다. 당시 요코하마 다마가와강에 나타났던 물범의 모습을 일본 방송은 매시간 속보로 전하며 중계방송을 이어갔다. 바다표범이 강에 나타난 것은 분명 뉴스거리이긴 하지만, 매시간 이동 모습을 전하고, 몇 달에 걸쳐 방송을 독점할 정도로 중요한 소식인가에 대해서는 많은 의문이 들었다.

미디어의 집중 보도 속에 일본에서는 '다마짱' 열풍이 이어져, '다마짱'을 보기 위한 인파가 강 주변을 가득 메웠다. 고이즈미 총리가 다마짱을 언급한 가운데, 요코하마시에서는 다마짱에게 명예주민표를 부여하고, '니시 다마오ニシ タマオ'라는 이름까지 만들었다. 다마짱을 소재로 한 노래가 무려 13곡이나 발표된 가운데, 다마짱 애니메이션이 제작되었다. 2002년 올해의 유행어 대상으

로 '다마짱'이 선정된 것은 어쩌면 당연한 결과였다.

고시엔이 인기를 얻은 데는 이처럼 지나칠 정도로 과장보도를 하는 일본 언론 덕분인 측면도 있다. 와세다실업고의 기요미야는 고교통산 무려 111개의 역대 최다 홈런의 주인공으로 고등학교 1학년 때부터 언론의 주목을 받았다. 기요미야에 등장하면 수많은 카메라가 쫓아다닌다고 해서 '기요미야 시프트'라는 단어까지 나올 정도였다.

사실 기요미야의 고교통산 111개라는 경이적인 홈런은 일본이 연습경기 홈런까지 홈런으로 계산하기 때문에 만들어진 결과이다. 여기에는 실력이 많이 떨어지는 동아리 수준 학교와의 대결도 포함되어 있다. 일본 언론 특유의 영웅 만들기가 만들어낸 스타인 기요미야는 프로 입단 이후 4년 동안 이렇다 할 활약을 보이지 못하고 있다.

일본에선 고시엔 성적이 좋아진 학교를 소개하면서 개와 고양이가 수호신으로 등장해 좋은 성적으로 이어졌다는 기사까지 나온다. 만일 국내에서 이런 기사를 쓰면 데스크에서 용납하지 않을 것이다. 일본 언론의 과대포장은 고시엔 흥행 입장에선 분명 긍정적이지만, 언론 본연의 자세까지 감안하면 부정적인 모습도 동시에 가지고 있다.

다마짱은 2004년 한 차례 더 나타났는데, 2002년과는 달리 더이상 관심 대상이 아니었다. 손수건 왕자 기념 야구장이라고 표시된 간판은 2013년 태풍으로 사라진 뒤 다시 만들어지지 않았고,

야구장측은 더이상 손수건 왕자 기념 야구장이란 명칭을 사용하지 않게 되었다.

국내 고교야구에서 과거 조계현처럼 지역에서 영웅 대접을 받는 선수는 이제 존재하지 않는다. 고교생을 영웅 대우하는 것은 부정적인 면도 분명 존재하지만 한국 고교야구의 현실을 보면 지나친 영웅 대우에 따르는 부작용이라도 겪고 싶을 정도로 침체되어 있다. 지금의 한국 고교야구에는 어쩌면 일본 미디어가 필요할지도 모른다.

코로나 시대의 야구 풍경
─고시엔의 미래는?

×

2020 도쿄올림픽과 2020년 고시엔 야구대회는 세계를 강타한 코로나바이러스의 영향으로 열리지 못했다. 두 대회 모두 예정보다 1년 늦어진 2021년에 우여곡절 끝에 펼쳐졌는데, 결국 무관중 경기로 진행되었다. 출전 선수들이 코로나 검사를 받는 등 엄격한 방역조치 속에 열렸다는 공통점이 있지만, 단체경기에서 확진자가 나왔을 때 이를 대하는 태도는 완전히 달랐다. 도쿄올림픽은 확진자만 경기에서 제외되었지만, 고시엔 야구대회는 확진자가 나올 경우 사실상 몰수패로 간주되었다.

도쿄올림픽 개막 직전, 남아공 축구대표팀 선수들이 대거 코로나바이러스에 감염된 것으로 나타났다. 하필 남아공의 첫 상대가 일본이었는데, 경기 당일 검사에서 추가 감염자가 나타나지 않아 경기는 정상적으로 진행되었다. 반면 고시엔 야구대회는 도쿄올림픽보다 훨씬 엄격한 기준을 적용했다. 지역예선에서부터 확진자가 나올 경우 대부분의 학교에선 대회 출전을 포기했다. 2021년 봄 고시엔 대회 우승팀인 도카이사가미고는 확진자가 나오면서 여름 대회 예선에서 대회 포기를 발표했다. 도카이사가미고처럼 확진자가 나온 팀은 대회에 출전하지 못하게 되었다.

2020년 봄-여름 고시엔 대회가 열리지 못한 가운데 2년 만에 펼쳐진 고시엔은 코로나바이러스의 영향에서 자유롭지 못했다. 고시엔 대회 개회식은 모든 선수들이 마스크를 착용한 가운데 열렸으며, 고시엔의 상징인 흙을 퍼가는 것은 금지되었으며 교가를 부를 때도 큰 목소리로 부르지 말라는 권고 조치가 나올 정도였다. 대회가 무관중 경기로 치러지는 가운데, 같은 학교 학생들의 브라스 밴드 응원도 금지되어 관중석에서는 학교 관계자와 야구부 후보 선수들만이 응원에 참여할 수 있게 되었다.

이처럼 관중들이 사라지면서 고시엔의 풍경은 예년과 많이 달라졌다. 일본 고교야구의 명승부를 나타낼 때 '고시엔에는 요물이 살고 있다'는 말을 한다. 고교야구에서 이변이 자주 나오는데다 특히 경기 후반인 8회나 9회에 역전 승부가 유난히 많이 나오기 때문이었다. 고교야구 선수들의 기량이 프로 선수와 비교할 때 안정적이지 못한 이유도 있지만, 고시엔에서 역전 승부가 많이 나오는 것은 상당 부분 관중의 역할이 컸는데, 그 관중이 모두 사라진 것이다.

같은 고시엔 야구장에서 야구 경기가 열리더라도 프로야구 경기가 열릴 때와 고교야구 경기가 열릴 때의 분위기는 전혀 다르다. 프로야구 경기가 열릴 때 절대 다수의 관중들은 홈팀인 한신 타이거즈를 일방적으로 응원한다. 원정팀 선수들도 이런 것에 익숙해져 있기 때문에, 승부에 큰 영향을 끼치기는 어렵다.

고교야구 선수들은 5만 명이 넘는 관중 앞에서 경기를 치른 경험이 상대적으로 적다. 특히 40도에 가까운 무더위 속에 5만 명 관중의 열기가 합쳐진 가운데 경기를 하게 되면 경기 후반에 급격히 체력과 정신력이 떨어질 가능성이 높다. 여기에 또하나의 변수가 있는데, 관중들이 대부분 지고 있는 팀을 응원한다는 것이다.

학교 응원단은 대부분 수백여 명 규모로 구성되기 때문에 두 팀을 합쳐도 1,000명을 넘기 어렵다. 5만 명에 가까운 관중들은 멋진 플레이가 나올 때마다 박수를 치는 정도로 응원을 보내다가 지고 있는 팀이 추격할 기미가 보이면 일방적인 응원을 보낸다. 이런 상황이 되면 이기고 있는 팀은 정신적으로 흔들릴 가능성이 높다. 반발력이 높은 금속배트를 사용하기 때문에 고교야구에서 홈런이 많이 나온다는 점, 특히 야구장이 바닷가에 위치한 관계로 바람 때문에 홈런이 되는 타구도 꽤 있다는 점도 무시할 수 없는 변수임에 분명하다. 하지만 어린 선수들에게 가장 큰 영향을 미치는 것은 관중이라고 할 수 있다. '고시엔에는 요물이 살고 있다'라는 말에 나오는 요물은 사실상 관중이라고 봐도 될 정도이다.

고시엔의 명승부를 뒷받침했던 관중들이 사라지면서 2021년 고시엔은 무미건조하게 끝났다. 과거와 비교하면 특별한 역전 드라마도 없었으며 선취점을 내는 팀이 이기는 확률이 3분의 2를 넘었다. 이런 결과가 꼭 관중이 없어서라고 단정하기는 어렵지만, 2년 만에 치러진 고시엔의 분위기는 예전과는 분명 달랐다. 경기 결과를 떠나서 스포츠에서 관중이 사라지면 중계방송을 보는 재미 역시 줄어든다는 것을 느끼게 한 대회였다.

대회 준비에도 어려움을 겪었다. 코로나바이러스가 유행하던 무렵 상당수 야구부 기숙사가 운영에 어려움을 겪었다. 실제 모든 야구부가 기숙사 생활을 하는 일본항공의 시카와고등학교는 모든 학생이 고향으로 돌아가 원격훈련을 실시하기도 했다. 야구부원 숫자가 100명 이상인 학교들은 주전들만 모여 연습을 하고, 주전에서 제외된 선수들은 개인훈련만 소화하는 일까지 벌어져 정상적인 훈련이 사실상 불가능했다.

코로나백신 보급이 확대되면서 2021년 여름 이후 일본의 코로나 상황은 호전되었고, 프로 스포츠도 정상에 가까운 상황에서 진행되었다. 이런 상황이 이어진다면 2022년 이후에는 고시엔 야구 역시 예년과 비슷한 분위기에서 열릴 가능성이 높다. 하지만 코로나바이러스가 발생하기 이전과 같은 상황으로 돌아갈 수 있을지는 의문이다. 코로나바이러스의 변이가 계속될 수 있는데다, 코로나바이러스가 종식되더라도 또다른 전염병이 유행할 가능성도 남아 있기 때문이다.

일본에서는 코로나시대를 맞아 스포츠를 불요불급한 것이라고 표현했다. 현대사회에서 스포츠는 매우 중요한 것이지만 상황에 따라서는 반드시 필요한 것은 아니고, 급한 것도 아니기에 우선순위에서 밀리게 된 것이다. 이런 상황은 스포츠의 위기를 부를 수밖에 없다. 특히 단체종목 중에서도 가장 부원 숫자가 많은 야구가 더 큰 타격을 받을 가능성이 높다. 고시엔의 인기가 아무리 높다고 해도, 코로나 같은 전염병이 또다시 발생한다면 고시엔의 지위를 유지하기가 쉽지 않을 것이다.

사실 코로나 이전에도 고시엔이 지금 같은 방식으로 계속 존재할 수 있을 것인지에 대한 회의론이 존재했다. 대표적인 것이 가장 더운 8월에 대회가 열리는 것에 대한 비판이었다. 한여름 뜨거운 태양 아래 무리하게 경기를 진행하다보면 사고로 이어질 가능성이 존재하는데다, 기후변화로 인해 매년 기온이 상승하고 있기 때문이다.

기후변화는 인류의 미래를 위협하는 사안이어서 고시엔의 문제는 이에 비하면 사소한 것일 수도 있지만 야구계에서도 기후변화에 대한 대비는 중요한 문제이다. 고시엔에서 가까운 오사카 지역에는 훌륭한 돔구장이 존재하는데, 지구온난화현상이 계속된다면 아마도 대회 장소를 옮기거나 대회 개최 시기를 여름이 아닌 가을로 바꾸어야 할 것이다. 그러나 장소 변경이나 날짜 변경 모두 일본 고교야구연맹 입장에선 분명 받아들이기 어려운 것임에 분명하다.

대회 장소를 옮기면 더이상 고시엔 대회라는 말을 쓸 수 없으며 100년이 넘는 역사와 단절해야 한다. 가을 고시엔이 될 경우에는

'여름의 상징, 고시엔'이라는 표현을 더이상 쓰기 어려운데다 '야구는 교육의 일환'을 강조해온 상황에서 학생스포츠의 근간이 흔들릴 수도 있기 때문이다.

일본고교야구연맹은 '고교야구 200년 구상'이라는 표현을 사용하고 있다. 이렇게 미래를 준비해왔지만 그들의 구상에 코로나바이러스 상황은 포함되어 있지 않았다. 코로나시대에 어떻게 대처할 것인지에 따라 고시엔의 미래도 달라질 것이다. 기후변화에 대비한 대책 역시 지금부터 고민해야 할 부분이다. 인터넷과 SNS의 발달 속에 급변하는 21세기의 환경에 어떻게 대응할 것인지도 과제이다.

교육학에서 한국 교육을 다룰 때 '19세기의 교실에서 20세기의 교사들이 21세기의 학생들을 가르친다'는 말이 있다. 이를 고시엔 야구에 적용하면 '19세기의 야구장에서 20세기의 관계자들이 이끄는 가운데 21세기의 선수들이 뛰고 있다'고 표현할 수 있을 것이다. 여러 위기에 직면한 지금, 일본의 역사와 함께했고, 일본 사회의 축소판이라고 할 수 있는 일본 고교야구는 중요한 전환점에 서 있다.

청춘, 여름, 꿈의 무대 고시엔
100년 역사의 고교야구로 본 일본의 빛과 그림자

초판 1쇄 발행 2022년 3월 8일
초판 3쇄 발행 2024년 9월 3일

지은이 한성윤

편집 강건모 정소리 이희연 | 디자인 윤종윤 이주영
브랜딩 함유지 함근아 김희숙 이송이 박민재 정승민 박다솔 조다현 배진성
저작권 박지영 형소진 최은진 오서영 | 마케팅 김선진 김다정
제작 강신은 김동욱 이순호 | 제작처 천광인쇄소

펴낸곳 (주)교유당 | 펴낸이 신정민
출판등록 2019년 5월 24일 제406-2019-000052호

주소 10881 경기도 파주시 회동길 210
전화 031.955.8891(마케팅) | 031.955.2692(편집) | 031.955.8855(팩스)
전자우편 gyoyudang@munhak.com

인스타그램 @thinkgoods | 트위터 @thinkgoods | 페이스북 @thinkgoods

ISBN 979-11-92247-01-4 03690